탄트라 알로카의 정수(精髓)

탄트라 사라

<표지 그림 설명>

천상의 피리 소리

"자네, 그 소리 들어보았는가?
<땅이 부는 퉁소 소리>와
<하늘이 부는 퉁소 소리> 말이야."

"<사람이 부는 퉁소 소리>는
대나무 퉁소 구멍에서 나는 소리이고,
<땅이 부는 퉁소 소리>는
땅의 여러 구멍에서 나는 소리지요.

그런데
<하늘의 퉁소 소리>라뇨?"

"온갖 것에 <바람>을 다르게 불어 넣으니
제각기 특유의 소리를 내고 있지.
그러나 <바람("숨")>이 멈추면
그 모든 구멍("입")은 조용해진다네.

모두들 자신이 소리를 내고 있다고 여기지만
<소리를 나게 하는 것>은 무엇이겠는가?"

탄트라 알로카의 정수(精髓)

탄트라 사라

- <트리카 영성 철학>의 요체(要諦) -

金恩在 지음

지혜의나무

목차

들어가며

아비나바굽타의 저작인 『탄트라 사라』는 그의 역작(力作) 『탄트라 알로카』의 축약판(縮約版)이다.

탄트라 알로카……

모든 사람이 그 책을 그의 <대표작, 걸작(傑作), 대작(大作) 즉 "Magnum Opus">라고 한다. 마치 저 모든 탄트라의 백과사전(百科事典)과 같은……

그것을 아비나바굽타는 다시 "어린" 우리를 위해 요약했다. 현대의 탄트라 사라와 탄트라 알로카의 번역으로는 다음이 있다.

1. 『Tantrasāra of Abhinavagupta』
    H. N. Chakravarty, 2012
2. 『Tantrasāra』
    Gautam Chatterjee, 2015
3. 『Essenza dei Tantra』, 1960
   『Luce dei Tantra - Tantrāloka』, 1999
      R. Gnoli(라니에로 놀리, 이탈리아어판)

<평등(?) 사회>를 위한 <정치와 경제의 복지>는 우리 시대에서는 큰 화두의 하나였다. 그러나 불행하게도…… **그런 복지와 평등이란 개념은 <영적인 영역>에서는 없다!** 이것이 우리의 비극이다. 예수는 단호하게 그리고 잔인하게(?) 말한다.

**무릇 <있는 자>는 받아 넉넉하게 되되
<없는 자>는 그 있는 것도 빼앗기리라**

☯

　　의식(儀式)을 다루며, 한마디……

　　의식(意識)은 쉽고, 의식(儀式)은 어렵다!

　　의식(儀式), 의례(儀禮)는 어렵다. 아마도 우리가 잃어버린 것이어서 그런지도 모르고, 아니면 선진들이 일부러 비밀로 감싸둔 것이어서…… 아니면 필자의 큰 관심사(關心事)가 아니어서……

　　의식(意識)은 쉽고? 그 <말로 표현할 수 없는 것>을 **표현하는** 일은 정말 어려운 일이다. 그러니 **의식은 참으로 (이해하기가) 어렵고, 의식(의례)은 어쩌면 쉬울지도 모른다!**

비갸나 바이라바에서 시작된 <어떤 숙제(?)>는 이 **탄트라 사라**로 끝을 맺으려고 한다. (그러나 또 다른 행운이 기다리고 있다면 기꺼이 가리라.)

출판일도 <2022년 2월 22일>로 아예 정했다.

탄트라 사라가 우선 22장으로 되어 있고……

해부학 <골학(骨學)>에서 가장 골치 아픈 우리의 두개골(頭蓋骨) 개수가 22개이고, **유럽어의 기원**이 되는 **히브리어의 알파벳**도 22개이고……

저 난해한 (성경의 마지막) 요한계시록(啓示錄)도 22장으로 되어 있다. (숫자 "2"는 필자와는 인연이 많은 숫자다.)

비갸나 바이라바…… 그 책은, 필자가 편집하고 또 출판하면서 백 회 이상을 읽었으며, 앞으로도 읽으리라. 교회 다니던 시절, 필자는 구약은 30회, 신약은 100회를 <자세히> 읽는 것을 목표로 세운 적이 있다.

무릇 경전은 읽고 또 읽어야 한다! 음미하고 또 음미해야 그 무언가가 조금씩 드러날 수 있다.

그러나 우리 한국인들은 <필자가 보기에> 책을 읽지 않는다. 그러니 이런 책이야 오죽하겠는가!

부제(副題)인 "<**트리카 영성 철학(哲學)**>의 요체 (要諦)"에 대해서도 한마디……

"트리카"는 <삼위(三位)>를 가리키며, <카시미르 쉐이비즘>을 말하고,

"철학(哲學)"은, 잘 아는 대로, "Philo-sophy"로 <지혜(智慧)에 대한 사랑>을 말한다.

<영성 과학(科學, Science, **Scientia**, "지식")>도 좋다. 무릇 "과학"이란 <Homo **Sapiens**(**지혜로운, 맛을 아는 인간**)>가 하는 것일 터.

탄트라 알로카가 모든 **탄트라**의 집대성인 만큼 그 축약판인 **탄트라 사라**는 카시미르 쉐이비즘의 여러 경전에서 다룬 주제일 경우가 당연히 많다.

그러나 **사라**(핵심)인 만큼, 이미 다룬 주제들은 요약, 정리된 의미와 더불어 **더 심화되고 확장된 의미**를 찾을 수 있을지도 모르고,

의식(儀式) 등의 처음 다루는 주제들은 <(그 옛날 인도의) 비의(秘儀)의 세계>로, 또 <(미래의 어떤) 창조적 상상의 세계>로 우리를 데려갈지도 모른다.

이 책을 읽는 독자들은 직관과 통찰, 공감력과 상상력으로써 **과거와 미래, 의식과 무의식의 땅을 마음껏 넘나들며, <나의 세계>를 확장할 수 있다.**

일찍이 **신**(神)은 아브라함에게 말했다.

"너는 일어나 그 땅을 종횡으로 행하여 보라. 내가 그것을 네게 주리라."

우리가 <두렵고 무서운> 저 과거와 미래, 의식과 무의식의 땅을 행하여 보는 것만큼, 그것은 <나의 것>이 된다. <저 영적인 거인들이 사는 땅> 즉 <그 무한(無限)의 땅>을 행하여 보는 것만큼 <그 땅의 지혜(智慧)>는 <나의 영역(王國)>이 된다.

그것이 "사라"라는 아내를 둔 <열국(列國, 많은 왕국)의 아버지>가 우리에게 주는 기별이다.

❧   ❧   ❧

책 두어 권을 추천하는 것으로 집필(執筆)에서의 공백을 메우고자 한다.

1. 『시간의 역사』 - 그림으로 보는 -
   The Illustrated a Brief History of Time
   스티븐 호킹 지음
2. 『꿈과 죽음』
   - 죽어가는 사람의 꿈은
     우리에게 무엇을 말하는가?
   Traum und Tod
   - Was uns dir Träume Sterbender sagen?
   마리-루이제 폰 프란츠 지음

바우치 서재(書齋)에서

축원문(祝願文)

어머니는 비말라칼라, 빛의 형태로
<새로운 생명(아비나바굽타)>을 가졌고,
아버지는 심하굽타, 온전의 전형(典型)으로
자신을 <다섯 행위>로 나타내는구나!

내 가슴(흐리다야, 중심, 中心)은,
이 <쉬바-샥티 쌍의 합일(야말라)>이
지고(至高)의 넥타로 구현(具顯)되어,
창조(創造)의 형태로 마구 뛰누나!

모든 사람이 저 탄트라 알로카,
장문(長文)의 책을 읽을 수 없기에
이 탄트라 사라, 단문(短文)을 지었다.
그러니 이것을 잘 들어보라.

저 해 같은 샴부나타 앞에 엎드리노니
그는 나 아비나바굽타의 가슴에서
모든 제한과 무명(無明)을 걷어냈도다.
주(主)를 경외하도록, 이를 읽어라.

✍ 위 서시 형태의 축문은 **카시미르 쉐이비즘**의 전문용어를 사용하여 - 언어유희로, 말장난으로 - 많은 것을 말하고 있다.

이제 **아비나바굽타**는 "**새로운**" 책을 지으면서 - 창조하면서……

옛날, 아버지 **심하굽타**와 어머니 **비말라칼라**의 **야말라**(합일)에서 **새롭게** 생긴 그 자신을 말한다. 아버지는 물론, **쉬바**("**의식**")를 상징하고 어머니는 **샥티**("**에너지**")를 나타낸다. (실제로 우리는, 우리 자신이 알든 모르든, <그렇게> 생겨난 것이다.)

그러나 그는 <**새로운** 창조(물) 혹은 **비밀**>은 (이 책이 아닌) 바로 자신이라는 것이다. ("**아비나바**"는 <(항상) **새로운**>, "**굽타**"는 <숨은, **비밀**>이라는 뜻이다.) 그는 독자들에게 이렇게 말하는 것 같다.

"**이 <새로운 책(비밀)>**(즉 **아비나바굽타 자신**)을, **이 <엄청난, 뛰는 가슴>을 읽어라!**"

(사정이 이러하니, 필자로서도 여간 부담이 되는 게 아니다. 그렇다고 **탄트라 알로카** 전부를 다룰 재주도 없고……)

물론, 그 <**새로운 비밀**>은 이 세상(**마야**)을 넘어서는 <영적인 세계(**의식**)>를 말할 것이다. (당연히, 이 세상을 버리라는 그런 뜻은 전혀 아니고.)

흐리다야의 "마구 뛰는 가슴"은 <우주적인 기쁨 (자갓-아난다)>을 말한다. <모든 것이 **의식(意識)**의 저 분화되지 않은 **단일성(單一性, 하나임, 전체성)** 속으로 합일되는 것> 말이다.

그것의 형태는 <**항상 비추는 빛**>이다. 뜨는 것도 지는 것도 알지 못하는…… <(그 안에서) **쉬는 것**>, 즉 **안식(安息, 쉼)**이 그것의 본성이다.

아비나바굽타는 그 <**의식의 가슴(하늘)**>을 독자들이 얻을 수 있기를, 자신이 그것을 나타내기를 기원한다.

야말라는 <최고의 평형(平衡) 상태>, 즉 <**쉬바**와 **샥티**의 **합일(合一)**>을 나타낸다. 이 **합일** 안에서는, **쉬바**는 **쉬바**도 **샥티**도 아니고, 또 **샥티**는 **샥티**도 **쉬바**도 아니다. 그것은 둘의 융합(融合)이다.

이 **합일**은 흔히 "성교(性交, **삼갓타**)"로 알려져 있다. <창조의 과정>에서, 이 **합일**로부터 **탓트와**로 알려진 모든 요소가 생겨난다. 이 과정은 창조성의 미묘한 충동의 결과이고, 또 떨면서 동요하는 어떤 고조(高潮)이고, 그 통합을 깨는 원인이다.

그러나 <**절대 평형**의 비이원적인 본성>은 - 이 <절대적인 **합일(야말라, 삼갓타)**>은 - 창조의 과정 내내, 파도 없는 대양처럼 본래의 상태로 고요하게 남는다.

창조의 과정에서 **그것**은 먼저 **둘**(쉬바와 **샥티**)로 자신을 보여주고, 밖으로 확장하여 **셋**이, 그다음은 다수가 된다. 도덕경은 말한다.

"**도**(道)가 <**둘**>을 낳고, <**둘**>이 <**셋**>을 낳고, <**셋**>이 만물을 낳는다."

쿨라라는 말은 보통 "**몸**(Body, **전체성**, 우주)"을 의미하나, 여기서는 달(月)의 <**열일곱 번째 칼라**> 즉 <**불멸의 상태**(그믐, 흑암)>를 말한다.

비사르가는 <완전한 성적 교합>에서 일어나는 <물방울의 방출>을 말한다. 그것은 **쉬바**와 **샥티**의 색으로, 정액은 희고 또 월경(난자)의 피는 붉다. 그것은 모든 살아 있는 존재의 몸을 창조한다.

탄트라에서 **비사르가**는 **하-아르다 칼라** 즉 <하음(吽)의 반(半)>이다. **어머니**는 쉬바의 <자유로운 에너지>로, **아버지**인 쉬바와 **합일**(合一)로 남는다. 이 **샥티**의 본성은 "**자신을 알아채는 일**(비마르샤)"이다.

또 <이런 것>은 - "**비**"사르가, "**비마**"르샤, 쿨 "**라**", "**칼라**" 등 - "**비말라-칼라**"라는 그의 어머니 이름의 말장난(뜻풀이)이기도 하다. 그는 **요기니부** 라고 한다.

아버지는 판차-무카 즉 <다섯 얼굴을 가진 쉬바>이다. 다섯 얼굴은 이샤나(위), 탓푸루샤(동), 사됴자타(서), 바마데바(북), 아고라(남)를 가리키고, 또 <의식(칫), 지복(아난다), 의지(잇차), 지식(갸나), 행위(크리야)>의 다섯 가지 샥티를 말한다.

쉬바의 <다섯 얼굴>은 이 <다섯 샥티>를 통해, <창조, 유지, 용해, 은폐, 은혜>의 다섯 행위(판차-크리탸)를 한다. ⌛

우리 전통에 따르면, <온전(穩全)한, 올바른 지식(인식, 앎)>이 <해방(목샤)의 원인>이다. 그것은 저 <속박의 원인>인 무명(無明) 혹은 무지(아-갸나)의 반대이기 때문이다.

무지(無知)는 두 가지다. 하나는 <지식적인 혹은 경전적인(바웃다) 무지>이고, 다른 것은 <자신 안에 있는, 영적인(파우루샤) 무지>이다.

<남들이 말하는 대로만 아는, 그런 지식>은 실은 <궁극의 실재에 대한 무지>이다. <나 자신이 아닌 것>을 나로 여기는 잘못된 생각(지식)이다. 반면에 <자신 안에 있는, 영적인(파우루샤) 무지>는 생각의 구름(비칼파)에 관한 관심으로, 의식이라는 하늘이 가려진(제한된) 것이 특징이다. 이런 무지가 속된 존재계의 근원이다. 이것은 <불순(不純, 말라)>을 다루는 부분에서 논의할 것이다.

✍ **"지식은 속박이다."**는 쉬바 수트라의 유명한 그 말을 기억하는지……

<우리의 분별하는 짓>, <이분법적으로 사고하는 일>은, 사실은 **<온전한, 올바른 지식>**이 아닌, 무지이다. <제한되고 손상된 지식>이다.

이 무지는 두 가지로 즉 ① <파우루샤(영적인) 무지>와 ② <바웃다(경전적인) 무지>이다.

① <진정한 자신>, **<진짜의 나("의식")>**를
   <나>라고 전혀 **<알지 못하는 것>**

② <몸, 마음, 영혼 등 **진짜의 나가 아닌 것>**을
   <나>라고 (남들이 말하는 대로) **<아는 것>** ⏳

<내면에 있는, 영적인 무지>는 입문 등으로 제거될 수 있지만, **<불확정성이 특징인 지식적 무지>는 입문도 효과적이지 않다.** 입문이라는 것은 **<무엇을 받아들이고 무엇을 거부해야 할지, 그 확신이 먼저 있어야 하기 때문>**이다. 그 뒤에 **탓트와**의 정화와 **쉬바**와의 **합일**이 따른다.

그러므로 **지성적인 사람에서는 <결정적인 지식의 성취>가 꾸준히 있는 것이 중요하다.** 실제로, 이런 수행은 <자신 안에 있는, 영적인 무지>를 근절한다. 왜냐하면 **의식**이 생각의 **구름**의 형태로 수행될 때, 그것은 결국 <생각의 구름이 없는 **의식**의 **하늘**>로 끝나기 때문이다.

✎ 무지처럼 지식도 두 가지다. <영적인 지식>은 <생각의 구름이 전혀 없는 **의식**의 하늘>로, <**쉬바**와의 동일시>가 일어날 때 온다. 생각의 구름으로 꽉 찬 <영적인 무지>는 그 반대이다. 이 불완전한 지식이 속된 존재계의 원인이다. <영적인 무지>가 입문으로 사라질 때도, <과거의 행위로 인한 불순(**카르마 말라**)>은 여전히 지속된다. 이런 이유로 <**참나**의 지식>이 번쩍이지 못한다. **카르마 말라**는 무의식적인 것(**프라랍다**)이다. **프라랍다**의 완전한 소멸로 몸은 떨어져 나가고, <영적인 지식>이 나타나게 된다.

그 순서는 **대략** 다음과 같을 것이다. ① 입문, ② <영적인 무지>의 파괴, ③ 경전 공부, ④ <경전적 지식>이 생겨남, ⑤ <살아 있는 동안의 해방>, ⑥ **카르마 말라**의 완전한 소멸, ⑦ 몸이 떨어져 나감, ⑧ <영적인 지식>의 출현, ⑨ 본성을 깨달음.

생각(**비칼파**)이 **의식**과는 구별되더라도 그것은 사실, **의식**과 다르지 않다. 바른 교설(**삿-타르카**)을 통해 생각의 정화가 일어날 때, 수행자는 <생각이 그 근원에 용해된 상태>에 도달한다. 그것은 본질에서 <미(未)-확정적인 것(**아-비칼파**)>이다. 생각의 정화는 제 4 장 **샥토파야**에서 다룬다. ⌛

17

참나(아트마)는 "생각의 제한으로부터 자유로운"
<의식의 빛(프라카샤)>이고 또 쉬바의 본성(本性)
이다. 그러므로 모든 면에서 모든 것에 관한 <확정
적인 성격의 바른 지식>을 얻는 일은 바람직한 것
이다. 이런 지식은 경전(經典)을 공부하는 것으로 –
<이런 책>을 읽는 것으로 – 된다! 우리의 경전은
권위가 있다! 그것은 지고의 주가 계시한 것이다.

다른 (전통의) 경전이 말하는 것들은 별도로 받아
들여지지만 <지식(앎, 인식, 의식)의 전체성>과는
직접 관련되지 않는다. 그래서 다른 경전의 지식은
어느 정도의 해방만 준다고 말한다. 모든 종류의
속박에서가 아니다. 반면, 지고의 주에 의해 계시된
경전들은 모든 종류의 속박으로부터 자유를 준다.
  지고의 주가 가르친 경전들은 다섯 흐름이 있고,
<10, 18, 64의 경전 군(群)>으로 나눠진다.

  그것들 중에 가장 완전한 경전은 "트리카" 경전
이고, 또 그것의 핵심은 말리니비자야 탄트라다.
그 안에 담긴 주제를 모으고 상세히 설명하는 것은
어렵다. 실재에 관한 적절한 증험(證驗)이 없이는,
이 지식은 해방을 줄 수도 없고, 수단이지도 않다.
해방을 줄 수 있는, 그런 성격의 지식(앎, 경험)은
오로지 <흠 없는 지식> 뿐이다.

✍ 『파라마르타-사라』에서 아비나바굽타는 목샤 즉 해방은 분리된 어떤 영역도 없고, 그것 쪽으로 진행하는 것도 없지만, 자신의 자유의 힘의 완전한 발달 때문에 무지를 없애는 것으로 실현된다고 말한다. 해방을 지식의 결과로 여기거나, 또 지식을 해방의 원인으로 여겨서는 안 되며, 지식은 **참나**의 진정한 본성의 현현으로 여겨야 한다.

<다섯 흐름>은 <**쉬바**의 다섯 얼굴(**판차-무카**)>을 참조할 것(15쪽).

<10, 18, 64의 경전 군(群)>은 <다양성(이원론)>, <다양성 속의 단일성>, <단일성(일원론, **불이**)>을 가르친다고 말한다. 그렇지만 필자에게 그것은 곧 **박티**(헌신, 신애)를 강조하느냐, **갸냐**(지혜, 통찰)를 강조하느냐, 아니면 **샥티 파타**(**성령 받음**, **은혜**)를 강조하느냐로 보인다. (잘 생각해 보라.)

말리니비자야 탄트라를 으뜸이라고 하는 이유는 그것이 <사물들의 진정한 본질이 결정되지 않으면, **사람이 해방을 얻는 것은 가능하지 않다**>는 것을 논의하기 때문이다. (루드라-야말라 탄트라와 함께 꼭 기억해야할 경전이다. 다행히도 **말리니비자야 탄트라** 전체를 다룰 행운이 필자에게 주어졌다. 참, 감사하다! 또 눈시울이 뜨거워진다.)

<흠 없는 지식>은 저 "슛다 비디아"로, 즉 **의식**[인식, <순수한 "아는 현상">, **전지**(全知) 등]으로 읽을 수 있다. ⧗

　　<가장 높은 인간>의 끝은, 지식(앎, 경험)에서 그 뿌리를 갖는 것이다. 그리고 그것은 자신의 존재 안에서 수행(修行)되어야 한다. 내가 이 책을 쓰는 것은 이런 종류의 지식(경험)을 얻기 위함이다.

　　✍ "아는 것이 힘이다!"라는 격언(格言)은 <이런 **참 지식**(앎, 경험)을 가질 때 누리는 **참 자유하는 힘**(샥티, 권능)>을 말할 것이다. ⧗

지식의 결여가
곧 속박의 원인이고
불순(不純, 말라)이라고 하느니
<올바른 지식>이 속박을 근절하도다

모든 얼룩이 사라질 때
의식에서 해방은 절로 오거늘
그러므로 나는 이 책으로
<드러나야 할 것>을 드러내리라

제 1 장
서론

✍ 우리가 잘 아는 일휴(一休, **한 쉼**) 선사에게는 이런 **어머니**가 있었다. 그녀는 이 세상을 떠나면서 그에게 짧은 서신(書信) 한 장을 남겼다.

이제 나는 이생에서의 일을 마치고
영원의 세계로 돌아가려 한다.
······ 중략 ······

불교의 가르침은
단지 사람들을 깨닫게 하기 위한 것이니
네가 그런 것에 의존한다면,
너는 무지한 벌레에 지나지 않는다.

비록 팔만사천의 경전을 다 읽고 잘 해석하더라도
너의 본성(本性)을 깨닫지 못하면,
나의 말이 무슨 뜻인지 이해할 수 없을 것이다.
이것이 나의 유언이자 약속이다.

                    태어나지도 죽지도 않는 네 **어미**가. ⌛

이 세상에서는 "**본성(本性)**" 즉 스와바와가 성취해야 할 최고의 목표다. 모든 존재(물)에 속하는 **이 본성**은 "**빛(프라카샤)**"의 성격으로, <그 **빛**이 아닌 것>은 이 **본성**이라고 할(증명될) 수 없다.

그 **빛**은 다양한 것이 아닌데, 그 **빛**과 분리되어 있는 것은 그 어떤 것도 존재하지 않기 때문이다. **시간(時間)과 공간(空間)도 그것의 단일성을 깰 수 없는데**, 그것들의 가장 내밀(內密)한 본성이 바로 그 **빛**이기 때문이다.

그러므로 그 **빛**이 유일(唯一)한 것으로, **그 빛은 곧 의식(意識)이다**. 이 <**의식**의 본성(本性)>이 모든 대상을 조명하고 현현하는 것이다. 이런 점에서는 (진정한) 학자들 사이에 차이가 전혀 없다.

✐ 스와바와는 스와샤+바와의 복합어로 <**의식**과 동일한, 자신의 근본적 **실재(본성)**>를 말하고,

<나눠지지 않고 항존(恒存)하는 **빛(프라카샤)**>은 "스판다"라는 전문용어로 나타낼 수 있다. 그것은 <계속해서 진동하는 **의식적(意識的)인 박동**>으로, 이 우주에서 모든 것을 조명한다. ⧖

이 **빛**의 <비추는 일>은 그 자신 외에 <다른 어떤 것>에도 의존하지 않는다. 만약 <다른 어떤 것으로 비춰지는 상태>라면, 그것은 단지 "의존"일 것이(고

어떤 대상일 뿐이)다. 그러나 다른 어떤 빛이 전혀 없더라도 이 <유일하고, **자유로운 빛**>만이 거기에 있다. **이 빛**이 <시간과 공간, 형태의 어떤 제한도 받지 않는 것>은 **정확하게 자신의 절대 자유**(스와 **탄트리야**) 때문이다. 그러므로 **그것은** (공간에서) **편재**(遍在)하고 (시간에서) **영원**(永遠)하고, 또 천태 만상(사르바-아카라)이면서 <어떤 특정한 형태>가 아니다(니르-아카라).

✎ **니르-아카라**는 <아무 형태도 없는>의 뜻이나, 여기서는 <그 **빛**은, 그것이 모든 형태이기 때문에, 어떤 특정한 형태가 아니다>로 읽는다. ⌛

그것의 비추는 일은 <**의식**(意識)**의 힘**(칫-샥티)> 이고, 그 **절대 자유**는 <**지복의 힘**(아난다-샥티)>, 그 **기쁨**(차맛카라)은 <**의지의 힘**(잇차-샥티)>, 생각 하는 일은 <**지식의 힘**(갸나-샥티)>, 그 모든 형태와 관련하는 일은 <**행위의 힘**(크리야-샥티)>이다.

그러나 **잇차, 갸나, 크리야**의 이들 주요 **샥티**와 연합하더라도 <**쉬바**와 동일한, 이 무한의 **빛**>은 그 자신의 **지복** 안에서 쉰다. 그것은 현현의 과정에서 <**그 절대 자유로**> 수축된 형태를 떠맡고 **아누**가 된다. 이후 그것은 <**그 절대 자유로**> 다시 자신을 비추며 <**쉬바**의 본성인 이 제한되지 않는 **빛**>으로 번쩍인다.

✍ 이는 **프라탸비갸 흐리다얌**에서 다룬 <**의식**의 하강과 상승>이다. 하강(외향)은 **의식**이 수축되어 (혹은 펼쳐져) 우주와 또 모든 제한된 존재가 생겨나는 과정이고, 상승(내향)은 우리들 제한된 존재가 자신의 근원을 찾아가는 (수행의) 과정이다. ⏳

이 과정에서 <수단(우파야)이 있든 없든>, 그것은 <**그 절대 자유로**> 자신을 현현한다. 수단으로 현현하면 **잇차, 갸나, 크리야**가 사용되며, 그 흡수의 상태(**사마베샤**)는 **샴바바, 샥타, 아나바**로 나누어진다.

<네 가지 수단(**우파야**, 방편)>의 핵심적인 모습은 이 책에서 곧 설명될 것이다.

✍ **우파야**는 **쉬바의**(우리의) **내밀한 성소**로 들어가는 문이고, 그 문을 흡수(**아베샤**)라고 한다. 묶인 존재의 제한이 **우파야**로써 사라질 때, <**절대**와의 동일성의 상태(**사마베샤**)>가 일어난다.

우파야는 인간이 삶의 최고의 목표를 얻는 수단이다. **우파야**는 수단이고, 또 그 끝(**우페야**, 목표)이다. 그 끝은 **파라마-쉬바**로 <**지고의 주**>, **하나님**이다. 어떤 것은 그 끝으로 바로 이끌고, 어떤 것은 점차로 이끈다. **아나바 우파야**는 **샥타 우파야**로, **샥타 우파야**는 **샴바바 우파야**로 이끈다.

이는 샥티-파타 즉 <주의 은혜>의 강도(强度)의 차이 때문이다. **<은혜의 정도>는 그 준비된 상태에 따라** 다양하다.

탄트라 알로카와 축약판 탄트라 사라는 결국, <네 가지 우파야>에 관한 노력물이다. 두 책 모두 제 2 장에서부터 그 설명을 시작한다. ⧖

<본래의 나>,
빛인 쉬바(의식, 하나님)로라

그(쉬바),
자유로, 놀이로, 너울로
얼굴 가리더니
다시 미소 짓는구나

별안간(瞥眼間)이든 아니든
세 가지 방편으로

✍ 탄트라 사라에서 아비나바굽타는 각 장(章)의 끝에 혹은 중요한 단락의 끝에 <어린 우리를 위해> 시(詩) 형식의 요지(要旨)를 다시 준다.

우리는 이 부분만 잘 읽고 기억해도……

예(例)를 들어, 첫 구절을 보자.

**<본래의 나>,
빛인 쉬바(의식, 하나님)로라**

인류가, 그 수많은 철학자들과 종교가, 영성가를
통해, 수없이 물었던 그 질문,

"나는 누구인가?
나는 무엇인가?
인간이란 대체 어떤 존재인가?"

에 대한 **<절대(絶對)**의, **절대**에서 온 답>이다.

"차이탄얌 아트마!
나는 의식(意識)이다!"

"**나는 곧 나(하나님)다!**
I AM THAT I AM(אֶהְיֶה אֲשֶׁר אֶהְיֶה)!"

쉬바 수트라의 첫 경문(經文) 혹은 첫 선언(宣言)
이자, **히브리** 성경에서 인간이 결코 부를 수 없는
<**신(神)**의 이름> 즉 <세 마디 말>이다. ⧗

제 2 장
아누파야

잠시 **아누파야**에 대해 살핀다.

"**주의 샥티에 강력하게 닿은(샥티-파타)**" 사람이 (**우연히 혹은 간절할 때**) 스승의 <어떤 말>을 단 한 차례 듣는 것으로써 <스스로> **알아챌 때**, 그때 <**주** 안으로의, 그의 영구적인 깨어 있는 흡수(사마베샤)>는 <어떤 방편도 없이(안-우파야)> 일어난 것이다.

"이런 경우, <논리적인 이성(理性, **타르카**)>만이 수행(요가)의 수족(手足, 과정)이다. 그렇지 않으면 어떻게 분별이 가능하겠는가?"

만약 이것이 질문이라면, 우리는 대답한다.

<자기 현현>이고 바로 <**나 자신**>인 **지고의 주**에 **관한 한, 그 무엇이** 수단(방편, 우파야)으로 성취될 수 있겠는가?

이것은 그의 **본성(스와바와)**의 성취가 아닌데, 그 **본성**은 모든 것에 이미 **영원히 현존하고 있기** 때문이고, 또 이것은 **지고의 주(파라메슈와라)**를 인식

하는 성취일 수도 없는데, 그것은 **파라메슈와**라는 <**자기 조명적**>이기 때문이고, 이것은 너울의 제거일 수도 없는데, (**지고의 실재**에게는) (논리적으로) **어떤 너울도 가능하지 않기** 때문이다. 이것은 또 <**그**> 안으로 들어가는 것일 수도 없는데, 그것은 <**그 어떤 것도 그로부터 분리되어 있지 않기에**> 그 안으로 들어가는 자는 아무도 없기 때문이다.

그러면 은혜의 방편(우파야, 수단)은 도대체 무슨 역할을 하는가? <**그 어떤 것도 그로부터 분리되어 있지 않으면**>, 그것은 논리적으로 있을 수 없다.

(우리가 알든 모르든) **이 우주 전체는 유일무이한 의식(意識)으로 되어 있다.** 그것은 시간과 공간의 제한 너머이고, 속성(屬性, **우파디스**, 외적인 것)에 영향을 받지 않고, 형상과 양태에 제한되지 않고, "**말(언어)에 담겨질 수 없고**", <지식이라는 (논리적) 도구>로 논의될 수 없다!

오히려 그것은 <시간>에서 <지식의 도구>까지의, 그런 현현의 원인이다. 그것은 본질에서 **자유롭고** (**스와탄트리야**), **지복의 덩어리**(**아난다**)로, 바로 나 자신인 "**아함**(**나**)"이다. 오직 그 "**실재**(實在)"인 **나** 자신 안에, 우주 전체가 반영으로 빛난다. <**지고의 주와 관련된 흡수(사마베샤)>에서는**, 어떤 수단도 없이 **이런 강한 확신이 저절로 일어난다!**

이런 사람은 <음절의 반복(만트라, 기도)>, <의식 (儀式, 의례)>, <명상> 등의 영적 수련이 필요하지 않다.

✍ 자야라타는 샴바바, 샥타, 아나바 우파야는 잇차, 갸나, 크리야 샥티의 기능 때문에 이원성이 일어날 가능성이 있다고 말한다. 예를 들어, 잇차는 그 핵심에서 바라는 어떤 것 때문에 외부로 기울 수 있지만, 아누파야에서는 "아난다(지복)" 때문에, 그것은 곧 "브라흐만"(즉 "하나님") 그 자신이라고 말하는데, 거기에서는 그것으로부터 분리된 것처럼 존재하는 어떤 우파야의 기미조차도 없다. ⌛

수많은 방편도 쉬바를 드러내지 못하나니
이 항아리가 저 태양(太陽)을 비추겠는가?
깊은 안목(眼目)의 사람, 이렇게 분별하며
자기 현현의 쉬바 속으로 즉시 들어가리라

다음의 **제 3 장 샴바보파야, 제 4 장 샥토파야,
제 5 장** 아나보파야 총론(總論)은,

수행경(修行經) 『**쉬바 수트라**』의 < 우파야 소고
(小考) I >과 < 우파야 소고(小考) II >를 복습할 겸
(혹은 예비지식으로, 혹은 참조로) 읽어라.

제 3 장
샴바보파야

수행자가, 앞에서 설명한 <이 우주 전체가 자신 안에서 빛나는, 자기 현현의 **쉬바 탓트와**> 속으로 들어갈 수 없을 때, 그는 어떤 방편도 없이 <**절대 자유의 힘(스와탄트리야 샥티)**>의 우월을 **떠올리며** - 자신은 도무지 아무것도 아닌 것을 경험하면서 - **바이라바**에 속하는 <**니르-비칼파**(미-확정적인 생각 혹은 생각이 없는) 상태>를 경험한다. 다음은 <이런 흡수(사마베샤)>로 이끄는 설명이다.

✍ <**절대 자유의 힘**>은 잇차 샥티로, **주**로부터 분리될 수 없다. **주**의 핵심은 **빛**(프라카샤)으로, 그 **자유 의지**는 창조와 용해로 현현한다. 우주 전체는 <**나** 자신의 **의식**의 **거울**(스크린)> 위에 빛난다.

절대(絶對)는 모든 존재들이 들어가 불타버리는 **의식(意識)의 불덩어리**로 빛난다. **요기**는 즐거움, 고통, 의심, 생각(비칼파)으로부터 자유로운 것을 경험하고, 마지막에는 <생각이 없는(니르-비칼파) 상태> 속에 흡수된다. ⏳

우리 앞의 모든 존재들은 의식(意識)의 하늘에 비친 상(像, 이미지)일 뿐으로, <비친 모습(반영)>의 특징만 갖는다. "반영(反影)"이란 <그것 자체로는 빛날 수 없고, '다른 것'과 합쳐질 때 빛나는 것>을 말한다. 예를 들어, <거울에 비친 얼굴>, <침 속의 어떤 맛>, <코에서의 냄새>, <희락의 기관(성기)의 감촉>, 혹은 <(다친 사람의) 내적인 감각기관에서 화살과 창 등의 접촉>, <공간(아카샤)의 메아리> 등이다.

✍ <절대의 빛>은 의식의 하늘로 알려져 있으며, 흔히 거울(빔바)에 잘 비유된다. 그 절대 자유(스와탄트리야)로 우주 전체는 거울 안의 반영으로 나타난다. 비춰진 대상은 거울의 깨끗한 정도에 따라 다르게 보이고, 또 모든 대상은 개별적인 구별을 따라 그 안에서 빛난다.

또 감각기관과 마음도 거울이라고 할 수 있는데, 이들의 반영은 그 순수한 정도에 따라 특정한 것을 인식한다. 거울, <맑은 호수의 수면(水面)>, <눈의 망막>은 형태와 색깔을 반영할 수 있고, 성기관은 단지 촉감을 반영할 수 있다. 그러나 의식의 빛은 모든 것을 반영한다.

거울에 대해서는 특히, 프라탸비갸 흐리다얌과 파라 트리쉬카를 참조하라.

여기서는, 잠시 **<거울의 방>**에 들어가 본 뒤에, **락쉬만 주의** 도움으로 <반영(反影)의 이론(프라티 **빔바·바다**)>을 짧게 살핀다.

<네 벽면과 천장과 바닥이 모두 거울로 된 방>이 있고, 나는 잠시 <투명 인간>으로 거기에 있다고 하자. 거기에는 아무것도 없다. 그 평면거울로 된 모든 면의 군데군데 볼록거울과 오목거울이 있다. 잘 알다시피 평면거울은 좌우가 바뀌어 비치지만, 오목거울(망막)은 상하도 바뀌어 비친다. 그런데 어떤 사람이 나타나 이리저리로 움직이면, 이쪽과 저쪽, 사방팔방에서 또 <거꾸로 선 그>도 수없이 다가오고 멀어지므로, 어느 것이 진짜인지 도무지 구별할 수 없을지도 모른다.

그러나 이제 거기에 아무도 없고, <투명 인간이 아닌 나>만이 있다고 하자. 내가 움직이면, 수많은 나의 앞모습과 옆모습, 뒷모습까지 보이고, 심지어 천장을 걸어서 다가오고 멀어지고 하므로, <그런 것>을 보노라면 신기하지도 하겠지만 당황스럽고 혼란할 것이다. 그러나 **그런 때 이 눈을 감게 되면, 오직 나만 있다는 것을 쉽게 느낄 수 있을 것이다.**

그러나 **눈을 뜨고 그 모든 것을 보고 있더라도,** <거울의 방>의 경험이 있다면, 나는 지금 여기에 있고 **저것들은 나의 반영이라는 것을 느낀다.**

<거울의 방>이 만약 중력(重力)이 없는 곳이고, <완전한 구형(球形)의 방>이라면 - 그 전체가 오목거울로 되어 있고, 가끔씩 볼록거울과 평면거울이 작게 박혀 있다. - 나는 발을 디딘 쪽을 <아래>, 머리가 있는 쪽을 <위>라고 부르겠지만……

저 거울에 비친 나, <거꾸로 서 있기도 하고, 또 몸의 한 부분이 크거나 작게 뒤틀린 **수많은 나**>는 잘도 움직이고 있다……

이제 <반영의 이론>이다. <소리(샤브다)>는 외적으로는 에테르에 반영되고, 내적으로는 귀에 반영된다. 유사하게 <감촉(스파르샤)>은 공기에, 피부에 반영되고, <형태(루파)>는 불에, 눈에, <맛(라사)>은 물에, 혀에, <냄새(간다)>는 흙에, 코에 반영된다. 이 반영들은 마치 <거울의 반영>과 같다.

그러나 이 반영들은 <**만약 의식이 거기에 있지 않다면**> - 그런 것을 <**아는 자**>가 있지 않다면 - 관찰될 수 없다. **알아채는 일**이 필요하고, 이것은 **의식**이 하는 일이지, 감각기관이 아니다.

<진정한 반영자>는 **의식**이다. 이 우주는 <**의식의 거울**>에 반영되어 있는 것이다. 그러나 우리는 그 <거울에 반영(反映)되어 있는 것들(反影)>만 보고, <**반영하는 그것(거울, 빔바)**>은 잘 보지 않는다.

<반영하는 그것>은 **스와탄트리야**(**절**대 자유)다.

스와탄트리야! **절대 자유**는 원인과 결과의 예를 가지고 이해하는 것이 좋다. <토기장이의 비유>다. (이것은 다음에 나온다.) 토기장이가 만든 항아리는 두 가지 원인이 있을 수 있다. 먼저 흙, 물질적인 원인(질료인, 質料因)이 있다. 그것을 **산스크리트**로 **우파다나-카라나**라고 하는데 <결과가 따르는 원인>이다. 두 번째는, 형식적인 원인(형상인, 形相因)인 **니밋타-카라나**로 <결과가 따르지 않는 원인>이다. 토기장이와 그의 도구들이다.

우리는 보통 흙(만)을 항아리의 원인으로 본다. [참고로 **아리스토텔레스**는 운동인(運動因)과 목적인(目的因)도 말하나, <진정한 철학자>는 **플라톤**까지라고 본다. **철학과 신학과 문학과 예술과 노력의 진정한 목적은 오직 인간의 심성(心性)을 정화하고 성화(聖化)하는 데 있어야 한다!**]

<반영할 수 있는 것(빔바)>이 반영(프라티밤바)의 원인처럼 보인다. 반영은 <반영하는 그것> 없이는 존재할 수 없기 때문이다. 우리는 실제로 경험할 수 있으며, 또 추론할 수도 있다. 내가 없는데, 즉 **<아는 자(의식)>가 없는데, 그 무엇이 있겠는가!**

카시미르 쉐이비즘은 "**신(神) 의식**" 외에는 아무 것도 **존재하지 않는다**고 한다. 그러므로 거기에는 <**신 의식**과 분리되거나, (다른 것의) 원인이 되는 어떤 주체>도 있을 수 없다!

<반영(프라티빔바)의 이론>은 진보한 수행자를 위한 것이다. 이것은 일상생활에서 - 말하는 동안, 듣고, 보고, 걷고, 닿고, 냄새 맡는 동안 - 어떻게 알아챌 것인가를 가르친다. 그들은 **신 의식** 곧 **나-의식**으로 이 모든 것을 본다. 이런 **알아채는 일**은 프라티빔바 수행으로부터다. ⏳

그러나 이 **맛**은 원래의 것이 아닌, 단지 <**주된 원리(탓트와)**>의 효과로, 그것은 병 등을 치료하는 것으로 알려져 있지 않다.

똑같은 식으로, **냄새와 촉감** 또한 원래의 것이 아닌데, <**주된 주체**>가 **없을 때면**, 냄새와 촉감은 상정조차 할 수 없고, 어떤 일련의 효과나 결과를 일으키지 못하기 때문이다. 그러나 우리는 이 둘이 존재하지 않는다고 할 수 없는데, 사지가 떨리고 정액의 분출을 볼 수 있기 때문이다.

소리 또한 원래의 것이 아니다. <**말하는 자**>는, 다른 사람이 말하고 있는 것처럼, **자신의 목소리의 메아리(반영)를 듣기 때문이다.**

✍ <원래의 맛, 촉감 등>의 요소는 **주**('**다른 것**') 안에서 빛나고, **그**로부터 분리될 수 없다. 그러나 경험적 수준에서 그것들은 반영으로 나타난다.

그러나 그때도 <원래의 '**다른 것**'(빔바)>과 접촉하여 남아 있다. 그렇지 않으면 위 본문이 말하는 연쇄반응은 가능하지 않을 것이다.

"**<말하는 자>는**, …… 자신의 목소리의 **메아리**를 듣기 때문이다." 소리는 공기를 통해 전파되고, 그 파동은 벽, 천장 등에 닿아 분산된다. 우리가 듣는 소리는 실은 서로 다른 시각에 도착한 원음(原音)의 **에코(메아리)**의 총합(Sum of many Echoes)이다. 우리가 듣는 처음 소리는 소스(source)에서 귀까지 최단 거리의 ① 직접적인 소리(Direct sound)이고, 그다음 것은 공간 안 물체에 **반사**된 후 여러 방향에서 오는 ② 초기 **반사음**(Early **reflections**)과 또 많이 지연된 ③ 잔향(殘響, reverberation)이다.

유사하게 **<거울을 보고 있는 '나'>는, 마치 '나의 얼굴'이 다른 사람에게 속한 것처럼, (나를 만나기 위해 돌아오는) <자신의 반영된 상>을 본다.** ⧗

그러므로 **<메아리 등이 반영으로 빛나는 것으로 보이듯이>**, 유사하게 우주도 **주**의 빛 안에서 반영된다. 이제 이런 질문이 일어날 수 있다.

"그러면 무엇이 반영(反影)의 원래 모습인가?"

그 대답은 <거기에는 아무것도 없다>이다.

"그렇다면 <우주의 반영은 원인이 없다>는 것을 의미하는가?"

이런! 그대의 질문은 <원인>을 찾는 것이었구먼.

진실로 그 원인은 <주에 속하는 샥티>일 것이다. 그것의 다른 이름은 **<절대 자유(자연성)>라는 스와탄트리야다**. 이 **샥티**는 **주**의 내재성이다. 왜냐하면 그녀는 <우주의 반영을 낳는 자>이기 때문이다. 이 우주는 **의식**으로 젖어 있고, 이 우주는 그 **의식**의 현현의 장소다. 그 **의식**은 진실로, 그것이 역순으로 반영된, 이 우주다. 그러므로 **주**는 <반영을 낳는, 반영을 지지하는 자>라고 한다.

주의 **본성**은, 그것은 내재의 전체성을 포함하는데, 저 <회광반조의 **알아채는 일(아마르샤)**>을 피할 수 없다. **<의식적(意識的)인 자>는 그 자신에 대해서도 <반영적인 알아채는 일>을 피할 수 없기** 때문이다. 만약 **의식**이 <자기 자각(자신의 본성을 **알아채는 일**)>이 없다면, 그것은 <감각이 없는 것(자다)>의 수준으로 (자신을) 낮춘 것일 것이다.

<나 자신을 되돌아보고 알아채는 일>은 관습이나 관례로 만들어지는 것이 아니다. 그것은 <의식의 본성으로부터 분리될 수 없는 것>으로 **경험되는 것**이고, <지고의 소리(파라-나다, "내 **속에서 말하게 하는 그 무엇**")> 속으로 들어가게 하는 것이다. 이 <지고의 소리>는 주(主)에 속하는 모든 에너지를 반영하고, 이 우주를 결정한다.

✍ "만약 **의식**이 <자기 자각(자신의 본성을 **알아채는 일**)>이 없다면": **칫-샥티**라고 부르는 이 힘은 <독특한 **자기-의식적**인 빛(**프라카샤**)>이다. 우리의 감각에서 빛나는 무감각한 대상들도 또한 빛으로 구성된다. 그러나 우리는 그것들을 <감각이 있는 것>으로 인식할 수 없는데, 그것들은 "나는 감각적이다."라는 자각이 부족하기 때문이다. 대조적으로, **<아는 주체>는 비록 제한되어 있더라도 나 자신이 있다는 것을 알아채고**, 이 <자기-자각의 존재>를 **의식적**으로 반영할 수 있다.

이 우주는 언설 특히 <의미를 나타내는 소리>와 관련해서 인식되고, 또 <언설이나 소리가 나타내는 실체>와 관련해서 인식된다. 전자는 **파라마르샤**로, 후자는 **파라마르샤니야** 즉 <소리에 의해 나타난 것>으로 알려져 있다. 여기에 <**주**로부터 분리할 수 없는 '**언설의 최고의 형태**'>가 있는데, **파라-나다** 혹은 **파라 바크**('로고스', "**말씀**")라고 한다. ⧖

주는 <세 가지 중요한 힘>을 갖고 있다. <**지고**(**아눗타라**)>, <**의지**(**잇차**)>, <펼치는 일(확장, **지식**, **운메샤**)>로, 이 세 가지 <**인식의 반영**(파라마르샤, **반영적 인식**, 사유, 思惟)>은 산스크리트 알파벳의 <**아**>, <**이**>, <**우**>다. 이 세 가지 주된 힘으로부터 <힘(음소, 음素)의 무리>가 전개된다.

아난다의 장모음 <아:>는 위 아눗타라의 단모음 <아>에서 쉬고, 이샤나의 <이:>는 위 잇차의 <이>에서 쉬고, 우르미의 <우:>는 위 운메샤 <우>에서 쉰다. 우르미(혹은 우나타)는 <행위의 힘(크리야 샥티)>의 전개에서 첫 번째 단계다.

✐ <음소의 방사>는 곧 절대의 현현으로 파라 트리쉬카에서 다루었다. 보다 자세한 것은 그곳을 참조하라. 주는 아눗타라, 잇차, 운메샤의 세 가지 중요한 샥티와 관련되며, 각각 <아>, <이>, <우>의 음소로 나타낸다. 단모음은 빛(프라카샤)의 성격이 현저하여 해(수리야)로, 장모음은 쉬는 성격이 현저하여 달(소마)로 여겨진다.

음절 <아>는 그 상응하는 음소로 다른 <아>를 가진다. 하나는 쉬바를 나타내고 다른 것은 샥티를 나타낸다. 이 둘의 진동하는 결합은 지복(아난다)을 낳고 음소 <아:>로 표현된다. 이 우주가 생겨나는 것은 아난다 샥티로 부터다. 그것은 <잇차로 시작하여 크샤로 끝나는 나머지 모든 음소>를 말한다. <아>와 <아>의 이 결합은 의식만의 특징인 반면에, 프라탸바마르샤나 즉 <시스리크샤트마를 창조하는 인식적인 욕망>은 <의지의 힘>으로 알려져 있다. 의지(잇차)를 나타내는 이 욕망은 <마치 잃어버린 지복>으로 되돌아가는 욕망이다. ⌛

인식의 반영(反映) 즉 파라마르샤(반영적 인식)의 첫 번째 그룹은 <아>, <이>, <우>로, 본질적으로 빛의 부분이고, **해**와 동일시된다.

<반영적 인식(파라마르샤)>의 두 번째 그룹은 곧 <아:>, <이:>, <우:>로, 쉼의 성격으로 **지복**이 현저하고, **달**과 동일시된다. 여기까지는 행위의 가벼운 흔적조차도 (현현의 과정에) 들어가지 않는다.

그러나 <**의지의 힘(잇차)**>과 <**군림(君臨)하려는 의지의 힘(이샤나)**>에서 행위가 들어갈 때, 그때 그것들은 <**의지의 힘의 대상(이샤마나)**>과 <**의지의 힘의 주체(이:샤마나)**>라고 부른다.

이 단계에서 **행위**(카르만)는 자신을 둘로 나눈다. 빛이 우세할 때는 반모음 <리(r)>이고, 그것이 쉴 때는 반모음 <릐(l)>이다. 이것은 반모음 <리>와 <릐>가 빛을 "막는" 성질을 가지고 있기 때문이다.

✐ 잇차, 이샤나와 또 **운메샤**, **우르미**는 **의지**의 에너지와 **지식**의 에너지를 각각 나타낸다. **행위**의 에너지는 전개의 이 수준까지는 현현이나 미현현의 어떤 형태로도 존재하지 않는다. **행위**가 그 자신을 보여줄 때, 오직 그때 <리(r)>, <리:($\bar{r}$)>, <릐(l)>, <릐:($\bar{l}$)>의 네 가지 중성 음소가 나타나며, 그것들은 성격에서 자음의 <r>, <l>과 유사하다. 또 <리>, <릐> 등의 한글 표현은 **억지로** 한 것이다. ⧖

그러나 (그 현현의 단계에서) <의지의 힘의 대상
(이샤마나)>은 외부의 대상으로는 구별되지 않는다.
만약 구별된다면, 외부의 대상처럼 창조되었을 것
이지만, <의지의 힘(잇차)>도 <군림하려는 의지의
힘(이샤나)>도 명확히 구별되지 않는다. 바로 이런
이유로 <리>와 <뤼>는 단지 반모음이고, (영어의
<r>, <l>과 같은) 자음이 아니다.

더욱이 이 그룹의 문자들은 - <리(r̥)>, <리:(r̄)>,
<뤼(l̥)>, <뤼:(l̄)> - 자음과 모음의 모습을 다 갖기
때문에, 중성(中性, 반모음)으로 여겨진다.

아눗타라의 <아>와 또 아난다의 <아:>의 확장이
잇차의 <이> 등의 방향에서 일어날 때, 두 음절
<에(e)>와 <오:(o)>가 생겨난다.

다시 이 두 음절 <에>와 <오:>는 아눗타라의
<아>와 또 아난다의 <아:>와 긴밀하게 결합하고,
그때 <아이(ai)>와 <오(au)> 음절을 낳는다.

이것은 정말로, <행위 에너지(크리야 샥티)>의
놀이이다. 그것은 네 가지 음절 <에(e)>, <아이
(ai)>, <오:(o)>, <오(au)>의 현현에서 빛난다.

그다음 행위의 힘(크리야 샥티)의 발달의 끝에서
아눗타라로 들어가기 바로 전에, 이 지점까지 창조
되었던 모든 것이 쉬면서 빈두(aṃ, "·")에 거하게
된다. 그것은 빛 홀로이고, 지식의 바로 핵심이다.

✍ 위 <에(e)>, <아이(ai)>, <오:(o)>, <오(au)>는 **행위** 에너지를 나타낸다. 최고의 진동의 움직임이 완전히 외면화되었을 때, 그때 그것은 <오(au)>로 알려져 있다. 그 안에서 펼쳐짐의 흐름이 멈춘다.

그다음 에너지의 모든 구분은 빈두(정액 방울)로 자신을 나타내는 <하나> 속으로 용해된다. 빈두는 <분화되지 않은 한 점으로 모여진, **의식**의 단단한 덩어리>다. 거기에서 우주의 창조가 진행된다. ⧗

빈두가 (능가할 수 없는) **아눗타라**에 쉬는 바로 그 자리에, **아눗타라 비사르가**가 생겨난다. 그것은 <아(aḥ, ":")>이다.

그래서 이 16 문자는 **씨앗**(비자, **모음**)이고, 모든 <**반영적인 알아채는 일(파라마르샤)**>의 – <**반성적, 성찰적 자각**>의 – 바로 그 본성이라고 한다.

밭(자궁, 요니)은 **자음**으로, 비사르가 즉 "비(vi, 다양한) + **사르가**(sarga, 흐름)"로부터 생겨난다.

아눗타라로부터 <카> 행의 문자(바르가)가 생겨나고, <대상이 없는 **의지(잇차)**>로부터 <차> 행의 문자가, <대상이 있는 **의지(잇차)**>로부터 <타(ṭa)>와 <타(ta)> 행의 문자가, 운메샤로부터 <파> 행의 문자가 생겨난다. 위 다섯 행의 문자가 생긴 것은 다섯 **샥티**와 결합되었기 때문이다.

반자음 <야(ya)>, <라(ra)>, <라(la)>가 생긴 것은 **의지의 힘(잇차)**의 세 가지 구분에서이고, 반면에 반자음 <와(va)>는 **운메샤**로부터 생겨났다.

문자 <샤(śa)>와 <샤(ṣa)>, <사(sa)>는 <**의지의 힘(잇차)**>의 세 가지 구분에서 생겨났다. **비사르가**로부터 <하>가 생겨났고, 문자 <크샤(kṣa, **챠**)>는 두 자음 <카>와 <사>의 결합으로 생겨났다. 그래서 **지고(아눗타라)**인 **주**는 "**문자의 주(쿨레슈와라)**"가 된다.

그것은 **주**의 유일한 <**카울리키 비사르가 샥티**>이다. 그것은 문자 무리 등처럼 <**반영적 인식(파라마르샤)**>의 형태에서 <진동하는 충동의 흐름>으로, **아난다**로부터 외부적 현현으로 확장되고, 외적인 요소(**탓트와**)의 형태를 떠맡는다.

비사르가는 세 가지로, **아나바**는 <**칫타**(마음)가 쉬는 상태>이고, **샥타**는 <**칫타**가 깨어 있는 것>이 특징이고, **샴바바**는 <**칫타**의 용해>다.

✍ 우주의 전개 과정에서 **쉬바**에 속하는 **아쿨라 샥티**는 먼저 한 점으로 표현되는 **빈두**로 현현한다. 나아가 **빈두** 밖으로, **카울리키 비사르가 샥티**는 하나가 다른 것 위에 있는 두 점 형태로 출현한다. 우주 전체의 창조가 일어나는 것은 이 **샥티**로부터이다.

창조 즉 **비사르가**는 **아나바**, **샥타**, **삼바바**의 세 가지가 있으며, <다양성>, <다양성 속의 단일성>, <단일성>의 특징이다.

아나바 비사르가에서는 제한된 주체에게 대상은 "이것"으로 빛난다. 한쪽에서는 <제한된 주체들>이 있고, 다른 쪽에는 우주가 있다. 이 둘은 <제한된 지식>과 <그것의 대상>의 단일성 속으로 용해되며, 그것은 <아는 일(지식)>과 <지식의 대상>의 단일성 외에 아무것도 아니다. 이것이 **비사르가**로 알려져 있고, 거기에서의 쉼은 **가슴**에서 일어난다.

칫타-삼보다로 알려진 두 번째 **비사르가**에서는 우주 전체가 <제한된 주체들과 그 대상들의 모든 구별>과 함께 **의식**과 하나로 빛나고 있으며, 또한 그들 모두를 초월하여 빛나고 있다.

세 번째 **비사르가**는 주체와 대상의 모든 구별이 없어지고 **칫타**의 용해(**칫타-프랄라야**)가 일어난다. 그러므로 지고한 **의식**의 주체와 하나로 빛난다. ⏳

그러므로 **비사르가**는 <우주를 창조할 수 있는> **주**에 속하는 힘이다. 그 **실재**가 <**통합된 반영적인 의식**>으로 인식될 때, 그때는 **주** 홀로 빛난다.

반면에, 그 **실재**가 자음과 모음의 분리된 것으로 인식된다면, 그때 그것은 <힘의 소유자(**샥티만**)>와 <**샥티** 그녀 자신>으로 알려지고,

그 **실재**가 **차크레슈와라**(크샤 포함)와 함께 여덟 가지 **파라마르샤**로 인식될 때, 그것은 9 **그룹**으로 나누어진다. 더욱이 만약 똑같은 **실재**가 <각각과 모든 개개의 **파라마르샤**에 그 강조를 두는 것으로> 인식된다면, 그때 그것은 <50>으로 나누어진다.

마지막으로 그 **실재**가 <가능한 미묘한 구분들>로 존재하는 것으로 인식된다면, 그때 그 수는 <81>이 된다. (<81 **파다**>는 149쪽을 보라.)

실제로 **반영적인 인식**(파라마르샤)은 여섯뿐이다. 그러나 확장과 수축 때문에 그것은 열둘이 되고, 그 모든 **샥티**의 소유자로서 **주**의 완전함을 키운다. **주**의 이 모든 **샥티**들은, **반영하는 인식**의 성격으로, **칼리카**들 즉 여신(女神)들로 알려져 있다.

순수한 반영적인 인식은 본래 에너지로, 그것은 <순수한 지식(슛다 비디아)>의 수준에서는 **비디아** (만트라)와 **비디아-이슈와라**(만트레슈와라)로 나타나고, **마야**의 약한 출현으로 인한 제한 때문에, <최상과 또 그렇지 않은 것(**파라-아파라**)>으로 나타난다. 그러나 그것들은 <구별되는 무리들>로 나누어져 나타나고, **마야**에 속하는 문자(文字)로서 기능한다.

✍ 자신을 <개체적인 인식>으로 현현하는 창조 (비사르가)의 에너지(샥티)는 우주로서 나타난다.

샥티는 모든 언설과 문장의 원인이요, **어머니다.** 아가마에서 그것은 두 가지 이름을 갖는다. 하나는 **마트리카**이고, 다른 것은 **말리니**이다. <**하나**>는, 동요되었을 때, 다양한 음소들을 낳는다. 이 모든 음소는 **쉬바**에서 **흙**(프리트비)까지의 36 **탓트와**를 나타낸다.

실제로 **인식**의 수는 **아눗타라, 잇차, 운메샤와 아난다, 이샤나, 우르미**의 여섯이지만 확장과 그 역의 움직임 때문에 열둘이 된다. **아눗타라**가 확장 쪽으로 진행될 때 그것은 <**아:**>가 되고, <**이**>는 <**이:**>가 되고, <**우**>는 <**우:**>가 된다. 이것을 **프라사라나**라고 한다. 동시에. <**아**>와 <**이**>, <**아**>와 <**우**>, <**이**>와 <**아**>, <**우**>와 <**아**>, <**아**>와 **빈두**, <**아**>와 **비사르가**의 상호 관련이 일어나며, 이것을 **프라티삼차라나**라고 한다. 따라서 위 방법을 따라 생겨나는 음소는 혼합의 성격이고, **주**의 완전성을 만든다.

칼리카는 **칼라나**라는 말처럼 <**변화의 과정**>을 통해, 그것이 변화를 일으키기 때문이다. "**인식**"은 <**의식의 순수한 수준에서, 주의 에너지**> 외에 아무 것도 아니다. 그러나 **마야**의 출현과 더불어 분화가 시작되어 그 **반영적인 인식**(파라마르샤)은 **세속적 수준까지 하강하여**, 한편에서는 음절의 성격을 떠맡고 다른 편에서는 **탓트와**의 성격을 떠맡는다. ⧗

이들 음절들은 마지막으로 **파쉬안티, 마드야마, 바이카리** 단계를 통해 하강하고, <외적인 범주들(**탓트와**)>의 성격을 떠맡고, 그다음 그것들은 <세속적인 과정>의 역할을 한다.

이 수준에서 그것들이 <**마야**에 속하는 음절>이고 <몸들(즉 생명이 결여되어 있는)>로 보인다고 하더라도, 앞서 언급한 '**창의력(創意力, 再認識)'의 수단으로 그것들이 <순수한 반영적인 인식>에 의해 더 생동감이 있게 될 때**, - 그것은 <그것들의 바로 그 생명>을 상징하는데 - 그때 그것들은 활성화된다. 만약 그것들이 활성화되면, 그것들은 해방(자유)과 또 즐김(향유)을 줄 수 있다.

✍ 언설(말)은 네 가지 수준이 있다. **파라, 파쉬안티, 마드야마, 바이카리**다. **비갸나 바이라바**에서 시작하여 **파라 트리쉬카**에서는 자세히 다루었다. 또 거기에서 추천한 Andre Padoux의 『Vac』 - The concept of the Word in selected Hindu Tantras도 참고하라. 그러나 **무엇보다도 '내 자신' 속에서 <그런 것>을 느껴라.**

마야의 수준에서도 이 음소는 **순수한 지식(숫다 비디아)과의 접촉으로 생동감이 있게 될 수 있다.** 이를 통해 그것들은 <즐김(향유)>과 <해방(자유)>의 목적으로 사용될 수 있다. ⧗

사람이 '자신'을 <모든 가능한 반영적인 인식들이 유일하게 쉬는 곳(피난처, 도피처)>으로 여기게 될 때 - 그 안에 **탓트와**, 존재들, 영역들 전체가 반영될 때 - 그는 <**샴부**로 생기는 흡수를 통해> 살아 있는 동안에 해방을 얻는다. **샴부**는 <한정된 지식>으로부터 자유롭다.

이런 유형의 흡수를 얻을 때, **아누파야**의 경우와 같이, <만트라의 사용> 등의 수고스런 수행 과정은 필요가 없다.

✍ <**쉬바** 속으로 순수하게 흡수되는 일(**샴바바 사마베샤**)>은 **순수한 의식이 된다**는 것을 말한다. **요기**가 그것을 얻으면, 그는 여섯 길(**샷-아드와**)이 자신과 다르지 않다는 것을 깨닫는다. 그것들은 그 자신의 **의식**에 반영되고, 그의 **참나**에서 일어나고, 그 안에서 **쉼**을 얻는다. <통합된 단일성의 **의식**> 안에서, 창조, 유지, 용해는 그 자신의 본성과 분리되지 않은 채로 빛난다.

만약 사람이 **샴바바 우파야**를 통해 그의 의식을 절대적 **의식**의 순수한 **빛** 속으로 녹일 수 있다면, 그때는 성실히 행해야 하는 일, 즉 <목욕(세례)>, <종교적 일의 준수(**브라타**)>, <몸의 정화>, <명상>, <성스런 음절의 반복(**만트라**. 기도)>, <희생(犧牲)>, <불 속으로의 봉헌>은 필요하지 않다. ⌛

수많은 모습이 거울에 비치듯이
온 우주가 의식 안에서 빛나누나!
거울은 그런 것 알지도 못하건만
의식은 그런 것 알아채는 맛으로
우주를 자신으로 온전히 즐긴다네!

[※ 흔히 <영적인 수행>이라는 이 **샴바보파야**는
<**참나를 알아채는 일**>, <자기-지식>, <자기-기억>,
<**성찰적 자각(인식)**>, <**아는 자를 아는 일**> 등등을
말한다. 필자는 『**프라탸비갸 흐리다얌**』과 더불어
<**신(神)-인식(認識)**>**경(經)** 『**이슈와라-프라탸비갸**』
- 내 안의 신성을 되찾는 빠른 길 -(예정)을 추천
하니 최상급의 독자들은 꼭 읽기 바란다.]

         ☯   ☯   ☯

✍ 이쯤에서 우리는 <왜 **샴바보파야** 장(章)에서
산스크리트 알파벳에 관한 것을 설명하는지…>도
읽어야 한다(생각해야 한다).

"산스크리트 알파벳 이야기는, 이 책이 인도의 책이니 인도인들로는 당연한 것이겠지만, 한국어를 쓰는 한국인인 우리가 알아야 할 필요가 있는가? 그리고 또 그것이 영성이나 깨달음과 무슨 관계가 있는가?"

- 이런! 이런 생각이 전혀 나지 않았다면, 그대는 참으로, 저 <생각이 없는(**니르-비칼파의**) 사람>임에 틀림없다! -

생각이 무엇인가? 무엇이 생각이라는 것인가?

(위처럼) 이렇게 물으니, <생각>이라는 것이 무엇인지 생각나는가? 복습한다. (그러니 기억할 뿐만 아니라, 이제는 **느껴라**.)

"<생각>이 무엇인가?
<생각>은 <나 스스로에게 말하는 것>이다.
<논리적인 배열로, 특정한 유형(어법, 문법)으로 나열하는 말(단어들)>이 <생각>이다.
소리로써 <말>이 만들어지고,
말로써 <생각>이 만들어지고,
그다음 <생각>으로써 모든 종교와 철학,
세계관과 가치관이 만들어졌다.

우리는 (가장 나중의 것인) 종교와 철학,
즉 <생각의 체계들> 속에서 허덕이고 있다."

<이런 것>이 우리 인간의 상황이고, 실존이다.
그래서 **샴바보파야**는 그 <생각과 말>을 만드는,
그 원천(原泉)인 – 원인자 – <소리(음소)>를 다루는
것이다. 샤브다 브라흐만을, 아니면 <**지고의 말씀**>
즉 **하나님**을 말이다. **거기에 우리 인간을 지배하는**
엄청난 힘이 있다.

파라 트리쉬카와 위에서 다룬 <**절대의 현현**>은
곧 <"**말씀이 육신이 되어 우리 가운데 거(居)하는**"
그 과정(전개)>의 **장엄한 상세와 요약**이다.

샴바보파야가 방편이라면, 그것은 **나의 안에서**
일어나는 그 <"생각"의 근원, 시초> 즉 "**내 속에서**
말하게 하는 그 무엇(성령)"(마태복음10:20)**까지도**
철저하게 깨닫고 느끼자>는 것이다.

현재의 우리는 <생각>을 피할 수 없다. 수많은
생각이 우리를 완전히 장악하고 있다. 그러면 달리
다른 방법이 없다. <올바른 방향의 생각>만 하라.
샥토파야라는 것 말이다. ⏳

제 4 장
샥토파야

사람이 그의 **본성(스와바와)**을 성취할 목적으로 <생각의 얼개(비칼파)>를 점차로 정화할 때, 앞에서 말한 대로 <올바른 이론이 선행하는 명상(**바와나**, 창조적 상상)>과 <적절한 **아가마**(경전)의 공부>와 <그런 스승의 가르침>은 필수적인 것이 된다.

사람이 자신을 묶인 것으로 여기는 것은 <생각의 얼개(비칼파, 고정관념)> 때문이다. 자신의 **본성**에 관한 <바르고 강한 확신(**아비마나**)>은 **삼사라**에서 해방의 원인이 된다. 이 <새로운 **비칼파**(생각)>가 일어날 때, 그것은 <속박의 원인인 낡은 **비칼파**>를 중화한다.

이 <새로운 비칼파(생각)>는 - 기독교 용어로는 "메타노이아(μετάνοια)! 회개(悔改)하라! 즉 생각을 바꿔라!"를 말한다. - <상승(**아비우다야**)의 원인>이 되고, 사람이 **그 본성(신성)을 얻을 수 있게 한다.**

✐ <생각(**바칼파**)>은 순수한 것과 불순한 것의 두 가지가 있다. <순수한 생각>은 인간의 삶에서 최고의 목표(해방, **목샤**)를 얻는 데 도움을 주고,

<불순한 생각>은 세속적 존재계로 이끈다. **참나**가 자신을 **지식**과 **행위**에서 제한된 것으로 생각하는 것은 그 (세속적) 존재계 때문이다.

<(다른 종류의) 순수한 성질(**본성**, **스와바와**)>에 대한 추구는 정화(삼스카라)로 알려져 있다. **의식**의 바로 그 **본성**이 <생각의 얼개(비칼파)>로부터 자유로운 것이다. **의식**의 이 미확정적 성격(니르비칼파)이 또한 **참나**의 바로 그 본성이다. 이것은 **생래적 본성(스와바와)**으로 알려져 있다. **참나의 이 본성을 반복해서 듣는 일은, 그것에 대해 생각하고 그것에 대해 끊임없이 명상하는 일은 생각의 얼개를 정화하는 데 도움이 된다.**

처음에는 <순수한 생각(숫다 비칼파)의 층(層)>은 마치 불분명한 것처럼 남는다. 그러나 수련을 통해 지속하게 되면, <순수한 생각의 층>은 완전히 분명하게 된다. 나의 **생래적 본성(스와바와)**의 완전한 순수성은, **이원성의 잠재적 인상이 제거될 때**, 즉 순수한 생각(숫다 비칼파)에 의해 **드러난다**는 것을 아는 것이 중요하다. 이 단계에서 **비칼파**는 이원성의 원인으로는 버티지 못한다. <**바른 방향의 생각**>이라는 **비칼파**의 정화와 더불어, **의식**은 그 모든 영광으로 번쩍인다.

내 영혼 깊숙이 <"나는 묶여 있다. 나는 피조물이다. 나는 죄인이다."는 (누군가에 의해) 각인되어 있는 그런 그릇된 생각>이 세속적 존재계(지옥)의 근원이다. 그런 것은 그런 것에 반대되는 생각 즉 <순수한(현명한) 생각>으로 그 뿌리를 뽑아야 한다. 그렇게 **"생각을 바꾸면"** <**하나님의 나라**>가 가까워**진다. 그것은 이미 우리 속에(가운데) 있다.** ⧗

그것은 다음과 같다.

지고의 실재(實在)는 본질적으로 제한되어 있지 않고, <**나누어지지 않는 단일성의 의식(意識)>으로 구성되어 있다.** 그것은 <**쉬바에서 끝나는, 제한된 성격의 모든 탓트와**>를 초월한다. **지고의 실재는 모든 것에 지지를 주고, 또 우주의 생명력(生命力)이다.** 그것을 통해, 우주는 생명으로 **"고동친다."** 그리고 **그것이 "나(아함)"이다. 그러므로 나는** 초월(超越)과 내재(內在) 둘 다이다.

그러나 이런 종류의 확신은 <**마야로 눈이 먼 자들**>에게는 일어나지 않는다. 그들은 <올바른 교리(**삿-타르카**)> 등이 부족하기 때문이다. **바이슈나바(비슈누종파)와** 다른 것들은 <집착(**라가**)의 원리에 의해> 그들의 경전에 제한되어 있다. 이런 이유로, (오히려) 그들이 필요한 것인데도 불구하고 그들은

<다른 우월한 경전(아가마)>에는 관심이 없으며, 또 <올바른 논거>와 <올바른 경전>, <스승의 올바른 가르침>에 대해서 질투한다. 그것은 **파라메슈와라** 아가마에서도 말한 것이다.

바이슈나바 등은 제한된 지식에 묶여 있다.
그들은 <지고의 실재>를 이해할 수 없는데,
<전지(全知)에서 오는 지식>이 없기 때문이다.

그러므로 **<쉬바의 샥티에 강렬하게 닿은 사람>** 만이 - 기독교 용어로, **<성령을 받은 사람>** 만이 - **올바른 교설**(아가마)의 길 등을 따른 후에, 그들의 **비칼파**(생각, 교리)를 정화하고 **지고의 실재 속으로 들어간다.**

여기서 이런 질문이 일어날 수 있다.
"만약 이것이 그러하다면, <지고의 실재>는 어떤 <확정된 교리(**비칼파**, 지식)의 형태>일 수가 있지 않겠는가?"

이 질문에 대한 (우리의) 대답은 "확실히 그렇지 않다."이다. 왜냐하면 이 <확정된 지식>은 이원성의 인상을 제거하는 것으로 그 목적을 달성할 수 있기 때문이다.

지고의 실재는 모든 곳에 있다. 그것은 <전체의 형태>이고 <자기 현현>이다. 확정된 교리의 형태는 그것에 어떤 지지를 줄 수도 없고, 또 그것을 부인할 수도 없다. '**올바른 교설(삿-타르카)**'은 <**쉬바의 샥티에 강렬하게 접촉된 사람**>에게는 저절로 일어난다. 이런 종류의 사람은 <**여신**(아니마, **성령**)에 의해> 입문(入門)되었다고 한다.

다른 이들의 경우에서 <올바른 교설의 형태>는 경전의 공부 등으로 일어난다. 이 주제는 제 11 장 **샥티 파타** 곧 <**성령 받음**>에서 자세하게 다룰 것이다. 그러나 이쯤에서, <스승의 역할>은 그 제자가 공부할 **적당한 아가마(경전)를 골라주는 것**이라는 것을 지적하는 것으로 충분하다. - 그러나 스승이 꼭 살아 있는 사람일 필요는 없다. **꿈** 등의 안내를 받을 수도 있다. - 그리고 또 <**아가마의 역할**>은 적절한 형태의 **비칼파**를 일으키고, <의심이 없는, 일련의 동질의 생각>을 일으키는 것이다.

이 일련의 동질의 확정적인 생각을 <**올바른 교설(삿-타르카, 올바른 철학**)>이라고 하고, 이 <올바른 교설>을 <**명상(바와나, 창조적 상상**)>이라고 한다.

이 **바와나**(창조적 상상)를 통해 <분명하지 않은 과거의 어떤 대상(과거 속에서 쉬고 있던 것)들>은,

마치 현재가 그것들을 분명하게 하듯이, 이제 분명하게 된다. 이런 의미로 우리는 <순수한 지식의 빛인 **올바른 교설**(教說) 외에는 다른 어떤 직접적인 수단도 수행(요가)의 수족(手足)이 될 수 없다>고 말할 수 있다.

예를 들어, **니야마**(권계)에 속하는 **타파스** 등과 **야마**(금계)에 속하는 **아힘사** 등과 또 여러 가지의 **프라나야마**(호흡 조절) 등 모든 것은 결국 <대상적 존재계>에 기초하고 있다. 그러므로 **의식**에 관한 그것들의 역할이 무엇이겠는가?

프라탸하라(감각 철수)도 단지 <(지식과 행위의 도구인) 감각의 수준>에서 탁월함을 줄 뿐이다. 똑같은 식으로, **다라나**(집중), **댜나**(명상), **사마디**는, 만약 이 특정한 순서로 꾸준히 한다면, 명상자에게 <그의 명상의 대상과의 동일시>를 줄 수는 있다.

그렇지만 <**지고의 실재**>에 대한 - 그것은 <**쉬바**와의 동일성>이고, <나 자신의 **본성**>이다. - 명상 혹은 수행은 전혀 가능하지 않다! **<의식에 견고히 선 자>의 수행은 의식(나) 안에 프라나, 지성, 몸을 꾸준히 세우는 과정이다.** 이것은 짐을 나르는 외발자전거도 아니고, **샤스트라**(경전)**의 진정한 의미를 공부하는 것도 아니고**, 춤을 수련하는 것도 아니다. **의식**의 경우에는 그것에 어떤 것을 추가하거나 또 덜어낼 수가 없다.

그러므로 (의식에 관한 한) 어떻게 해야 수행이 가능할 것인가?

✍ 경전(아가마)을 공부하게 되면 <의심이 없는, 일련의 순수한 생각>이 일어난다. 이를 **바와나**라고 하며, 모든 소원을 들어주는 천상의 암소와 같다. **올바른 교섭**(샷-타르카)은 **요가**의 최고의 수족으로, 사람이 <**실재**를 참으로 아는 자가 되고, 그릇에서 옳음을 분별할 수 있는 것>은 이 수단뿐이다.

잘 아는 대로, **야마**(금계, 禁戒)의 다섯은 비폭력 (아힘사)과 정직(사탸), 도둑질을 않음(아스테야), 성욕의 절제(**브라흐마차리야**), 탐내지 않음(**아파리 그라하**)이다. 이것들은 **의식**을 얻는 데 직접적인 도움을 주지 않는데, **쉬바**인 **의식**의 진정한 본성은 이런 수단에는 닿지도 않기 때문이다.

<외적인 대상으로부터 감각을 철수하고, 감각을 자신의 가슴에 두는 것>을 **프라탸하라**라고 한다. 그러나 **의식**은 편재하기 때문에 철수는 가능하지 않다. 똑같은 식으로, 집중, 명상, 흡수(**사마디**)는 제한된 어떤 것과 관련된다. 그러니 그것들은 본래 제한되어 있지 않은 것의 시야를 얻는 데는 어떤 목표도 제공할 수 없다.

수행은 <생명 에너지>, 지성, 몸 등에서 의식적으로 행해지는 활동이다. 무거운 짐을 운반하거나, 문서를 공부하고 그 의미를 이해하려고 끊임없이 노력하는 것, 자신을 춤추는 것과 음악에 종사하게 하는 것은 각 영역에 확신과 나중의 숙달을 추가할 수는 있다. 그러나 **의식**은, 빛의 본성을 가지므로, 항상 빛나며 변화가 없다. 그러므로 수행은 그것에 어떤 것을 더할 수도, 또 그것에서 어떤 것을 앗을 수도 없다. ⏳

이제 이런 질문도 일어난다.

"만약 이것이 그러하다면, 그러면 <올바른 교설 (올바른 교리)>로 성취할 수 있는 것은 무엇인가?"

이 질문에는 <**바른 방향의 생각**(교설)>의 역할은 <이원성의 인상을 제거하는 것> 외에는 아무것도 아니라고 이미 말한 바 있다. <모든 것이 **의식**의 본성의 것>이므로, 일반적인 수행의 주요 목표는 <몸, **프라나** 등에는 바람직한 모습을 부여>하고, <부차적인 곳에는 바람직하지 않은 형태를 두는 것>이다. 그러나 <**지고의 실재**로부터는 아무것도 뺄 수 없다>고 이미 말했다.

<이원성의 인상>조차도 **의식**과는 다른 어떤 것이 아니다. 그것은 단순히 자신의 **본성**에 대한 무지일

뿐이다. 그러므로 이원성은 <순수하고 확실한 생각(숫다 비칼파)>으로 제거될 수 있다고 하는 것이다.

최고의 핵심적 본질은 자기 조명적 내밀한 **본성**(스와바와)을 갖는다. 그것은 자신의 **절대 자유**를 통해, 무지의 상태를 떠맡는다. 그리고 그다음 차츰 그 무지를 버리는 것으로, 처음은 꽃을 피우려는 의도를 가지고, 다음은 꽃이 피기 시작하고, 마지막으로 그것은 활짝 개화하게 된다.

그러므로 <현현으로(비취는 일로써)>, 이 순서를 따라, 그것은 그 완전성 안에서 자신을 현현한다. 이 비취는 일은 **주**의 **본성**이다. 바로 이런 이유로 **요가**의 수족은 직접적인 방법일 수 없다. 그러나 여기서는 교설(타르카)이 아주 중요한 것이기에, <**올바른 생각**(삿·타르카)> 홀로 직접적인 수단이다. 이 <**올바른 생각**(교설)>이 바로 <순수한 인식(숫다 비칼파)>이고, 그것은 ① **예배**(야가), ② 음식물을 불에 태우는 **봉헌**(호마), ③ 만트라의 **암송**(기도, 자파), ④ 종교적인 **준수**(서원, 브라타), ⑤ **요가** 등의 다양한 수단을 통해 정화된다.

야가(예배)는 확정적인 지식 형태의 강한 확신을 얻으려는 목적으로, <**주**(主)께 모든 것을 바치는 것>이다. "모든 것은 주 안에 견고히 서 있다. 주로

61

부터 분리된 것은 아무것도 없다." <자연스레 **의식**
속으로 뚫고 들어가는 향유자인 사람>에게는 **주**에
대한 이 봉헌이 편안한데, **그것이 가슴을 기쁘게**
하기 때문이다. 아름다운 꽃, 백단향(백단연고) 등을
봉헌하는 일에 외적인 규정이 있는 것은 그 마음에
이런 목적이 있(는 까닭이)다.

성별된 불에 **봉헌**하는 것(호마)은 모든 존재물이
"**주의 의식(意識)의 불**" 속으로 용해되는 것을 말
한다. 그는 모든 것을 삼키고 그것들을 만드는 것
으로 기쁨을 찾고, 그 불꽃으로 홀로 남는다. "**모든**
존재물은 그 빛(의식)으로 된 것이다." 호마는 이
결정적인 확신을 꾸준하게 얻기 위한 것이다.

만트라의 암송(기도, 자파)은, 외부로나 내적으로
<알려질 수 있는 것>에 - 그것은 **최고의 실재**와는
다른 것으로 나타난다 - 의존하지 않고, <**반영적인,**
반성적인 인식>을 더 "**살아 있게**" 하려는 목적으로
하는 것이다. <**최고의 실재에** - 그것은 나 자신의
참나와 다르지 않다 - 대한 이런 **반영적인 인식**>을
자파라고 한다.

(**기도**는, 기독교도든 불교도든, 우리가 많이 하는
것이다. 비갸나 바이라바의 방편 중에서 **다른 이의**
의식을 느껴라 등을 참조하여, **참 기도**를 하라.)

종교적인 준수(서원, 브라타)는 <몸, 항아리 등은 본질에서 주와 동일하다>는 강한 확신의 인식이다. 이것은 주의 <지고한 자기 의식(아비마나)>을 얻기 위한 것으로, 다른 방법으로는 얻을 수 없다. 슈리 난디쉬카에서는 "최고의 서원(브라타)은 모든 것의 조화다."라고 말한다. 지고의 실재는, 모든 유형의 생각의 얼개로부터 독립적인데, 순수한 지식(슛다 비디아)의 요소를 갖는 여러 형태의 확정적 지식을 통해 번쩍인다.

　　요가는, 특정한 유형의 확정적 지식(비칼파)으로, 그의 본성이 우리 자신의 본성과 하나로 결합되는 것이다. 그것(요가)의 목표는 자신을 <항상 빛나는 그 빛> 속에 견고히 세우는 것이다.

　　주의 핵심적 본성은 "그의 의식의 완전함(푸르나-삼빗-스와바와)"이다. 의식의 이 완전함(충만함)은 곧 그의 샥티이다. 다른 말로는 몸(쿨라, 전체성), 역량(사마르탸), 파도(우르미), 정수(精髓, 사라), 가슴(흐리다야), 진동(스판다), 힘의 영광(비부티), 삼위일체(트리쉬카), 칼라나의 원인(칼리), 두려운 것(찬디), 축소하는 자(카르쉬니), 언설(바니), 향유(보가), 지식(드리크), 달의 위상을 조절하는 신성(니탸) 등으로 알려져 있다.

이 **샥티**는 이런 것과 <여러 문법적 어원에 따른
다른 명칭>으로도 사용되며, **아가마**의 전문용어다.
이 **샥티**가 명상자의 가슴에 이들 중 어떤 것으로
거하게 하라. 이 **샥티**가 모든 **샥티**의 전체성으로
구성되어 집합적으로 보인다면, **의식**의 완전함이
나타나게 된다. **주**는 수없는 역동적인 **샥티**를 갖고
있다. 여기에 무엇을 더 말할 수 있겠는가!

우주 전체가 그의 **샥티**다. 그러므로 이 논의에서
그들 모두를 헤아리는 것은 불가능하다. 그렇지만
우주 전체는 세 가지 주요 **샥티**로 요약될 수 있다.

주의 ① <파라 **샥티**>는 이 우주가 – **쉬바**에서
프리트비 탓트와까지 – <미-확정적인 의식에서>,
그에 의해 생기고, 보여지고, 현현되는 **샥티**다.

주의 ② <파라-**아파라 샥티**>는, 마치 거울 속의
코끼리 등의 반영(反影)처럼, **그**가 우주를 투사하는
샥티이다. <단일성 속의 다양성>이다.

또 **주**의 ③ 영광스런 <**아파라 샥티**>는, **그**가 이
<분화된 우주>를 현현하고, 이 모든 대상들이 서로
다른 것으로 나타나게 하는 **샥티**다.

그 **샥티**는, 그것의 수단으로 **샥티**의 삼위가 생겨
나고, 하나됨(**아누산다나**)의 과정을 통해 내면으로
주 안으로 철수되는데, <영광스런 **파라 샥티**>이다.
그 **파라 샥티**는 이제 ④ **마트리-사드바와**, **카알라**
-(삼)**카르쉬니** 등으로 부른다.

이 네 가지 **샥티**는, 그들의 자유 때문에, 세 가지 방식으로 빛난다. 그것은 곧 창조, 유지, 용해이다. 그래서 그 수는 열두 **칼리(카알리)**가 된다. 이것은 다음의 방식으로 일어난다.

✍ 우주는 **파라 샥티, 파라-아파라 샥티, 아파라 샥티**, 세 가지 에너지의 **놀이**다. 그러나 모든 것에 거하고, 모든 것에 스며든, 화환(花環)에서 <꽃들을 꿰는 실(絲)> 같은, 다른 **샥티**가 있다. **마트리-사드바와, 카알라-카르쉬니** 등으로 알려져 있다.

모든 <아는 자>에게 거하는 <아는 일(지식, **프라미티**)>은 능동적인 요소다. 그것은 <**존재하며 알아채는 일(마트리-사드바와)**>로 알려져 있다.

카알라-카르쉬니의 힘으로 **시간의 완전한 붕괴**가 일어난다. 결과적으로 **시간의 순서는 완전히 사라지고**, 그것은 **의식**을 그 전체성 안에서 드러낸다.

(참고로 "시간의 완전한 붕괴"와 "시간의 순서는 완전히 사라지고" 등은 <현대 이론물리학>에서도 등장하는 말이다.)

지고의 의식이 **아는 주체**로 모든 다양성을 태울 때, 그것은 **불**로 알려진다. 실제로 **나-의식**의 본성에서, 그것은 **절대 자유**의 힘으로 지성, 마음, 열 가지 감각을 떠맡는다. 그래서 수는 열둘이 된다.

아는 주체(프라마타)는 불의 성격인데, <지식의 도구>의 성격을 떠맡고 해로 알려지고 또 아함카라 (에고)로 알려져 있다. <지식의 도구>로 알려진 그 상태는 실제로 <아는 주체>의 영원한 측면이다.

<지식의 도구(해)>는 <알려지는 것(대상, 달)>이 없이는 그렇게 표기될 수 없다. 그러므로 <지식의 도구>는 <대상적 우주>의 성격을 떠맡는다. <아는 주체>의 수준에서 <대상의 수준>까지, 그들은 각각 창조, 유지, 용해, <정의할 수 없는 것(아나캬)>의 네 가지 측면을 떠맡고, 전체는 열둘이다.

이런 것이 의식의 현현이므로, 수행자는 의식을 따라 움직이는 동안, 이 네 가지 상태를 통합하는 것으로 흡수를 얻을 수 있다. ⚱

("열두 칼리"는 스판다 카리카에서 다루었다.)

① 처음에 순수한 의식은 단지 그 자체 안에서 <현현 가능한 존재(바와)>를 그려본다(창조한다). 그런 현현하려는 신성의 힘을 스리슈티 칼리라고 한다.

② 그다음 그것을 <마치 구별된 형태처럼> 투사 한다. 그때 의식은 그 대상(?)을 즐겁고 욕망하는 어떤 것으로 받아들인다(유지한다). 락타 칼리라고 한다.

③ 그다음 **의식**은 그것을 <그 자신 안에 동화할 욕망으로> 내부로 던진다(용해한다). **스티티나샤 칼리**라고 한다.

④ 다음으로 그것은 용해의 과정에서 <여러 가지 장애물에 관한 의심>을 창조한다. 그런 후 그것은 그 장애물 또한 용해한다. **야마 칼리**라고 한다.

[위 넷은 <**대상과 관련한 힘**>이다.]

⑤ 이후에 의심으로 빛나는 <존재의 부분>은 - 그것은 용해될 것이다. - 철수의 과정을 통해 자아 안으로 동화된다.

[대상은 사라지고, 그 대상에 관한 지식이 나타날 때이다. 이는 <지식의 단계>에서 **스리슈티**(나타남)이다.] **삼하라 칼리**라고 한다.

⑥ 그때 그것은 철수의 주체를 창조하고, 그것을 그 자신의 **참나**(의 존재)로 알아챈다(깨닫는다).

[<지식의 단계>에서 **스티티**(유지)이다.] **므리튜 칼리**라고 한다.

⑦ 일련의 창조의 과정에서, 철수의 주체는 어떤 존재물은 인상(**바사나**)의 형태로 존재하는 것으로, 다른 어떤 것은 **의식**만의 형태로 존재하는 것으로 창조한다.

[다른 대상들이 다른 형태로 녹는 것을 말한다. <지식의 단계>에서 **삼하라**(철수)다.] **바드라 칼리**

혹은 **루드라 칼리**라고 한다.

⑧ 그다음 그것은, 자신의 본성을 현현할 행동의 과정에 선행하여, <(지식과 행위의) 도구의 바퀴>를 창조한다.

[<지식의 단계>와 관련한 **아나캬** 힘을 나타낸다. 정의할 수 없을 만큼 12 기관의 용해를 일으키기 때문이다.] **마르탄다 칼리**라고 한다.

[위 넷은 <**지식과 관련한 힘**>이다.]

⑨ 그다음 그것은 <도구의 **주**들>을 꼴 짓는다.

[<제한된 주체>와 관련한 창조의 힘이다. 여기의 <제한된 주체>는 대상과 감각에서 제한은 없지만, 아직 <파슈 혹은 **아나바 말라**의 제한>을 유지하는 자다.] **파라마르카 칼리**라고 한다.

⑩ 그다음 그것은 <**마야**의 수준에 속하는 제한된 주체>를 창조한다.

[그런 <제한된 주체>의 유지의 힘이다.] **카알라-아그니-루드라 칼리**라고 한다.

⑪ 이후에 그것은 <아는 주체>를 창조한다. 그는 제한을 금하고, **의식**의 지복한 상태를 수용하려고 한다. [이 <제한된 주체>와 관련한 철수의 힘이다.] **마하칼라 칼리**라고 한다.

⑫ 다음 그것은 <자신의 **참나**의 완전히 개화한 형태>를 현현한다.

[대상, 지식, 주체의 모든 상태가 **나-의식** 안에 용해된다.] **마하바이라바-고라-찬다 칼리**라고 한다.

[위 넷은 <**주체와 관련한 힘**>이다.]

그래서 <**의식**의 열두 여신>은 자신들을 - <모든 주체들>로든 <하나>로든, 동시적이든 순차적이든, 아니면 둘로 셋으로든 - 현현한다. 그들은 바퀴의 원처럼 움직인다. 아니면 한 달의 형태든, 더 작은 시간의 단위든, 황도대(黃道帶) 12궁이든, 아니면 항아리, 옷감 등의 형태로든 외부로 빛난다. 이렇게 그들은 이 **우주 바퀴의 주**(차크레슈와라)의 **절대 자유**를 일으키고, "**칼리**(칼라나를 행하는 의식적인 주체)"라는 말로써 표현된다.

칼라나라는 말의 의미는 <움직임>, <던짐(투사)>, <지식>, <계산>, <모든 대상을 즐기는 것이 되게 하는 것>, <소리를 내는 것>, <대상을 자신 안으로 동화하는 것>을 말한다.

부티라자가 말하듯이 "그녀는 투사하고, 알고, 계산하는 것 때문에 **칼리**로 알려져 있다." **칼리**의 의미는 <**파라 트리쉬카** 해석>과 송가(頌歌) 등에서 상술했다. 비의적(秘意的)인 것은 한 곳에(만) 있지 않아야 하고, 또 완전히 감춰져 있는 것도 바람직 하지 않다는 것이 나의 스승들의 전통이다.

다음과 같은 견해는 잘못된 것으로 <**절대**의 길을 따르는 **요기**>는 거부해야 한다. "**야가**, **호마** 등에 관해 기술한 모든 것은 단지 (인도 삼신의 하나인) **쉬바**에 관한 것으로 이해해야 한다. <피해야 하는 바로 그것들>을 <받아들여야 할 것들>로 인식하고, 또 <**비슈누**로부터 **쉬바**까지의 모든 것>을 **파라마 쉬바**로 인식하라." 이런 목적으로, **비디아디파티**는 <**아누바와 스토트라**>라는 그의 작품에서 엄청난 노력을 했다.

그러므로 이 다섯에서 - **야가**에서 **요가**까지의 - 얻는 다른 수준이 있다. 수행자는 그것에서 자신이 확신을 얻을 수 있는 방식으로 해야 한다.

✍ 예를 들어, **야가**를 행하는 동안, 첫날은 꽃을 바치고, 그 다음 날에는 백단향, 음식 등을 바치고, 마지막에는 자신을 온전히 바칠 수 있다.

이것은 단지 수준의 문제이니 차근차근히 하라! 누구에게나 초보 시절은 있었다. ⧗

<**절대**의 길>을 가는 수행자는 "이 음식은 신성한 것이고, 저 음식은 금지된 것이다. 이것은 순결하고 저것은 불결하다."고 여겨서는 안 된다. 그런 것은 자신을 괴롭히는 원인이 된다. 순수와 불순 등은 <대상에 속하는 불변의 어떤 성질>이 아니라, 단지 <상상(생각)의 산물>일 뿐이다.

그래서 **말리니비자야 탄트라**는 말한다.

"순수는, 마치 '푸르다' 등이 어떤 대상의 핵심적 본성이 아니듯, 어떤 대상의 핵심적 속성이 아니다. 왜냐하면 그것은 다른 경우에 있어서는 불순으로 기술되기 때문이다."

[비갸나 바이라바도 말한다.

다른 가르침의 순수함이 우리에게는 불순하다.]

입문한 사람에게 선물로 준 어떤 공물이, 만약 그것이 지시문 때문에 논쟁이 되었다면, 이 선물로 준 공물은 그 지시문과 관련해서는 불순한 것인데, 그때 그것은 그것과 모순이 되는 <다른 지시문>의 경우와 유사하다. 그런 모순되는 지시문은 부조화 때문에 비현실적이다. 만약 <그런 논쟁>이 있다면, 우리는 그것이 옳지 않다고, "아니다."라고 한다.
주 쉬바가 말한 지시문은 다른 지시 사항을 취소하기에 충분히 강력하다. 그것은 논리적 교리로 잘 지지되고 있고, **사르바갸놋타라** 등의 **아가마**에서 잘 확립되어 있다. 우리는 나중에 그것을 다룰 것이다. (제 21 장 <경전의 신뢰성(信賴性)>에서 그 문제를 다룬다.)

그러므로 다른 경전에서 명한 규칙은, <따라야 할 수칙>과 <금해야 할 일>은 - 베다(Veda)로부터 싯단타 수행자들이 이해하는 탄트라까지 - 이런 맥락에서는 아무런 목표도 제공하지 않는다.

그러므로 문제의 진실을 찾았다. 말리니비자야 탄트라 등에도 그렇게 기술되어 있다. 그것에 관한 상세한 것은 탄트라 알로카 등을 참고하라.

묶인 영혼들 철석같이 믿나니
"나는 죄인이라, 카르마에 묶였구나.
 나는 연약하여 자꾸만 끌려가누나."
이와 반대되는 강력한 확신으로
곧 순수한 의식의 주가 되나니

수행자는 항상 주의해야 하리니
<바른 생각의 교설>을 갖도록.
멍청이들의 신통찮은 의심과
진리가 아닌 통념(通念)의 생각으로
자신을 위험에 빠뜨려선 안 된다

☯   ☯   ☯

샴바보파야에서 "니르-비칼파"를 <생각이 없는 의식(Thought-less Consciousness)>, 즉 <구름 한 점 없는 하늘>을 가리키는 것으로 본다면,

샥토파야에서는 <미확정적 의식(In-determinate Consciousness)>, 즉 <생각의 유연성(柔軟性)>을 가리키는 것으로 볼 수도 있다.

<의식의 미확정적인 성격>은 아마도 현대물리학 용어로 말하자면 양자역학의 <불확정성(不確定性)의 원리>에 해당되지 않을까 한다. 그러나 그것은 저 <코펜하겐 해석>으로 시작되는 무수한 해석과 시각 들이 있다. <다(多)-세계 해석>, <다-정신 해석>, <앙상블 해석>, <프린스턴(폰디체리) 해석>, <서울 해석>, <적신(赤身) 이론>, <마음/물질 결합 이론>, <숨은 변수 이론>, <양자중력 이론>, <정합적 역사 (歷史) 관점> 등등……

☯

이제 <원자(아누, 미립자)와 같은 우리 대부분>의 아나보파야로 들어가기 전에, 앞서 추천한 스티븐 호킹(Stephen Hawking)의 『시간의 역사』를 약간 살핀다. 그러나 <고급의(상급의) 물리학적 내용>은 여기서는 전혀 다루지 않는다. 나(필자) 자신이 잘 모르는 것을 어떻게 다룰 수 있겠는가?

책 제목은 『시간의 역사』인데, "우주"를 다루고 있다. 그러나 이런 것은 놓치지 않아야 한다. <우주(宇宙)>라는 한자어 자체가 <공간과 시간>을 의미하기 때문이다.

그가 <미립자(아누)>나 <보다 큰 미립자 군(群)> 즉 <우주>를 매사냥(hawking)하는 데는 저 순교자 스데반(Stephen)답다. [스데반은 돌에 맞아 **몸을 움직이지 못했지만** "오히려 그의 피(**얼, 지혜**)로써 우리에게 말하고 있으니" 말이다.]

스티븐 호킹은 말한다.

"오늘날 <시간과 공간>은 동역학적(動力學的)인 양(量)으로 간주된다. 각각의 개별 입자나 행성들은 그것이 움직이는 위치나 방법에 따라 **각기 고유한 시간척도(時間尺度)**를 가지는 것으로 생각된다."

즉 **"각 개인들은 그의 위치와 움직이는 방식에 따라서 달라지는 시간척도를 가질 뿐이다."**

"하이젠베르크의 <**불확정성 원리**>는 이 세계의 근본적이며 피할 수 없는 특성이다."

"그것은 입자들이 어떤 면에서 파동과 흡사하게 움직인다는 것을 함축하고 있다."

잘 아는 대로, 파동(波動, wave)은 파도(波濤)를 말한다. (**읽는 자는 깨달을진저**)

<우주의 기원과 운명> 장(章)에서는 <인류(人類) 원리(anthropic principle)>를 말한다.

　　"이 원리는 '우리가 <우주>를 <지금과 같은 모습으로 보는 까닭>은 **우리가 존재하기 때문이다.**'라는 말로 표현할 수 있을 것이다."

　　"**우주의 모습이 지금과 같지 않았다면, 우리는 여기에 존재하지 않을 것이기 때문이다.**"

　　"이른바 **허시간(虛時間, imaginary time)**이라고 부르는 것이 실제로는 **실시간(實時間)**이고, **우리가 실시간이라고 부르는 것은 우리의 상상의 산물에 불과한 것일지도 모른다.**"

　　"그러나 <진짜는 실시간일까? 허시간일까?>라는 물음은 무의미한 것이다. **중요한 것은 <어느 쪽이 더 유용한 기술(記述)인가?>이다.**"

　　"우리는 <일식(日蝕)이 일어나는 동안 휘어지는 빛을 통해서> '**시공(時空)이 휠 수 있다**'는 실험적 증거와 또 <카시미르 효과를 통해서> '**시간 여행이 가능한 데 요구되는 식으로 시공이 휠 수 있다**'는 실험적 증거를 모두 가지고 있는 셈이다."

　　"우리가 <**텅 빈 공간**>이라고 생각하는 것**도 실제로는** 가상(假想)입자와 반(反)입자의 쌍으로 <가득 차> 있다. …… 이것이 <카시미르 효과>이다."

[이런! 현대물리학이 언제 **카시미르 쉐이비즘**을 가져가 그 효과를 보고 있는가? 여기의 **카시미르**는 네덜란드의 물리학자이다. 그러나 **카시미르** 효과의 발견에는 아마도 인도의 수학자 **라마누잔**의 영향이 있었으리라.

라마누잔의 이야기는 2015년에 영화 <**무한대를 본 남자**>로 소개되었다.]

만유인력에서 시작한 <강한 핵력>, <약한 핵력>, <전자기력>, <중력>의 수많은 **샥티**(힘)들을 다루는 물리학자들은 **샥토파야** 연구자들이다.

"우리의 목표는 <**우리가 살고 있는 우주에 대한 완전한 기술(記述)**> - <**통일 이론**> - 그것이다!"

좋다! 거창한 목표다!

그러면 **물리학자들은 <관측자(주체, 프라마타)가 무엇인지부터 정의(定義)하고 "느껴야" 할 것>**이다. 관측자인 "내"가 **붓디**인지, **의식**인지 등을 말이다. 그다음에 <관측기구와 관측 방법>과 <관측되는 것(대상)> 즉 **프라마나**와 **프라메야**를 다루고, 설명할 일이다.

그리고 **샥토파야**에서 요구되는 것은 무엇보다 <**생각의 유연성**>이다. '혹시 <이런 책>에서도……'라는 그 **메타노이아** 말이다!

그리고 <생각, 사고(思考)에 능(能)한 이들>에게 필자는 **권한다.**

내가 지금 <어떤 생각을 하고 있다면> - 이왕 생각하는 시간에 - **"생각" 그 자체에 대해 생각해 볼 것을 권한다.** <생각의 내용>을 생각하라는 말이 결코 아니다. 이 생각이라는 것이 어디서 오는가? 불현듯 뇌리(腦裏)를 스친 이 생각은 어떻게 일어난 것인가? 그 무엇이 <생각하는 주체>인가? 무엇이 지금 생각하고 있는가? 정말이지 생각이 무엇인가? 정말로 **궁금하지 않은가?** 그리고 신비 그 자체가 아닌가?

그래서 필자는 **간곡(懇曲)히 권한다.** 길게, 오래 생각하지 말고, **지금 당장 짧게**

　　"<생각 그 자체>를 생각하려고 하라!
　　그리고 <그 순간> 불현듯 알아채라."

<그 순간>, <그 순간 (나의) 그 상태>를 말이다. 그런 **경험(앎)**이 없으면 모든 말이 어렵다. ⌛

☯

[※ 흔히 <심리적인 수행>이라는 이 **샥토파야**는 <**힘(力)의 방편**>을 말한다. 그러나 "**힘**"이라는 것은 물리력, 권력, 친화력, 정신력, 상상력, 영력(靈力) 등등 참으로 다양하고 다채롭다……

그래서 필자는 특히 <말의 힘>, <생각의 힘>, <지성(知性)의 힘>과 더불어 <감성(感性)의 힘>을 조금이라도 "느끼(려)는" "인지, 인식(認識)하(려)는" 이들에게 『**하나님 증명과 찬양**』(예정)을 권한다.]

제 5 장
아나보파야 총론

산만한 생각(비칼파)이 다른 수단이 없이 저절로 정화될 때 <묶인 영혼(파슈)>과 관련되는 기능은 상실된다. 그다음 <순수한 지식(슛다 비디아)>의 은총으로, 그것(비칼파)이 <주의 샥티>로 변형되고, 그것을 '수단(우파야)'으로 의지하여 <샥티에 속한 지식(즉 올바른 방향의 지식)>으로 나타날 수 있다. 이는 앞 장에서 설명한 것이다.

산만한 생각(비칼파)을 정화하기 위해서 수단에 의지할 필요가 있을 때, 수행자는 제한된 성격의 ① 붓디(지성), ② 프라나(호흡), ③ 데하(몸), ④ 항아리 등의 외부의 대상을 의지해야 한다. 그는 <아누(원자) 수준>에 있으며, <제한된 성격의 지식(아나바)>을 나타낸다.

이 수준에서 붓디는 명상적인 성격을 가지며, 또 프라나는 거친 것과 미묘한 것의 두 가지로, <거친 것>은 웃차라이고 <미묘한 것>은 바르나다.

몸은 특별한 배열이 있고, 카라나라는 말로 나타낸다. 항아리 등의 외부 대상은 제단(스탄딜라), <남근(링가)>과 함께 예배의 도구로 기술할 것이다.

✍ <묶인 영혼(존재)>의 **파슈**는 동물을 의미하는 전문용어다. <묶인 영혼>은 - 그는 본질적으로는 순수한 **의식**이다. - 자신이 **지식**과 **행위**에서 제한되어 있는 것을 안다. 그런 이유로 **아누**(원자)라고 한다.

올바른 형태의 직관적 지식은 모두에서 일어나지 않는다. 그러므로 <그런 지식>을 위해서는 **아가마**(경전)를 의지해야 하는데, 이때는 영적인 안내자가 꼭 필요하다. 그는 적절한 경전을 골라주며, 그런 경전을 공부할 때, <순수한 생각(**슛다 비칼파**)>이 일어난다.

그렇지만 올바른 이해가 부족한 사람들은 <그런 방식>으로는 생각의 정화가 가능하지 않다. 그래서 다른 수단에 의지할 필요가 있다. 간단하게 말해, 이 방편들은 <명상(마음)>과 <호흡>, <몸>을 사용하는 것이다. **몸이 나라고, 마음이 곧 자신이라고 아는 사람에게는 그런 것이 적절한 방편이 된다.**

의식은 창조의 그 시작에서 "**생명** 에너지(마하 프라나)"의 성격을 떠맡는다. 그것은 <일반적인 것>으로 "**진동(스판다), 박동**, 개화(開花)" 등으로 알려져 있고, <특별한 것>으로는 "위로 움직이는 (**웃차라**)" 것인 프라나, 아파나, 사마나, 우다나, 비아나가 있다. ⌛

< 1 > 댜나(**명상**, 冥想)

여러 방편 중에서 **명상**을 먼저 다루는 것이 맞을 것이다. 자기 조명적인 **지고의 실재**는 외부적으로 모든 **탓트와**에 존재한다는 것은 이미 말한 것으로, 자신의 **의식**의 **가슴**에서 그 **지고의 실재**를 명상할 때, 수행자는 **불**, **해**, **달**의 세 가지의 결합을 명상해야 한다. **불**은 <**아는 자(주체)**>를 말하고, **해**는 <앎(지식)의 도구>, **달**은 <알려지는 대상>이다.

수행자는 그 명상에서 <**바이라바의 불(의식)**>이 대기(우주)의 (그런) 순환으로 나타나지 않은 한, <이런 식으로 명상해야> 한다. 이 **불**은 앞서 말한 "**바퀴**" 형태를 떠맡은 <에너지의 열두 불꽃>으로 둘러싸여 있는 것으로 여겨야 한다. 그것 밖으로 에너지들은 눈(眼) 등 (감각의) 출구의 하나를 통해 나타나고, 대상의 수준에서 쉰다.

(대상의 수준에서) 쉬는 동안도 수행자는, 그것이 <창조의 순서>로 **달**에 의해 다시 보충되는 것으로 여겨야 하며, 그다음 <유지의 순서>로 **해**에 의해 현현되는 것으로, 모든 것을 삼키는 <철수의 **불**>로 용해되는 것으로 여겨야 하고, 마지막으로 **초월**과 <하나>가 되기 위해 초월 속으로 용해되는 것으로 여겨야 한다.

이런 식으로 "**바퀴**"는 <대상적인 존재계>와 전혀 다름이 없는 완전성을 성취한다. 그다음 수행자는 그 "**바퀴**"의 수단에 의해, 실체들의 남은 흔적들을 명상하고, 그것을 유사한 방식으로 용해해야 한다.

✍ <**지고의 의식**>은 본질에서 자기 조명적이다. 그것이 모든 것의 본성을 갖는 것은 오로지 그의 **절대 자유** 때문이다. 즉 그것은 다양하고 다채로운 형태로 빛난다고 할 수 있다.

수행자는 자신의 **가슴**에서 명상해야 한다. 왜냐하면 **가슴**이 모든 요소의 핵심이고, **가슴**의 가장 가까이에 거하기 때문이다. 무엇보다 수행자는 **달**, **해**, **불**을 각각 나타내는 **프라나**, **아파나**, **우다나**의 통합된 향기(**사마라샤**)에 집중하여 명상해야 한다. 이 명상은 **프라나**, **아파나**, **우다나**가 각각의 방식으로 기능하는 것을 그만두고, 하나가 되는 그런 식으로 행해져야 한다. **불**이 **아라니**의 휘도는 과정으로 불꽃이 일어나듯이, 똑같은 식으로 **프라나**와 **아파나**의 반대되는 움직임은 멈추고, 중앙 통로의 흐름으로 들어간다. 그것은 **위로 타오르는 엄청난 불**인 "**우다나의 불**"로 알려져 있는데, <의식적인 주체>, <대상>, <지식의 도구>라는 제한을 태우기 때문이다. 수행자는 모든 제한에서 자유롭게 되어, 그다음 **지고의 주체**와 하나가 되려고 한다.

지고의 주체는 열두 에너지로 둘러싸인 것으로 여겨진다. 그것들은 창조(스리슈티), 유지(스티티), 용해(삼하라)와 또 <정의할 수 없는 것(아나캬)>과 관련되어 그 수는 열둘이 된다.

① 스리슈티-스리슈티, ② 스리슈티-스티티, ③ 스리슈티-삼하라, ④ 스리슈티-아나캬,

⑤ 스티티-스리슈티, ⑥ 스티티-스티티, ⑦ 스티티-삼하라, ⑧ 스티티-아나캬,

⑨ 삼하라-스리슈티, ⑩ 삼하라-스티티, ⑪ 삼하라-삼하라, ⑫ 삼하라-아나캬.

열두 가지 성격으로 구성되는 초월의 바퀴(아눗타라 차크라)는 눈 등의 출구를 통해 밖으로 가며, 대상의 성격을 떠맡는다. <대상>은 **달**로 나타나고, 감각기관인 <지식의 도구>는 **해**로 나타나고, <아는 주체>는 **불**로 나타난다.

모든 대상이 파괴된 뒤, 그것들은 잔존 흔적의 형태로 남는데, 그것들 또한 <**의식의 불**>로 완전히 태워야 한다. (<**무의식(잠재의식)의 의식화**>다!) ⌛

이런 명상 수행을 끈질기게 하는 사람은 <'**창조, 유지, 용해의 연속**'은 본질에서 '**자신의 의식**' 외에 아무것도 아니다>는 강한 확신을 얻는다. 그것이 실제로 **절대 자유**(스와탄트리야), 즉 <자기 자신의

본래의 **의식**에 속하는 창조>로서 빛나는 것이다.
이런 식으로 수행자는 곧 **바이라바의 상태**를 실현
한다. 그러나 사람이 <바라는 목표를 얻는 것>은
오로지 수행(修行, 노력)을 통해서다.

수행자는 지복한 자신의 가슴에서
셋으로 된 현존을 명상해야 할지니
<아는 자>, <앎>, <알려지는 것>
그것을 가슴의 쉼터로 가져가면서

수행자는 이렇게 명상해야 할지니
"나는 <언제 어디에나 있는 자>,
 <창조, 유지, 용해와 은혜의 주체>,
 <열두 힘을 통할하는, 이 우주의 주>다."

외적인 것이든 내적인 것이든
마침내 나 안에서 용해되고 쉬나니
전체성의 그 빛은 늘 번쩍이도다
수행자는 이를 명상해야 할지라

< 2 > 웃차라(거친 프라나의 상승)

84

자신의 생명 에너지(프라나)가 '위로 움직이는 것(웃차라)'을 바라는 사람은 우선 그것이 **가슴**(허공)에서 쉬게(비슈란티) 해야 한다. 그다음 **프라나**의 상승을 통해 그것은 외부 대상에서 쉬어야 한다.

프라나는, **아파나**의 **달**에 의해 보충되는 동안도 거기로 올라야 한다. 그런 수단으로 사람은 자신의 모든 것을 포괄하는 **본성**을 경험하고, **참나**와 구별되는 모든 것에는 무관심하게 된다.

<평형 에너지(사마나)>의 나타남으로 그는 <모든 대상의 통합의 상태>를 경험한다. 그다음 그것은 휴식의 상태에서 쉰다. 그다음 **우다나**의 **불**의 상승으로, 주체성과 대상성 사이의 구별은 용해된다. <대상, 지식, **아는 자**>를 삼켜버리는 이 <태우는 **불**>과 또 <비아나의 가라앉음과 출현>으로, 제한이 없는 <**지고의 아는 자**>가 현현하게 된다.

그러므로 허공(순야)에서 시작하여 **비아나**로 끝나는 모든 <휴식(쉼, 비슈란티)의 단계>는 **지복**의 모든 단계라고 할 수 있다.

그것들은 다음과 같다. ① **니자**-아난다, ② **니르**-아난다, ③ **파라**-아난다, ④ **브라흐마**-아난다, ⑤ **마하**-아난다, ⑥ **칫**-아난다.

⑦ 우주적 **지복**(**자갓**-아난다)은 위 여섯 가지가 연합된 <하나>인 지복한 상태다. 이 우주적 지복은 일어나고 가라앉는 것이 자유롭고, 자신의 **참나** 안

에서 쉰다. 수행자는 두 가지 (다른) 방식에서이든 모든 면에서이든, **웃차라**의 단계 중 다섯 **프라나**의 하나에서 쉬어야 한다.

이를 수행하게 되면 사람은 <**쉼** 즉 **안식(安息)의 진리(비슈란티-탓트와)**>를 성취할 수 있다. 즉 **이를 수행하면 자신을 몸, 프라나 등과는 다른 실재로 여기게 된다.** 이는 창조의 <**사**>와 용해의 <**하**>라는 **비자-만트라**를 발음하는 비밀이다. 이 두 음절의 연속되는 결합("**함사**" 혹은 "**소함**")으로, 수행자는 산만한 생각을 정화한다.

✎ <**거친 프라나**>의 **웃차라**는 **쉬바 수트라**에서 약간 다루었고, **뱀과 얼나 이야기**에서 언급했지만 책의 부피로 다루지 못했다. **여러 가지 프라나에 나의 주의(注意)를 기울이면**, 거기에 따른 지복을 얻는다는 것이다.

<**숨 뱀(프라나 쿤달리니)의 수행**>이므로 좀 더 살핀다. 필자는 말했다. 즉 "**숨 뱀에 관심 없는 자, 숨 쉬지도 말라!**"고…… 그리고 이제 **호흡**이라는 <**숨 복음**>을 전한다. "**숨도 쉬고, 좋고 기쁘고!**"

저 『**게으른 사람을 위한 잠과 꿈의 명상 (수련)**』처럼 "**잠도 자고, 명상도 하고!**"다. 얼마나 좋은 수행인가! 그냥 무의식적으로, 저 <**인공호흡기**>처럼 <기계적 인간>으로 숨 쉴 일이 아니다.

탄트라 알로카(5:43-53)는 호흡이 어떻게 그들의 우주적 본성을 회복하는지를 보여 주며, 이 변형에 수반되는 일곱 가지 지복을 기술한다.

① 니자-아난다 :

우선, 호흡은 <(이것도 저것도 아닌) 어스름 때와 같은, 두 가지 상태의 교차점>에서 내면화가 된다. 왜냐하면 거기에서 생각이 멈추기 때문이다. <깨어 있는 것과 잠자는 것의 사이>, <깨어 있지만 아직 졸리는 때>, <들숨과 날숨이 **가슴**에서 쉴 때> - **데비여! 숨이 들어와 나가기 전, 그 순간을 알라.** - 요기는 지복의 첫 번째 유형을 경험한다. 그것이 **<아는 자>**와 관련되기 때문에 <**자아적인 지복(니자난다)**>이라고 한다. <아직 내면화되지 않은 호흡과 관련된 **프라나-야마**(호흡 조절) 수행>에서는 지복은 약간만 닿을 뿐이다. 그러나 만약 호흡이 완전히 저절로 멈추고, 모든 대상성이 없는 허공(**순야**)을 일으키게 되면, 지복은 이제 <(**자아적인 즉 본래의 나를 느끼는) 니자난다**>이다.

허공(**순야**)은 부정(否定)을 말한다. 이것은 <모든 대상이 용해된 상태>다. "**가슴**"은 허공으로 알려져 있으며, 거기서는 어떤 긍정적인 존재의 비-존재도 가능하다. 그것은 본질에서 **의식**의 성격으로, 거기서는 그 핵심인 **지복**이 완전하게 개화하여 남는다.

그것을 <생래(生來)의 **지복(니자난다)**>이라고 하는 것은 이런 것 때문이다. 경험적인 주체는 그것을 **참나**의 본성으로 느낀다. 자신의 본성을 직접 보는 것으로 이 지복은 현현하게 된다.

② 니르-아난다 :
숨이 나가고 들어오기 전, 그곳을 느껴라.

샥티여!
들숨도 날숨도 아닌 곳에 그대가.

들숨과 날숨의 교차점에서, <어떤 욕망도 없이, 어떤 것에 대한 기대도 없이, 어떤 정신적 그림을 만드는 것도 없이> **요기**는 **가슴**에서 쉬어야 한다. 이 쉼은 1, 2 분간 지속되어 숨은 미묘한 상태가 되고, 인식하지 못하면서 밖으로 움직인다. 그다음, 모든 대상성이 없는 허공에서 지연되고 안정되어 그것은 만취(滿醉)를 일으킨다. 이는 <**완전한 지복** (니라난다, 문자적으로 "어떤 지복도 없는")>으로 알려져 있다. **요기**는 눈을 감은 채 움직임이 없고, 주변에 대한 의식을 잃는다.

이 수준에서는 어떤 방식이든 대상성의 존재는 없기 때문에, 거기에서 일어나는 기쁨을 **니라난다** 라고 한다. 그때 **의식**의 에너지는 허공을 현현하게 만든 뒤에, 생명 에너지의 성격을 떠맡는다. 그것은 이중적인 형태를 가지는데, **프라나**는 한편에서는 무(無)-감각적이고 다른 편에서는 감각적이다. **주**는 그것에 감각성을 주는 것으로 무감각한 대상과는 구별하여 <**경험하는 주체(아는 자**)>로 만든다. 그 <**경험하는 주체**>는 <지식의 도구>에 닿으며 <알려지는 대상>을 따라 진행하여 <그 자신의 **지복(니자난다**)>을 경험한다. 다른 말로, 그것이 외향성으로 약간 기울어질 때, 그것과 관련되어 남는 **지복**은 **니라난다**로 알려져 있다. 이것은 그것이 <**경험하는 주체**>에게만 속하는 **지복**의 이전 성격을 잃기 때문이다.

[여기서 <수행>과 <마약(향정신성 약품) 사용>의 차이를 약간 언급한다. **마약은**, 한마디로, <**천국을 돈(물질)으로 사려는, 파렴치(破廉恥)한 행위**>이다. 교회 다니던 때, "돈으로도 못 가요, 하나님 나라" 라는 노래를 가르쳤던 기억이 있다. **명상은 피나는 수련이든지, 그런 이에게 내리는 은혜다!**

그러나 그런 <하나님의 나라>를 돈으로 만들려는 것이 한국 교회와 한국 사회 일부의 엄연한 현실인 것 같다. 또 한국인보다 '약' 좋아하는 족속도 없을 것이다. 늙어갈수록 먹어야 할 약과 보약이 많아서 모두 약장고(藥藏庫)가 필요할 지경이다.]

③ 파라-아난다 :

외부에서 숨이 - **이것은 더 이상 보통의 숨과는 어떤 공통점도 없다!** - 다시 **아파나**의 형태로 들어가고, **탈루**를 꿰뚫고 거기에서 끊임없이 휘돈다. (그때, 하품과 또 사랑의 눈물이 저절로 나올지도 모른다.) 그것이 끝날 때 허파는 공기로 채워지고 (**푸라카** 국면), **요기**는 들숨의 <**지고의 지복(파라난다)**>을 경험한다. 대상적인 세계로부터 이끌려져, <**주체적이고 대상적인 인상의 융합**>에서 일어난다. 일단 **참나** 속으로 용해되면 무한 속으로 진동한다. 그때 **요기**는 **참나**의 핵심을 즐기며 모든 욕망으로부터 자유롭고, **네 번째 상태의 문턱에 서 있다.**

파라난다는 문자적으로는 <**"다른 것"**에 속하는 **지복**>을 의미한다. <알려지는 (**다른**) **것**>의 출현과 함께, **아파나**의 상승과 함께 일어나며, '식별(識別)' **혹은 "다른 것"이 자신을 나타낸다.** 그러므로 이 단계에서 현현되는 **지복**은 **자아**에게 속하지 않고, 그것과 구별되는 어떤 것에 속한다. **파라난다**라고 부르는 것은 이런 이유 때문이다.

④ 브라흐마-아난다 :

중앙 통로 내에서, **프라나**와 **아파나**가 **사마나** 즉 <**고른 호흡**>에서 균형(均衡)될 때, 세계는 **요기**에게 <평형(平衡) 속에 잠긴 것>, <모든 힘이 그 안에서

잘 달래어지고 조화로운 것>으로 나타난다. 호흡이 지연되면 **요기**는 다시 자신 안에서, 그의 **가슴**에서 쉼을 가지며, 저 <브라흐만의 지복(브라흐마난다)> 으로 알려진 것과 동일시된다.

<지식>과 <알려지는 것> 사이의 제한이 붕괴되고 호흡은 중앙 통로를 통해 뿌리 중추로 움직인다. 이후 자발성(自發性)이 극도에 달한다. 만약 **요기**가 다음에 무슨 일이 일어날 것을 상상하려고 한다면, 그는 이 지복 너머로는 가지 못한다. 더 큰 사랑과 헌신이 이 단계를 통과하는 것을 가능하게 한다. 노력, 정신 집중, **만트라** 반복은 전혀 도움이 되지 않는 것으로 증명된다.

사마나의 수준에서 모든 <알려지는 것>은 하나씩 혼합되고, 자신들을 <모든 것의 단일성>으로 보여 준다. 이 결과로 생기는 기쁨은 <아주 광범위하고, 북돋우고, 성장하게 하는 (즉 "브라흐마")> 것이다. 이 특별한 종류의 지복을 **브라흐마난다**로 경험하는 것은 이런 이유 때문이다.

⑤ **마하-아난다** :

그때 호흡은 신속히 낮은 중추로 들어가고, 위쪽으로 급상승(急上昇)하는 것이 된다. 이것이 수직의 호흡(**우다나** 혹은 **우르드바-쿤달리니**)이다. 그것은 중앙 통로로 올라가고, 주체와 대상, 들숨과 날숨

등의 이원성 전체를 삼킨다.

우다나의 엄청난 불꽃에 달려진 **요기**는 제한과 사건이 더 이상 생기지 않는 **<순수한 주체**의 평화> 혹은 **<거대한 지복(마하난다)>**을 경험한다.

들숨과 날숨은 24 시간 동안 **21,600** 회가 일어난다. 요기가 들숨과 날숨을 **<중앙의 흐름(마드야 마르가)>**에 용해할 수 있을 때, 그때 "프라나"로 알려진 생기(生氣)는 자신을 변형시켜서 **우다나**가 된다. 요기가 거기에서 쉴 수 있을 때, **<경험하는 주체**에 있는 **지복**>을 경험한다. 그것은 **니자난다**와 또 다른 형태의 지복과는 아주 구별된다. 그것의 **엄청남** 때문에 **마하난다**라고 한다.

⑥ 칫-아난다 :

그가 이 **지복**에서 영구히 쉴 때, **수슘나** 내에서 **브라흐마란드라**까지 타올랐던 **우다나의 불**은 조용해지고, <편만한 호흡>, <생명 자체> 즉 **비아나**가 솟아오른다. 요기는 **칫-쿤달리니**에 특유한 **<우주 의식의 지복(치다난다)>**을 경험한다. 이 **<엄청난 편재의 상태(마하-비얍티)>**는 모든 곳에서 빛나며, 방해가 없다. 그 어떤 수행도, 최고의 **암브로시아**로 훨씬 강화된, 이 **<항상 현존하는 의식(意識)>**으로 이끌 수 없다. (이제 **니밀라나-사마디**는 운밀라나-사마디에 자리를 내준다.)

마하난다를 얻고 경험한 뒤, 더 나아가, <모든 것에 편재하는 위대한 자> 비아나의 상승의 결과로 수행자는 <모든 일시적인 속성에서 자유로운 **지복**> 즉 <**의식의 지복**(치다난다)>을 경험한다.

⑦ **자갓-아난다** :

호흡이 영광스런 힘과 함께 다시 나가고 우주에 편재하는 자유 에너지와 섞일 때, 살아 있는 동안 해방의 호흡을 얻은 **요기**는 <**우주적인 지복**(자가다난다)>을 경험한다. 모든 것에 편재하고, 그것은 <**의식의 지복**>을 능가한다. 왜냐하면 그것은 <모든 호흡의 근원> 즉 (마하) 프라나 샥티에서 에너지 전체와 관련되기 때문이다. (**이것은 더 이상 호흡의 문제가 아니다!**) 그것은 <**지고의 의식적 주체**>의 **모든 창조적 활동에 스며든다.** 이후 요기가 하는 모든 행동은 우주적이고, 모든 것을 포괄하는 그의 가슴은 이제 우주 전체에 편재한다. **요기**는, 보통 사람이 자기 몸에 행하는 것처럼, 우주에 행한다.

이것은 프라나 **샥티**를 완전히 깨달을 때, **신성**이 우주로 나타나는 기쁨이다. <**아는 자**>, <아는 일>, <알려지는 것>으로 자신을 드러내는 **의식**(意識)만 홀로 있다. 그것이 **쉬바 수트라**의 첫 선언(경문)이 "**차이탄얌 아트마! 의식이 나다!**"인 이유다. ⌛

위에 언급한 <휴식(休息, 쉼)의 단계>는 다섯인데 그것은 <흡수(사마디)에서의 수행자의 능숙함>에 달려 있다. 그러나 위 방법으로 잘 수행하게 되면, **절대**(絶對, **신성**)의 완전함을 일별하기 때문에 '그 시작에서 ① **지복**(아난다)이 온다.' 그 결과 **요기**는 자신이 몸이 아니라는 강한 확신(느낌)으로, 어떤 ② **놀람**(고조, 高潮, **우드바와**)이 한순간 일어난다. 이후에 ③ **떨림**(캄파)이 따르는데, **자신의** 잠재력 **(신성**, **발라)이 압도하는 일로**, 나는 몸이라는 지금 까지의 그 강한 확신이 해체되기 때문이다. 이제 외향성이 사라짐에 따라 ④ **신비한 잠**(니드라)이 따른다.

이런 식으로 자아(에고)라는 개념은 무아(無我) 속으로 용해되고 – 아직도 불교의 일부는 여기서 머물고 있다! – 또 무아라는 개념은 **참나**(**자기**, Selbst, 우주적인 나) 속으로 용해된다. 왜냐하면 **참나**는 모든 것의 본성이기 때문이다.

그다음 수행자는 <엄청난 확장(마하-비압티)>을 경험하는데, <**실재**(**진실**)에 견고히 뿌리 내리는 것 (사탸-파다)>이다. 그것에서 ⑤ **소용돌이**(구르니)가 일어난다.

이 모든 것은 <**의식의 상태의 단계**>로 그것은 <깨어 있는 상태(자그랏)>에서 시작하여 <**네 번째 너머** 상태(투리야-티타)>로 끝난다.

이들 상태는 ① 삼각형(트리코나), ② 구근(칸다), ③ 가슴, ④ 입천장, ⑤ 우르드바 쿤달리니로 들어갈 때 나타나게 된다.

✎ 쉼(휴식, 비슈란티)과 관련된 몇 가지 용어가 아난다, 우드바와, 캄파, 니드라, 구르니다. 뱀과 얼나 이야기에서 다루었다.

<최고의 실재(신성)>를 얻기 위해 몸과 관련된 방편을 사용할 때, 요기는 완전(신성, 푸르나타)을 향한 그의 의도의 결과로 기쁨(아난다)을 경험한다. 그 기쁨은 완전함(신성)과의 접촉에서만 일어난다.

요기가 (단 한 순간이라도) 그 기쁨의 상태 안에 흡수되면, 지금까지 자신의 몸과의 동일성에 관한 그의 강한 확신은, 의식의 불의 섬광과 함께, 끊어진다. 그때 그는 "놀람(도약, 跳躍, 우드바와)"으로 알려져 있는 갑작스런 상승(上昇)을 경험한다. 이는 반대쪽 방향에서 당기는 일이 없기 때문이다. 낮은 영역에서 기능하는 모든 속박이 빛으로 끊어질 때, 이 위쪽으로 당기는 일은 수행자가 그 자신의 잠재 능력을 느끼고 얻도록 이끈다.

그 신성의 힘은 무지의 모든 속박을 끊는다. 이 상태는 "떨림(캄파)"으로 알려져 있다. 이후 따르는 상태는 "잠(신비한 잠, 니드라)"이다. 이 상태에서 모든 외적인 감각기관은 그 기능을 그치고, 내적인 것도 기능을 적절히 멈춘다. 그래서 그는 일시적인 어떤 **잠**을 느낀다. 왜냐하면 그가 순수한 **의식**에서 견고함을 얻을 때, 그는 **의식**의 내재성을 경험하고, <모든 것은, 일어나는 것이 무엇이든, 본질에서는 **의식**이다>는 것을 깨닫기 때문이다.

이 직접적인 깨달음과 함께 그는 **헤매거나 혼란스럽다(구르니)**. 즉 마지막으로 <엄청난 편재(**마하-비압티**)의 상태>가 번쩍일 때까지 진동하는 **의식**의 상태에 도달한다. 이것의 결과로 <내가 아닌 것>을 <나>로 여긴 그의 무지가 우선 파괴된다. 이것은 자신을 <자신이 아닌 것>으로 여긴 확신의 파괴에 따른 것이다. 이제 **요기**는 <**나의 진정한 본성**>을 직접 **깨닫는다**.

이것을 선지자 **이사야**는 이렇게 노래한다.

주(主, 의식, 意識)는 나의 하나님이시라
내가 **주**의 **이름(본질)**을 높이고 찬송하오리니
땅(생각)이 깨어지고 깨어지며
땅(믿음)이 갈라지고
땅(종교, 교리)이 흔들리고 흔들리며
땅(철학, 사상)이 취(醉)한 자 같이 비틀비틀하고
침망(寢網) 같이 흔들리며

그리고 그 수많은 오도송(悟道頌)도…… ⌛

생명의 힘(**샥티**)이 '위쪽으로의 움직임(**웃차라**)'이 그렇게 쉬는 것(**비슈란티**)에서, **의식**의 "초월적인 진동"은 세 가지로 나타난다. ① <현상 전체가 그 안에 용해된 것>, ② <외적인 출현의 과정에 있는 것>, ③ <실제로 외부로 드러난 것>. 그런 진동의 상태를 세 가지 **링가**라고 한다. 이것은 필요할 때 설명할 것이다. 전통에 따르면 <최고의 **링가**>는 "**요기니의 가슴(요기니-흐리다야)**"이다.

✍ 이 **링가**는 **아뱍타**, **뱍타-아뱍타**, **뱍타**의 세 가지 유형이 있다.

위 <**웃차라**를 통해 얻는 **쉼**의 절대적인 상태>는 ① <미현현(**아뱍타**)의 **링가**>로 알려져 있다. 이는 흡수의 성격인데 거기서는 모든 것이 그 개체성을 잃는다. 그것은 사람이 그것과 통합되어 남는 동안 에만 경험된다. 우주가 출현하고 또 마지막에 쉬는 곳은 이 상태이다.

② <현현-미현현(**뱍타-아뱍타**)의 **링가**>는 최고의 **실재**와의 흡수의 성격인데, "나는 이것이다."라는 형태로 빛난다. 그래서 그것은 한편에서는 <역동적 에너지의 순수한 수준>과 관련되고 다른 편에서는 <대상적 세계>와 관련된다.

③ <현현(**뱍타**)의 **링가**>는 인식의 성격으로, 그 안에서 **나-의식**은 부차적이 되면서, 자신을 마치

그것으로부터 구별되는 것으로 드러낸다. 그러므로 "이것"으로 빛난다. 그러나 이 수준에서도 **의식**의 순수한 본성을 잃지는 않는다. ⧗

위에서 중요한 것은 진동(**떨림**)이다. 이 진동이 "둘의 합일(**야말라**)"과 함께 수축과 확장의 형태로 자신을 표현할 때, 그것은 "미묘한 창조(비사르가-칼라)"의 형태로 쉼을 얻는다. 이쯤에서 나는 **비의**(秘意)를 드러내는 일을 멈춘다.

자신의 의식 안에서 쉬고
대상적 존재계 안에서 쉬고
존재계 전체를 대상으로 채워라
편재의 완전성에서 쉬고
주체와 대상의 분별을 녹이고
모든 곳에 현존하는 것으로 이완하라

이는 프라나로부터 비아나까지의
여섯 방편의 단계로 있나니
<깨어 있는 상태> 등은
이 생명의 힘 속에 있도다

이 수련에 견고히 선 자,
즉시 <알아채는 위치>로 오르리

< 3 > 바르나

생명의 힘(샥티)의 위쪽으로 움직임(웃차라)에서, 어떤 소리(드바니)가 있는데, 그것은 마치 미현현을 모방하듯 끊임없이 나는 소리다. 이것을 <음절의 소리> 즉 **바르나**라고 한다. 이것에서 가장 중요한 것은 **창조와 용해의 씨앗 만트라** "**사**"와 "**하**"다. 이를 수행하면 **지고의 의식**을 얻을 수 있다. 예를 들어, <카>에서 시작하여 <마>로 끝나는 문자들이, 모음이 있든 없든, <생명의 힘(샥티)의 핵심>으로 용해되거나 아니면 단순히 기억할 때, 그때 사람은 <**의식**의 진동의 균형된 상태>를 경험한다.

이것은 "**말**" 즉 **만트라**가 <관습적이고 통상적인 관계(**사마야**)>에서 자유롭고, 모든 면에서 완전하기 때문이다.

✍ 생명의 힘(샥티)의 움직임은 두 가지로, <진동이고, 자연적인 것>과 <활동적인 것으로, 노력으로 생겨나는 것>이다. 생명의 힘의 역동적인 움직임은 늘 <마찰로써 나는 소리가 아닌 소리(**아나하타**)>와 관련되고 <모든 살아 있는 존재의 가슴에서 저절로 계속되는 소리>다. 거기에는 그것을 읊조리는 것도 그것을 멈추는 것도 없다. 모든 음소가 그 안에서 분리되지 않고 거한다.

요기는 **나다**의 두 가지 면을 경험하는데, 첫째는 <어떤 휴식도 갖지 않고 항상 빛나는 것>으로 오직 한번 일어나고, 영원히 빛나며 남는 것이다. 둘째는 <생겨나지만 사라지는 것>이다. <모든 음소가 분리되지 않고 거(居)하는 미묘한 **나다**>는 <미현현의 소리>로 알려져 있다. 위의 **"창조와 용해의 씨앗 만트라"**는 그것의 현현된 형태이다. 즉 **나다**는 이 씨앗 음절에 의해 인식된다.

사마야는 관습 즉 <'말'과 '그 말의 의미' 사이의 상상된(가정된) 관계>를 말한다. <**마이야** 말> 즉 <**마야**(세상)에 속한 말> 말이다. ⏳

관습(습관)에 의존하는 말조차도 **마음의 상상에 따라서** 그 각각의 의미를 전달할 수가 있다. (이런 식으로) **지고의 의식**을 경험한 뒤 수행자는 가슴, 목, 입술, 두 **드와다샨타**를 함께 가져오고, 그다음 그것 모두를 **"의식**의 핵심(**흐리다얌**)"에 통합해야 한다. 이것이 이 음절(**바르나**)의 비의(秘意)다. 어떤 사람은 <가슴의 핵심>에서 진동하는 **<반영적 의식>**으로부터 흰색과 노란색의 음절이 출현한다고 설명한다. 수행자가 **의식**을 실현할 수 있는 것은 이런 명상에 의해서다.

나타낼 대상이 없는 진동하는 의식으로
또 달(아파나)과 해(프라나)의 움직임을 멈추어
균형된 길로 의식의 영역으로 들어가기에
칫, 비자, 핀다-만트라에 완전하게 되느니

✍ 비자, 핀다-만트라 등은 파라 트리쉬카에서 약간 다루었다.

"<지고의 의식(파라 삼빗)>은 문법학파 등에서는 엄청난 숙고(熟考)로 증명되었다. 그러나 우리 전통에서 가르침을 성실히 따르는 이에게는 노력 없이 확립되었다. 그러므로 우리는 문법학파에게로 가는 것을 주장하지 않는다. 거기서 얻는 것은 언설에서 약간의 세련됨일 것이다.

그러므로 (트리카 체계를 따르면) <아홉 문자로 구성되는 핀다-만트라>와 마하 만트라에 관련한 (문자와) 말의 연속과 불연속, 우선과 나중인 것에 속하는 질문과 의심은 저절로 용해된다." ⏳

(카라나와 또 스타나-프라칼파나의 다른 것들은 파라 트리쉬카의 <해당 부분>과 또 이 책의 <입문 부분> 등을 참고하라. 탄트라 알로카를 읽으면 더 좋고……)

이제 이 장에서 논의한 것의 요약이다.

어떤 이는 방편 없이 완전성 얻고
어떤 이는 방편으로 정화되누나
지성(붓디), 프라나, 몸, <외부의 대상>,
트리카 체계는 방편이 다중(多重)이라
그것들은 아나보파야로 설명되지만
결과의 성취에서야 차별이 있겠는가!

✍ 다음은 제 6 장 <외적(外的)인 수행>을 다루려고 한다. 그러나 우리는 **"외적인 것"이 무엇인지, 잘 생각해보아야 한다!** (혹 '피부경계'로써 외적?) 또 제 7 장은 <공간(空間)의 길>로 이어지고……

제 6 장으로 들어가기 전에, **우리에게 큰 문제인** - 나이 들수록 "살아갈 날이 별로 남지 않았다!"고 느낀다. - **"시간(時間)"을 먼저 살펴보려고 한다.**

(시공간의 문제는 『**소와 참나 이야기**』의 제 3 장에서 "아인슈타인의 <상대성 이론>" 운운하면서, 또 앞에서 **스티븐 호킹**을 들먹이며 약간 다루었다.)

우리는 시간의 단위로 1년(年)은 365.2422일(日), 1일은 24시간(時間), 1시간은 60분(分), 1분은 60초(秒)라고 배웠다. <정확히(?) 반복되는 자연현상>의 주기(週期)로 우리의 **<물리적 시간>**이 정해졌다.

그러나 지구의 자전(自轉)이나 공전(公轉)은 정확하지가 않아, 현재는 **세슘** 원자(原子, **아누**)의 진동(振動, **스판다**) 주기를 이용하고 있다. (**세슘** 원자 9,192,631,770회의 진동이 1초라고 한다). 그러나 <상대성 이론>은 시간과 3차원의 공간은 서로 다른 것이 아닌 <4차원의 시공간>이라는 것이다.

그러므로 **<보편적이고, 균일하고, 객관성을 갖춘 절대적 시간>은 존재하지 않는다!!!**

<심리적 시간>은 <물리적 시간>과 달라서 개인의 경험의 질(質) 등에 좌우되는 <주관적 시간>이다. (이것은 **아인슈타인**도 말한 바다.) 장년기를 지나면 세월의 흐름이 **빠르게** 느껴지는 것은 모두가 경험하는 일이다.

우리 인간이 "시간"을 인식하는 일에는 당연히 문화적 차이가 있다.

아프리카의 어떤 부족은 소를 우리에서 나오게 하고, 젖을 짜고, 풀을 뜯기고, 우리를 청소하고, 우리로 들여보내는 <소 시계>를 사용한다고 한다. 우리네 농사력(農事曆)의 유래와 비슷한 것 같다.

<소 시계>는 그 공동체에서만 사용할 뿐이고, 다른 공동체와는 천체의 운행 등 **공통화하기 쉬운 <시간 (측정) 단위>**를 사용할 수밖에 없다.

시간을 인식하는 일은 <진동(**순환)하는 시간**>과 **<불가역적 시간>**으로 대별된다. <순환하는 시간>은 <낮>과 <밤>의 교체가 대표적으로, 그것은 <낮>의 <(일하는) 세속적인 시간>과 일하지 못하는 <밤>의 <(두려움 등으로) 성스러운 시간>의 의미가 있다.

<불가역적 시간>은 인간의 일생이 대표적인데, <유아>, <성인>, <노인>, <죽은 자(조상)> 등이다.

서구에서도 시간은 원래 <순환적 시간> 인식이 지배적이었으나, 11, 12세기에 기독교의 <직선적 시간> 인식으로 바뀐 것은 잘 알려진 일이다.

　그 시기는 십자군 원정으로 시야가 넓어졌고, 또 도시가 생기고 상인들은 거대한 부(富)를 쌓았다. 그들은 일수와 비용을 계산해야 했으며, 곧 측정 가능한 시간관념이 필요했고, <시간이 부를 낳는 것>도 알게 되었다. [이것이 성경이 가나안사람 즉 <장사하는 사람(상인)>을 싫어하는 이유다.]

　그리고 이 상인들의 필요에 응답(?)한 것이 바로 저 수도원의 <톱니바퀴 시계>였다고 한다.

　그렇게 <합리화된 시간(의 인식)> 속에서 살아온 상인들도 자연재해를 당하거나 죽음을 맞이할 때는 <성스러운 시간>을 느끼고는 [그 부(富)의 축적을 - 악업(惡業)을 - 보상하기 위해] 교회에 그렇게 많은 기부를 - 헌금(獻金)과 헌물(獻物) - 한 것이다.

　저 세상에서의 구원은 이 세상의 행동에 의해서 결정된다는 생각은, 이렇게 이런 두 가지 시간 곧 <세속적인 시간>과 <성스러운 시간>의 길항에 그 원인이 있었다고 할 수 있다. (종교학대사전을 나름 간추렸다.)

　그리고 현대 서양철학의 <시간론(時間論)>……

소광희의 『시간의 철학적 성찰』을 일단 권한다. 하이데거의 『존재와 시간』은 무척 어렵다. 존재와 현존재(現存在), 또 시간과 **시간성**(時間性)……

그는 시간은 존재와 나눌 수가 없으며, 시간은 존재의 나타남 그 자체라고 본다. 맞기도 하지만, **전연 아니기도 하다.** 하이데거는 붓디즘에……

<시간과 하이데거>에 관한 재미있는 글 하나.

"상상력(想像力)은 <'지금' '지금' '지금'이라는 이 수많은 시간 표상>을 하나의 연속체(continuum)로 만들어 그 위에 만물이 현상할 수 있도록 한다.

- '지금'은 순간이라, 다음의 '지금'에서는 이미 사라져버린다. '지금'은 이내 '방금'이 된다. 그러나 '방금'은 이미 사라져버린 것인데도, 여전히 머물러 있다. <지나가버린 것>이지만 사라져버리지 않고 (기억 혹은 상상으로) 남아 있음으로써 시간이라는 연속체가 생긴다.

시간은 <그런 연속체>이기 때문에, 그 위에 대상들이 '잇달아' 표상될 수 있는 것이다. 만약 그렇지 않으면 만물은 오로지 '지금'에 있을 것이다. 다시 말하면 공간상에만 있을 것이다. 공간은 '지금(이 순간)'이라는 시간 표상이다. 만약 모든 것이 '지금' 있다면, 서로 함께 있는 것일 터이다. -

이러한 상상력의 <시간 만들기 작용>을 '형상적 종합'이라 한다. <형상적 종합>은 '지금'들인 시간 잡다(雜多)를 종합하여 하나의 연속체로 형상화하는 상상력의 활동이다.

<(이미 지나가버린) 과거>와 <(아직 오지도 않은) 미래>를 '지금'의 연속체로 상상하는 것이다.

[마치 <정지된 그림(장면)들>을 잇달아 보여주면 "움직이고 흐르는 것처럼 되는" 영화 원리와 같다. 그리고 <그런 현상>을 뇌의 사용량(활성)과 더불어 잘 보여주는 영화가 <루시>였다.]

이렇게 해서 <시간의 지평>이 열리고, 그 위에 사물들이 현상하니까 비로소 우리의 지성(知性, 즉 붓디)이 어떤 것을 인식하여 그것의 본질과 존재를 규정할 수 있는 것이다.

하이데거는 칸트의 <순수이성 비판> 강의 시간 중에 칸트의 이런 시간론(時間論)을 접하고, 마치 저 사도 바울의 눈에서 <비늘 같은 것>이 떨어져 나갔듯이, 개명(開明)이 되었다고 한다.

'아, <시간 지평> 위에서 비로소 존재라는 것이 드러나는구나!'

이 깨우침이 계기가 되어 <존재와 시간>을 쓰게 되었다는 것이다."

(백종현의 <인간이란 무엇인가?>에서)

[하이데거가 <자신만의 용어(用語)들>을 만들어 사용한 것은 잘 알려져 있다. <얼마나 답답했으면 그렇게 했을까?>라는 생각도 들지만 "**진리(眞理)는 언어에 묶일 수 없다!**"는 사실을 애써 외면한 것은 아닐는지……

<이것도 아니고 저것도 아닌 것>, <긍정의 용어, 부정의 용어, **하이데거**의 용어 등 그 모든 표현이 힘을 못 쓰는 언어도단(言語道斷)인 곳>, <불립문자 (不立文字)의 영역>, <(겨우) 어떤 느낌인 곳>……

<그런 것조차도 아닌 것>, 아니면 <그 모든 것인 것>…… 아마도 **하이데거**는 <그런 것>을 말하려고 했을지도 모른다. 그러나 필자에게 **하이데거**는 - **크세마라자**가 "**모든 <철학 이론>의 위치**"에서 잘 분류했듯이 - "**붓디**(지성)"에 매인 것으로 보인다.

(<이런 말>을 하면, **하이데거** 추종자들은 당장 이 책을 덮을지도 모른다. 그러나 진정한 철학자는 항상 열린 마음, 열린 생각을 가져야 한다.)

사실, <서양 철학>의 대부분은 **붓디**의 산물이다. 당연히 이 책에서 말하려는 것은 <**붓디 그 너머의 소식**>을 전하려는 것이다. 사실, "존재"라는 말도 <여러 층위(層位)>에서 쓸 수 있어, <"비-존재"라고 부르는 것>이 실은 "**(참) 존재**"일 수 있다.]

칸트의 시간 등은 **쉬바 수트라**에서 다루었다.

우리가 늘 보고 있는 시계(時計) 즉 <시간의 양(길이)을 측정하는 계기(計器)>를 통해 알 수 있는 **<물리적 시간>**만을 <진정한, 실체적인 시간>이라고 생각하는 일은 우리의 시계(視界)를 좁힐 뿐이다.

<심리적 시간>은 <실체가 없는, **상상의 시간>**인 것만 같다. 그것은 <확정적이거나 절대적인 것>이 아닌, **<상대적인 것>인 것이다.** 그리고 <상대적인 것>에 <(절대로 흔들리지 않을) 이 "나"의 사상의 기반>을 둔다는 것은 절대로 있을 수 없다!

그러나 <시간과 공간>이라는 것은 **<상대적인 것>** 이라고, <(절대로 흔들리지 않는) 이 "나"와 우리의 지식의 기반("**땅**")인 과학>도 그렇게 증거하고 증명하고 있다.

폴 리쾨르는 <시간과 **이야기>**에서 그의 "**상상의 변주(variation imaginative)**"를 소개하며, "**오로지 허구(虛構)만이 <시간 경험>의 다양한 형태를 탐구할 수 있다**"면서 이 **<심리적 시간>**을 다루고 있다. 그것은 스티븐 호킹의 <허시간(虛時間, **imaginary time, 상상의 심리적 시간>**)을 떠오르게 한다.

그는 말하지 않았던가!

"<진짜는 실시간일까? 허시간일까?>라는 물음은 무의미하다. **중요한 것은 <어느 쪽이 우리에게 더 유용한 기술(記述)인가?>이다.**"

폴 리쾨르는 위 책에서 세 가지 이야기(소설) 즉 소위 **<시간(에 관한) 소설>**을 헤집는다.

① 버지니아 울프의 <댈러웨이 부인> - <죽음의 시간>과 <불멸(不滅)의 시간> 사이에서

② 토마스 만의 <마(魔)의 산(Der Zauber-**berg**, The Magic Mountain)>

③ 마르셀 프루스트의 <잃어버린 시간(時間)을 찾아서> - 가로질러 간 시간

여기서 우리는 **토마스 만**의 <마(魔)의 산>이란 제목에서 **힌트**를 얻어 **<산(山) 모양의 시간>**과

<"잃어버린 시간"을 찾아서>에서 <"되찾은 시간 (Time Regained)">을 소개하는 마르셀 프루스트와는 외적으로, **<서양 철학에서는 보기 드문 것>을 말했던** - 그러나 우리의 시야(視野) 탓인지 시선을 많이 끌지 못하고 있는 - **<생의 철학>** 베르그송 (**Berg**-son, "山의 아들")을 약간 살핀다.

먼저 **<산 모양의 시간>**이다.

토마스 만은 먼저 <Berg-hof(산 위 정원)에 있는 사람들>은, <산 아래 평지에 사는 사람들>이 갖고 있는 <시간의 척도>에 대한 감각이 (별로) 없거나 다르다는 것을 말한다. 최소한 <시계> 즉 <**시간의 계**량(의 단위)>을 달리한다는 것이다.

<시간(의 흐름)>을 수평선과 수직선이라고 생각해 보자. (시간은 우리에게 <끝없이 흐르는 무엇>이다. 결코 <정지된 어떤 것>이 아니다.)

<산 아래 평지의 시간>을 수평선이나 지평선처럼 즉 <가로로 흐르는 시간>이라고 한다면, 수직선은 <세로로 흐르는 시간>이라고 할 수 있다. 그리고 수직선이 수평선에 90°라면, 산 모양은 그 기울기 (경사도)에 따라 30°, 45°, 60° 등일 것이다.

잘 아는 대로, 선(線)은 <그 길이만 있고, 넓이와 부피는 없는 것>이고, 또 점(點)은 <부피도 없고, 넓이도 없고, 길이도 없고, 위치만 있는 것>이다. 그러므로 <수평선(線)의 시간> 즉 <가로로 흐르는 시간>만을 생각하는 사람에게는 <수직선의 시간> 즉 <**세로로 흐르는 시간**>은, **마치 점처럼 <상상의 시간>일 뿐이다.** (우리가 <일상에서 찍어 표시하는 점>은, 사실은, 점이 아니라고 배웠잖은가?)

<**산 모양의 시간**>은 그 산의 경사도에 따라 다를 것이다. 평지에 사는 우리의 일상생활이 <평지의

시간> 속에 있다면, <산 위로 여행하거나 산 위에 거(居)하는 사람들>의 시간은 - 우리는 **꿈, 상상, 명상 등의 산**으로 얼마든지 오를 수 있다. - 아마 <산 모양의 시간>으로 <더 늘어나거나 더 줄어드는 시간>일 것이다. 그것은 <**심리적 시간**>이다.

그것이 <**토마스 만**("**쌍둥이 사람**")>이 <**마법의 산**>에서 시간을 늘리기도 하고 줄이기도 하면서 <**산 시간 놀이**>를 즐긴 것이리라,

("**쌍둥이 사람**"이라고 굳이 밝힌 것은, 도마가 쓴 도마복음 때문이다. 주류(主流, 즉 현실의 교회)에서 밀려났지만 "**아는 자는 다 안다!**")

이제 <**서양 철학에서는 보기 드문 것**>을 말했던 베르그송(Berg-son, "산의 아들")을 살피자.

먼저 **라즈니쉬**의 말을 잠시 듣자.

"**탄트라**는 공기는 단지 탈것이고, 실재의 것이 아니라고 한다. 우리는 **프라나** 즉 **생명력**(生命力), <**생명 에너지**>를 호흡하고 있다. 이 공기는 단지 매개물일 뿐이고, **프라나**가 그 내용물이다.

현대 과학은 아직도 **프라나**와 같은 것이 있는지 구명(究明)하지 못하고 있다. 그러나 몇몇 연구자는 신비한 어떤 것을 느껴 왔다. **오스트리아**의 **빌헬름**

라이히는 자신이 발견한 <우주의 근원 에너지>인 그것을 "오르곤(Orgone)"이라고 했다. 그것은 사실 프라나와 같은 것이다. 그는 오르곤, 프라나 혹은 "엘랑 비탈(élan vital)"이라고 부를 수 있는 <아주 미묘한 것>이 있다고 했다. 그것은 물질이 아니다.

그러나 그것의 효과는 분명하게 느낄 수 있다. 아주 활기찬 사람과 같이 있으면 우리는 속에 어떤 활력이 솟아오르는 것을 느끼고, 아주 아픈 사람과 같이 있으면 피곤함을 느낀다. 입원 환자가 많은 병원에 가 있으면 마치 나 자신이 사방으로 빨려 나가는 것 같다. 그곳의 사람들은 더 많은 <엘랑 비탈>, 더 많은 프라나가 필요하다.

그러나 시골에서 이른 아침 탁 트인 하늘 아래, 아니면 숲길에 혼자 있으면, 갑자기 속에서 어떤 생명력을 느낀다. - 프라나다. 각 사람은 특정한 공간이 필요하다. 만약 그 공간이 주어지지 않으면 우리의 프라나는 빨려 나간다.

빌헬름 라이히는 많은 실험을 했고, 그는 미친 사람으로 취급되었다. 과학은 자신만의 미신적인 관습을 갖고 있다. 과학은 아주 인습적(因襲的)인 것이다. 과학은 아직도 공기 그 이상의 어떤 것이 있다는 것을 모른다. 그러나 인도는 그것을 가지고 수십 세기를 실험해 오고 있다."

잘 아는 대로, "엘랑 비탈"은 앙리 베르그송이 한 말이다. 그것은 <생의 충동(衝動), 생의 명(命)> 등으로 번역될 수 있겠지만, 프라나가 <생명, 생명 에너지, 호흡, 날숨 등>으로 번역되는 것과 같을 것이다.

그는 우리의 지성(知性)은 <생명적인 것>을 파악할 수 없다고 한다. 왜냐하면 <정태적, 추상적이고 고립적인 과학적 고찰 방법>은 삶(생명)에 내재하는 역동성(力動性)과 일회성(一回性)에 부합할 수 없기 때문이고,

또 자연과학은 <공간화되고 양적인 시간 개념>에 근거하고 있는데, 그 같은 시간 개념은 <삶의 흐름 저변(底邊, substratum)에 놓여 있는> "지속(持續, durée)"과는 모순된다고 하면서

이 지속[혹은 영속(永續), 영원]은
앞서 지나간 것을 그 자체 안에 간직하고
또 미래로 운반하는
<분리될 수 없는 창조적(創造的) 흐름>으로

이 지속은 <의식(意識) 상태의 질(質)과 강도의 순수함에 상응하는> 내적 체험에서 파악할 수 있다고 한다.

그의 <지속>은 불교 유식론의 **알라야.비갸나** 즉 <기층(基層, **밑바탕**) **의식**>을 떠오르게 하며, **아비나바굽타**의 "<분화된 모든 개념과 생각, 언어>는 <분화되지 않은 순수한 **의식**(니르비칼파 삼빗)>에 기초한다."는 말을 떠오르게 한다.

우리는 **파라 트리쉬카**에서 <니르비칼파 삼빗 - **말과 생각의 밑바탕**>에서 '**지속**'을 다루었고, 다시 이 책 제 9 장 **탓트와 수행**에서 '**지속**' 즉 <니르-비칼파의 상태>를 **지속적으로** 다룰 것이다.

그리고 **베르그송**은 말한다.

"(우리의) **의식**은 <본능과 지성이 결합한> '**직관**(直觀)'을 통해 심화되는 것으로만 <**창조적인 생의 충동**>(즉 스판다)에 참여할 수 있다."

직관(直觀)은 한마디로 **프라티바**로, 여러 곳에서 다루었고, 다루고 있고, 다룰 것이다.

앙리 베르그송은 과연 "**산**의 아들"이야. 어떻게 <**산**의 아들>이냐고? <세상의 모든 **산**의 아버지>는 **히말라야**니까. <**히말라야 산**골짜기 사람들>의 **그 경험**을 갖고 있으면, 다 그 자손들 아니겠어!

끝으로 어떤 안타까운 일화를 전한다.

100년 전인 1922년 **파리**의 **프랑스** 철학회가 연 아인슈타인의 <상대성 이론> 강연에서 **베르그송**이 <시간의 개념>에 대해 질문하면서 논쟁이 있었고, 나중 아인슈타인은 "**<과학자의 시간>**과 **<철학자의 시간>은 서로 다른 모양이지.**"라고 했다고 한다.

철학자 **베르그송**의 입장에서는 맞는 말이었지만, <시간의 상대성>을 논하는 과학자 아인슈타인은 <과학자의 시간>만은 상대화하지 못했던 것 같다.

나중 **베르그송**은 『**지속과 동시성**』이라는 책으로 아인슈타인의 <시간의 개념>을 비판했다고 하는데, <물리적 시간>은 물론 아니고, <심리적 시간>과는 비슷하지만 같지는 않은, <**"살아 있는" 이 필연의 시간**>인, "**절대 지속(持續)**"의 특유함을 비교적(?) 쉽게 밝히고 있다고 한다.

도대체 그것이 무엇인지 몹시도 궁금하다. 나중 그는 그의 사후에 나올 자신의 전집에서 그 책을 **빼**달라고 했다고 하니, 오호통재(嗚呼痛哉)라!

☯

"**<보편적이고, 균일하고, 객관성을 갖춘 절대적 시간>**(의 인식)은 **존재하지 않는다!**"면…… 나는 <그 어떤 것으로> "시간"을 볼 것인가?

["**나는** (그런 생각을 하고 있을) **시간이 없다!**"고 하면서 (이런) **시간을 뛰어넘어** 저 <무(無)-시간성> 즉 신성(神性) 속으로 (아예) 들어가 버려?]

인도(印度)의 현자들은 자신의 <**숨 쉬는 일**>에서 **생명**(生命)을 보았다. **호흡**을 곧 **프라나**라고 한다. 우리는 거기에서 <**참 존재(현존)**>를 느낄 수 있다. 그러니 거기에서라면 "시간(時間)"과 "공간(空間)", "인간(人間)"이란 것들을 볼 수도 있지 않겠는가?
　"時間(**때 사이**)"과 "空間(**빈 틈**)"과 "人間(**사람 가운데**)"이라……

비갸나 바이라바는 말한다.

우주는 우리와 더불어 파도친다.

"파도(波濤)가 **물**로부터 일어나고, 화염(火焰)이 **불**로부터 일어나고, 광선(光線)이 <**빛**(광원, 光源)>으로부터 일어나듯이……
　그렇게 <우주(宇宙)의 물결>은, 즉 <우주의 모든 양상(樣相)>은 참으로 **나** 곧 **바이라바**(**의식**)로부터 일어난다."

우주(時間, 空間)**는 우리**(人間)**와 더불어 파도친다.**

우리는 우주라는 이 대양에서 일어나는 파도다. 이런 느낌이 깊도록 하라. **내가 <들이마시는 숨>을 하나의 파도가 일어나는 것으로 느껴라.** <지금 내 안으로 들어오고 있는 이 숨>은 한순간 이전에는 <다른 누군가의 숨>이었고, 또 <지금 나를 떠나고 있는 이 숨>은 다음 순간에는 <또 다른 누군가의 숨>이 될 것이다. 내가 숨을 쉰다는 것은 <생명의 바다>에서 파도치는 일이다. 우리는 분리되어 있지 않다. 깊이 들어가면 우리는 하나다.

그러므로 에고가 유일한 장애물이다. 개별성은 거짓이다. 그것은 <있는> 것처럼 보이지만 실체가 아니다. 나 자신을 하나의 파도로 생각하라. 그리고 **그것을 <지켜보는 자>가 되라.**

❂

인간이 만물의 척도라면, 인간을 존재하게 하는 호흡이 왜 그런 (시간과 또 공간의) 척도가 될 수 없겠는가?

파라 트리쉬카는 말한다.

**아 등의 열다섯 모음은 점(點)에서 끝나고
그 끝은 <행위 힘>이 합하여 달과 해가 되누나.**
......

그러므로 빛나는 이여!
아에서 크샤까지는 <우주적 현현(顯現)>으로
<모든 만트라와 지식의 음문(陰門)>이니라.

아비나바굽타는 그 <우주적 현현>을 다루면서, 모음(母音)과 호흡(呼吸), 시간(時間)의 상호관련성 전체를 아우르며 우리를 "눈뜨게" 한다. [그의 용의주도한 천재성이 돋보인다. (용의주도는 좌뇌의 것이고, 천재성은 우뇌의 것이다.)] 그는 선언한다.

"프라나(호흡)가 <시간의 근원>이다!!!"

호흡과 <생각하는 일>……
우리 모두는 살아 숨 쉬고 있다. 인간이, 숨 쉬는 것보다 더 명확한 존재 증거와 - <시, 공간 속에서 살아 있다고 느끼는 일> - 시간과 공간의 기준과 척도가 있겠는가?

프라나(호흡, 생기)는 나의 이 호흡과 더불어 곧 생기를 얻는다. 아니다. 저 <우주적 호흡>, <생명의 대기(생기)>가 지금의 <나>를 호흡(관통)하고 있다. 아니다, 맞다, 아니다.
말은 무척이나 어렵다!

그리고 이 끝 모를 <생각하는 일>……

지금 이 책을 읽으며 <생각하고 있는> 그대여!
이 생각이 그대 속에서 어떻게 일어나는지 관찰해
보라. 아니면 생각이라도 해보라.

이 책 제 4 장 **샥토파야**의 끝부분에서 방편으로
약간 다루었지만……

"**<생각 그 자체>를 생각하려고 하라!
그리고 <그 순간> 불현듯 알아채라.**"

<**그 순간**>, <그 순간 **나의 그 상태**>를 잘 관찰
하면, **그 순간**은, 아주 짧지만 호흡이 없을 것이다.
호흡과 생각은 같이 흐른다. **호흡이 없으면 생각도
없다.** (호흡이 없는, 죽은 사람은 생각도 없다.) 또
당연히 나의 눈동자도 움직이지 않을 것이다.

그러니 **그 순간**은 <생각이 없는 순간>일 것이다.
그리고 그것이 <명상적인 상태>다.

그것이 필자의 <시각(時刻)과 시각(時刻)의 사이>
즉 時間(**때 사이**)이다.

時間(**때 사이**), 空間(**빈 틈**), 人間(**사람 가운데**)에
관해서는 『**돌과 즈슴 이야기**』에서 **좀 더 폭 넓게**
다루었으면 한다. ⏳

제 6 장
외적인 수행

<외적인 수행>은 "지지(支持)의 명상(**스타나-프라 칼파나**)"이라고 할 수 있다. 마음이 <지지를 얻는 곳(**스타나**)>으로는 <**프라나**(생기, **숨**)>, <몸(육체)>, <외부의 대상>의 세 가지가 있다.

✍ **프라나**(생기)는 "일반적 진동(**사만야-스판다**)" 으로, 그것은 곧 **프라나, 아파나, 사마나, 우다나, 비아나**로 알려져 있는"특별한 진동(**비셰샤-스판다**)" 의 형태를 떠맡는다. 이들 다섯 **프라나**는 **궁극의 실재**를 성취하기 위해 이용해야 할 곳(것)이다. ⧗

여기서는 **프라나**(생기, 숨)에 관한 것만 다룬다. <여섯 길> 전체가 - 나중 다룰 것이다. - **프라나** 즉 <생명의 대기> 안에 거하는 것으로 여겨진다. 시간(時間)은 단지 <연속적이거나 연속적이지 않은, "변하는 행위(**칼라나**)"의 측정(값)>이다. 또한 시간 (**카알라**)은 **주**(主) 안에도 나타난다고 알아야 하는 데, "**카알리**(**칼리**)"라고 부르는 **주**의 **힘**(**샥티**)이다.

✍ 생기(프라나)가 우선 논의되는데, 창조의 과정에서 **의식**은 처음에 **생기(生氣)**의 성격을 떠맡기 때문이다. 그러므로 **지고의 실재**를 성취하기를 원하는 자는 먼저 **프라나**에 의지해야 한다. 더구나 "여섯 가지 길(샷-아드와)" 모두 **프라나**에 거하는 것으로 여겨진다. **탄트라 알로카**는 말한다.

"<여섯 길>에서 처음 세 가지는 <시간의 길>로, 그것은 명백히 <**생기(프라나)**> 안에 확립된다."

존재의 현현은 순차적이거나 어떤 순차도 없이 일어난다. 전자는 인과의 관계로 일어나는 것이고, 후자는, 예를 들어, 어떤 그림을 인식할 때, 지식은 통합된 전체로 나타난다. **선후(先後)의 것이 동시에 빛난다.** "**변하는 행위(칼라나)**"는 <여섯 길> 모두의 현현에 관여한다. <연속적이거나 연속적이지 않은 것> 둘 다 <생명 에너지(氣運)> 안에서다.

그것은 <시간의 활동>의 하나다. - 시간을 세월, 광음, 일월, **크로노스**, **카이로스**, **때**, **즈음** 등이라 하며, 여러 의미로 쓰인다. - 어떤 변형과 변화를 일으킴에 따라, 그것은 **카알라**로 알려진다.

카알라(칼라)는 어근 <칼>에서 파생되었고, **칼**은 <변화를 일으키는 수단>의 하나이다. (세월이 가면 세상은 저절로 변하게 마련인데, 오늘도 정치꾼과 사회운동가들은 세상을 변하게 하려고……)

의식(意識)**은 영원하다. 시간과 공간의 차꼬에서 자유롭다! 주**는 **절대 자유**로 <감각적인 주체들>과 <그 대상들>로 구성된 이 우주를 창조한다. 이것은 **카알리**라는 <시간의 힘>에 의한 것이다. **카알리**는 역동적인 에너지로 – 흔히 **카알리-아그니**라고 하는데, 광음과 세월의 불은 우주를 창조하고 소멸한다. – <외적인 것과 내적인 존재 안에 변화를 창조하는 원인>이다. 즉 몸과 마음은 늙어가고 변한다.

그러나 <**의식**은, 본질에서, 변화로부터 전적으로 자유롭다>는 것을 다시금 강조한다. ⏳

그것(**카알리**, 시간의 힘)은 단지 <연속적이거나 연속적이지 않은, 이런 분화의 현현>으로, 여기서는 <생명의 대기>의 양상이다. <알려질 수 있는 대상>으로부터 그 자신을 고립시켜 이런 성격을 떠맡는 것은 **의식**이다. 이런 제한과의 관련 때문에, **의식**은 "허공(**순야**)"의 모습으로 나타난다.

그다음 **의식**은 즉시 그 **절대 자유**로 <알려질 수 있는 대상>을 (<자신>으로) 받아들이려고 하면서, 마치 그 본래의 상태로부터 떨어진 것처럼 <**행위의 힘**(크리야 **샥티**)>이 현저하게 된다. 그다음 <생명 활동의 형태>는, 그것은 <살아 있는 것들의 생명>인데, **프라나**의 다섯 가지 형태로서 몸을 채운다.

이런 식으로 몸은 <살아 있는 것>으로 빛난다.

(정확히 이것 때문에, 몸이 마치 의식적인 것처럼 보이는 것이다.)

✍ <시간의 정체(?)>를 알기 위해 <어떤 공간의 비유>로써 다시 설명해 보자. 아무래도 공간적인 것이, 즉 <시각적(視覺的)인 것>이 이해하기가 더 쉬울 것이다.

어떤 공간(방) 안에 균일하게 있던 **에너지** 혹은 먼지(입자)가 중력으로든 바람의 힘으로든 한곳으로 **움직**(여 모)**이게 되면** <에너지나 먼지 덩어리(형상, 대상)>로 뚜렷할 것이고 나머지는 <빈 공간(**의식**)> 으로 남을 것이다.

이런 의미에서, <움직이는 것>은 단지 <움직이지 않는 것>의 반대가 아니다. 위의 예에서, <움직이지 않는 것>은 <어떤 공간(방)>이고, **<움직이는 것>은** 에너지나 먼지(입자)**다.** 우리는 "시간이 흐른다."고 하며, 그것은 곧 <움직이는 것>을 가리킨다.

시간은 <움직이는(흐르는) 것>이고, 의식은 <움직이지 않는 (허공과 같은 영원한) 무엇>이다. 그래서 "**의식**은 시간에서 자유롭다."는 말과 함께 우리는 <시간이 정지되어 없는 곳>, <시간을 초월한 상태> 등으로 **의식**의 무-시간성 즉 영원성 혹은 순간성을 설명하는 것이다.

<시간의 힘>은, 그것은 **의식**과 분리할 수 없는데, 모든 것을 외적으로 드러나게 한다. 이 변화의 결과는 **의식** 자체가 생명 에너지의 성격을 떠맡는 것이고, 그 안에서 모든 형태가 번쩍인다. 그러나 외형화의 과정에서 **의식**은 그 **절대 자유**로 우주를 자신으로부터 분리할 것이다. 그때 그것은 "나는 모든 것을 초월한다."고 인식한다. 이것은 **의식**의 허공(**순야**)이 특징인 경험이다. **의식**의 이 허공은 정지된 것처럼 보인다. 그러나 미세한 진동 형태의 역동성이 보이기 시작한다. 이것이 일어날 때, 그 <첫 창조적 흐름>이 외적으로 현현하기 시작한다. 이 흐름은 **의식**의 흐름이 아니라, <생명 에너지의 흐름>이다. 그래서 "경전(經典)의 언명은, '**처음에**, **삼빗(의식)은 프라나로 변형된다.**'"고 한다. ⏳

<행위의 힘(크리야 샥티)>의 초기는 <시간의 길(카알라-아드와)>이, 후기는 다양한 형태의 <공간의 길(데샤-아드와)>이 있다. **바르나**, **만트라**, **파다**의 상태는 <시간의 길>에 거하며, 그 각각은 <지고한, 미묘한, 거친 형태>이다.

<공간의 길>에는 **칼라**, **탓트와**, **부와나**(세계)의 상태가 있고, 다음 장(章)들에서 설명할 것이다.

(**부와나**는 제 7 장에서, **탓트와**는 제 8 장과 제 9 장에서, **칼라**는 제 10 장에서 다룬다.)

<생명의 대기(프라나)>는 몸 안팎으로 편재(遍在)하더라도, 호흡(프라나)은 <알려질 수 있는 것>으로 가슴으로부터 생명의 중추로 움직인다. (프라나를 대상으로 여기는 이유다.) 프라나를 움직이는 힘은 세 가지다. ① <주의 힘(프라부 샥티)>, ② <자신의 힘(아트마 샥티)>, ③ <생명의 힘(프라나 샥티)>. 이것들은 경우에 따라 다른 것보다 더 우월할 수 있다.

✎ 탄트라 알로카를 참고하면…… 보통의 호흡은 구근(球根)으로부터(도) 올라오며, 그것으로는 어떤 영적인 성취도 없다. 그러므로 <의식적인 노력으로 일어나는 호흡>은 가슴에서부터 시작된다.

어떤 경우에는, 확실하게 <주의 힘>이 우월한데, 예를 들어 <종교적 황홀>, <죽음의 공포>, 아니면 <잠자는 동안> - '저절로' 호흡을 하는 일이다.

"모두들 자신이 호흡을 하고 있다고 여기지만

<호흡을 하게 하는 것>은 무엇이겠는가?"

그리고 <자신의 힘>은 구근(성기)의 수축과 확장(즐거움의 감각)의 움직임에서, <생명의 힘>은 가슴에서부터의 호흡의 움직임에서. 수행자는 세 가지 혹은 최소한 두 가지가 우월하다.

<주의 힘>은 다시 **바마**, **졔슈타**, **라우드리**의 세 가지 면이 있는데, **바마**는 세상으로 기울게 하고,

제슈타는 잘 깨닫도록 하고, **라우드리**는 **쉬바**와의 동일성을 얻게 한다. ⧗

호흡의 움직임은, <가슴에서 마지막 곳까지>의 들숨과 날숨은 <(자신의) 손가락 길이(**앙굴라**)>로 측정하면 36 **앙굴라**다. 이는 각 존재는 자신에게 맞는 힘과 역량, 몸을 갖고 있기 때문이다.

이 <한 호흡의 공간>에, 모든 <시간(의 단위)> 즉 **가티카**(24분), **티티**(낮과 밤), <(음력의) 월(月)>, <년(年)>, <여러 해(年)>가 포함될 수 있다.

한 **차샤카**는 1⅕ **앙굴라**이고, 한 **가티카**는 60 **차샤카**이다. 그러므로 한 호흡의 들숨과 날숨은 72 **앙굴라**가 된다.

✍ 여기의 <마지막 곳>은 <**브라흐마**의 구멍>을 말한다. <**브라흐마**의 구멍에서 열두 손가락 위>가 아니다.

한 **가티카**(60 **차샤카**)인 한 호흡은 "60 × 1⅕ = 72"**앙굴라**가 된다.

인간의 평균 호흡(呼吸)은 4초다. 그래서 24 시간 동안 **21,600** 번의 숨을 쉰다고 한다. 우리는 좋든 싫든, 그렇게 엄청난 호흡을 하면서……

여기서 일단 **비갸나 바이라바**의 처음 방편들을 다시 약간 복습한다.

숨이 들어와 나가기 전, 그 순간을 알라.

숨이 들어온 뒤 - 들숨으로 숨이 내려온 상태다. - 그다음 나가려고 돌기 바로 전 - 날숨이 되어 올라가기 전, **그 순간을 알라.** 그 순간을 알아채라. 그러면 그 <엄청난 사건(事件)>이……

숨을 쉬면서, 아주 세밀(細密)하게 잘 관찰하라. 한순간, 아니면 그 한 순간의 천분의 일 동안은 거기에 <호흡하는 일>은 없다.

숨이 나가고 들어오기 전, 그곳을 느껴라.

샥티여!
들숨도 날숨도 아닌 곳에 그대가.

숨이 멎었을 때, 알아채라.

우리가 호흡하는 일에 **주의(注意)**를 기울인다면, 숨 쉬는 일을 **의식(意識)**으로써, **알아채는 일**로써 계속해서 꾸준히 수행한다면……

나의 <**알아채는 일**>, 즉 각성(覺醒)이 예리하고, 깊고, 강렬해짐에 따라, 온 세상은 사라지고, 오직 <들어오고 나가는 숨>만이 나의 세계가 되고, 나의 **의식(意識)**의 활동무대 전체가 된다면…… ⧗

☯

　이제 **티티**(낮과 밤)가 일어나는 것을 설명한다. 1
투티는 2¼ **앙굴라**이고, 또 4 **투티**는 1 **프라하라**
(3 시간)이다. 새벽녘과 황혼녘은 각각 반(半) **투티**
이다. 그러므로 날숨은 <낮>이고 들숨은 <밤>이다.
이것은 **티티**(낮과 밤)가 일어나는 방식이다.

　✎ 이제부터 **<한 호흡(에 해당하는) 시간>은 저**
<상대성의 시간>으로 기술된다. <노년의 하루>는
<유년 시절의 하루>와는 분명히 다르게 경험한다.
그것은 모두들 경험하는 일이다. <음력의 하루>는
우리의 하루와 같다. 단지 한 달은 30일이다.
　새벽녘과 황혼녘은 "산디"라고 부르는데, 밤과
낮의 **교차점**이다. 그것은 밤도 낮도 아니다. **호흡이**
없는 지점이다. 다음에 나올 춘분과 추분도 **교차점**
이다. 그래서 필자는 "**춘분대길(春分大吉)**"이 좋다.
입춘은 여전히 추워 소길(小吉)이다. ⌛

☯

　이제 <(음력의) 월(月, month)>이 일어나는 것을
다룬다. 여기에서 <낮>은 <어두운 두 주간>이고,
<밤>은 <밝은 두 주간>이다.

✑ 하루에서는 <낮>은 날숨, <밤>은 들숨이었고, 한 달에서는 **<어두운 두 주간>이 날숨**, **<밝은 두 주간>이 들숨**에 해당한다.

<낮(날숨, 해)>은 **아파나(들숨)의 달**이 줄어드는 때이므로 **<(달이) 어두운 두 주간>**으로 여기고, **<밤(들숨, 달)>**은 **아파나(들숨)의 달**이 커지므로 <밝은 두 주간>으로 여기는 것 같다. ("아似달!") ⚱

각 <두 주간>의 처음 반(半)과 마지막 반 **투티**는 멈춤(정지)이기 때문에, 시간에서 배제된다. 그러나 중간의 15 **투티**는 **티티**(두 주간)를 만들며, 그것은 **빛**(프라카샤)과 **쉼**(비슈란티)이 있는데 곧 <낮>과 <밤>이다. **<낮>**은 **<알려지는 것들>**이 **"(빛 안에서) 나타나는"** 때이고, **<밤>**은 그것들이 **<아는 주체>** 속으로 **"용해되는(쉬는)"** 때이다.

<낮>과 <밤>은, 더 길거나 더 짧은 기간 때문에, 무한한 다양함이 있다. <낮>과 <밤>이 동등할 때, (춘분과 추분의) <주야 평분(晝夜平分)>이 있다.

✑ 반(半) **투티**로 이루어지는 **"쉼터(비슈란티)"**는 <가슴의 중심>과 **드와다샨타**의 두 곳으로, 시간의 흐름으로부터 자유롭다. 이곳은 **프라나**와 **아파나**의 교차점이다.

낮과 밤은 날숨과 들숨일 뿐만 아니라, **<낮>**은

<(빛 때문에) 대상에 매이는(?) 시간>이고, <밤>은 <(대상으로부터 쉬는 일 때문에) 지복(주체)이 있는 시간>이다. ⏳

<어두운 두 주간> 동안, 아파나(들숨)의 **달**은 15번째 투티에 도달할 때까지 프라나(날숨)의 **해**에게 차례로 <달의 위상(칼라, 부분)>을 먹인다. 그것은 내부의 드와다샨타에 가까워지고, 달 모양(위상)은 줄어들어서, 마침내 프라나(날숨)의 **해** 속으로 용해된다.

곧 뒤따르는 반(半) 투티는 두 <두 주간> 사이의 연결점(교차점, 산디)이다. 그 반 투티의 처음 반은 <달이 없는 날(그믐)>이고, 나중 반은 <다음(밝은) 두 주간의 첫날(초하루)>이다.

가끔은 <밝은 두 주간(들숨)>에 속한 부분으로 <새로운(어두운) 두 주간(날숨)>에 기인한 부분이 끼어드는데, 월식(月蝕, 들숨의 중단)이라고 한다. 이것은 기침, <의도적인 노력>, <의식적인 주의> 등으로 일어난다.

월식(月蝕, "달을 먹는")에서, 라후 즉 <마야의 아는 주체>는 - 그는 <지식의 대상(**달**)>과 떨어질 수도 있지만, 그것을 용해할 수는 없고 다만 가릴 뿐이다. - 프라나 **해** 안으로 흘러 들어가는 아파나 **달**의 암브로시아를 마신다.

이것은 상서로운 것인데, <아는 자(라후)>, <지식(해)>, <알려지는 것(달)>의 통합(한 점, 일직선)이 일어나는 순간이기 때문이다.

✍ 라후는 <악마적인 행성>으로 여겨지는, <달의 상승 교차점>이다. (달과 해가 이 지구를 중심으로 돌아간다고 여기고) 달의 궤도(백도)가 태양의 궤도(황도) 위로 오르며 겹치는 곳이다. 그 반대로 하강 교차점은 케투이다. 이들 교차점에서 "달을 먹는" 월식과 "해를 먹는" 일식(日蝕)이 일어난다. 인도는 이것을 아름다운 신화로써 그려낸다.

(위의 본문에서) "기침"이 나왔으니……

아비나바굽타의 그 '기침' 소리에 이제 우리도 기침(起寢)해야 하리라. 그리고 <호흡의 교차점>도 아니고, 그 '기침'도 아니지만, 비갸냐 바이라바는 권한다. **재채기가 일어날 때, 알아채라.** ⧗

그다음 <밝은 두 주간(들숨)> 동안, **의식** 형태의 **프라나**의 **해**는 점차로 **아파나**의 **달**을 채운다. 이 과정은 15 **투티**로 구성되는 만월(滿月, 보름달)이 될 때까지 이어진다.

이후 두 <두 주간>의 결합으로 앞에서 말했듯이 일식(日蝕) 등이 일어난다. 그러나 이것은 일상적인 결과를 준다.

✍ 이것은 <들숨의 과정>보다도 <날숨의 과정>이 더 중요하다는 것으로 보인다. **비갸나 바이라바**의 많은 방편 등이 말하듯이…… ⧖

☯

이제 년(年)의 일어남이다. (이제 **호흡의 한 번 움직임으로 일 년이 출현한다.**) <어두운 두 주간(낮, 날숨)>은 태양의 <북쪽 행로>이다. **염소**자리(마카라)에서 시작하여 **쌍둥이**자리(미투나)에서 끝나는 황도대에서, 한 별자리에서 새 달이 시작되는 다음 별자리까지는 6 **앙굴라** 거리다. 한 **앙굴라**는 5 **티티**로 구성되어 있고, **티티**에는 또한 낮과 밤의 구분이 있다. 똑같은 방식으로, <밝은 두 주간(밤, 들숨)>은 태양의 <남쪽 행로>이다.

✍ 황도 즉 호흡의 한쪽은 ① **마카라(염소**자리), ② **쿰바**(물병자리), ③ **미나**(물고기자리), ④ **메샤**(숫양자리), ⑤ **브리샤**(황소자리), ⑥ **미투나(쌍둥이**자리)이고, 다른 쪽은 ⑦ **카르카**(게자리), ⑧ **심하**(사자자리), ⑨ **칸야**(처녀자리), ⑩ **툴라**(천칭자리), ⑪ **브리슈치카**(전갈자리), ⑫ **다누**(궁수자리)다.

태양의 <북쪽 행로(날숨)>는 **영적 세계**에 좋고, <남쪽 행로(들숨)>는 물질세계에 좋은 것으로 여겨진다.

음력(陰曆) 일 년은 <12 별자리 × 6 앙굴라 = 72>와 <72 × 5 티티 = 360>으로, 360일이 되는 것 같다. <한 호흡의 원(圓)>도 360°이고. ⧗

<염소자리>로부터 시작하는 열두 별자리(변화)는 ① <잉태(孕胎)>, ② <태어나려는 의지>, ③ <출생 충동>, ④ <출산의 임박>, ⑤ <출산 과정의 시작>, ⑥ <출산>과 그다음 변화인 ⑦ <출생>, ⑧ <존재 (유지)>, ⑨ <성장(변형)>, ⑩ <성격의 변화>, ⑪ <노화(감소)>, ⑫ <죽음(용해)>이다.

황도대에 따른 이 특별한 기간에 행하는 의례는 적절한 결과를 준다. 닥샤에서 피타마하까지의 12 루드라는, 그들의 샥티와 더불어, <황도대의 열 두 별자리(달)를 관할하는 신성>이다. 이것이 <년(年)의 일어남>이다.

✍ 열두 달의 신성(루드라)은 닥샤, 찬다, 하라, 찬디, 프라마타, 비마, 만마타, 샤쿠니, 수마티, 난다, 고팔라카, 피타마하이다. ⧗

만약 호흡의 한 앙굴라를 60 티티(일)로 여기면, 그때 일 년은 한 별자리에서 다른 별자리로 가는 시간이 되고, 그러면 한번의 <들숨>과 <날숨>은 12 년이 된다.

호흡의 한 **앙굴라**를 300 **티티**로 여기면, 그때 한 **앙굴라**의 ⅑이 일 년이 되고, 그러면 앞서 말한 1 **차샤카**(1⅕ **앙굴라**)가 5 년으로, 그것이 한 별자리에서 다른 별자리로 가는 시간이다. 그러면 **한번의 <들숨>과 <날숨>은 60 년이 된다.** 이것은 **21,600 티티**(일)로, 보통의 인간이 하루에 호흡하는 횟수다. 60 년보다 많은 것은 다루지 않는데, 그것은 끝이 없기 때문이다.

✍ <한 호흡>이라는 시간은 보통 인간에서는 4초이지만, **요기**에서는 60년이 될 수도 있다. 우리는 지금 <시간의 상대성>을 다루고 있다. **우리가 쉽게 경험할 수 있는 <시간의 상대성(시간을 넘나드는 방법)>은 꿈속에서다.** 그러니 이 나의 삶을 하나의 꿈으로 보라. 그렇게 하려면 소위 이 현실이라는 것에서 많이 물러나야…… ⏳

<인간의 시간>와 <신들의 시간>은…… 천상의 12,000년은 네 **유가**로, 각각 4,000년, 3,000년, 2,000년, 1,000년이다. **크리타 유가**로 시작하며, **유가** 사이에는 여덟 개 교차점이 400년, 300년, 200년, 100년으로 있다.

✍ 성경의 베드로는 우리에게 신신당부를 한다. **"주께는 하루가 천 년 같고, 천 년이 하루 같다는 이 한 가지를 잊지 말라!"**

135

우리도 <그렇게 (생각하며)> 살 수는 없겠는가?

인도는 신들의 일 년은 인간의 12,000년이라고
한다. 이것은 **크리타**, **트레타**, **드와파라**, **칼리**의
네 **유가**인 10,000년이고, 나머지 2,000년은 여덟
개 교차점이다.
　이 교차점은 다음과 같이 계산한다고 한다.
　칼리의 마지막 100년을 **크리타**의 처음 400년에
더하여 첫 교차점은 500년이다. 유사하게 **크리타**와
트레타의 교차점은 400에 300을 더해 700년이고,
트레타와 **드와파라** 사이는 500년이고, **드와파라**와
칼리는 300년으로, 합은 2,000년이다.

　(신들은 평균 6일에 한 번씩 틈을 내는 것 같다.
천상에서는 한 주(週)가 6일? 우리만 7일이었나?
또 <탄력근로제>인가 뭔가 하는 것도 시행되었던
것도 같고…… 어쨌든 신들을 본받아야……) ⧖

　이 네 **유가**의 71번이 한 **만반타라**(**마누**의 나이)
이고, 이 **만반타라** 14번이 **브라흐마**의 하루이다.
브라흐마의 하루가 저물 때 세 세계가 <시간의 불
(**카알라-아그니**)>로 타게 되고, 위쪽 세 세계는 그
연기로 잠들고, 그 화염에 몰린 생명체는 **자나**라는
세계로 들어가 거기서 **프랄라야칼라**로 남는다.

✎ <세 세계>는 **부, 부와, 스와**이고, <위쪽 세 세계>는 **마하, 자나, 타파**다. ⧗

그러나 깨달은 **쿠슈만다, 하타카** 등은 **마하**라는 세계에서 **놀이**를 계속한다. <브라흐마의 밤>이 끝나면 그(브라흐마)는 다시 새로운 창조를 시작하고, <그런 날>로 이루어지는 그의 수명은 100 년이다. **브라흐마**의 100 년은 **비슈누**의 하루 낮이다. 밤도 똑같고, **비슈누**의 수명 또한 100 년이다.

비슈누의 수명은 **루드라** 세계의 **주**인 루드라의 하루 낮이다. 밤도 똑같고, 그의 해(年)도 위에서 말한 것과 같다. 100 년이 **루드라** 수명의 한계다. 그 마지막에 그는 **쉬바**와 하나가 된다. **루드라**의 100 년은 "**샤타(100)-루드라**"의 하루 낮이다. 밤도 똑같고, 그들의 수명도 100년이다. **샤타-루드라**가 죽을 때 <브라흐마 안다(알)>는 용해된다.

그러므로 **물**(水) **탓트와**에서 **아뱍타 탓트와**(물라-프라크리티)까지 <낮은 **탓트와**에 있는 **루드라**>의 수명은 <더 높은 **탓트와**에 사는 **루드라**>의 하루다.
<**흙**을 관할하는 **브라흐마**>와 <**물** 등의 **탓트와**를 관할하는 **루드라**들>은 - 그들의 관할하는 세계가 용해된다. - **아뱍탸 탓트와**(미현현 상태)에서 쉰다. 이 용해의 주체는 **슈리-칸타**이고, 이것은 중간적인

용해다. 파괴(용해)의 시간이 끝나면, 다시 새로운 창조가 시작된다. 그때 다른 경전을 따라 자유를 얻은 자들도 다시 창조된다. **슈리-칸타**의 수명은 **칸추카**에 거하는 **루드라**들의 하루다. 그들의 밤도 똑같다.

루드라의 수명은 **가하네샤**의 하루 낮이고, 밤도 똑같다. 밤 동안, 모든 것이 **마야** 속으로 용해되고, 그다음 **가하네샤**는 다시 창조한다.

아박탸의 수명은 10 **파라아르다**를 곱한 것인데 - **파라아르다**는 최고의 숫자로, 10경(京) 년이므로, 100경(京) 년을 말한다. - **마야**의 하루다. **마야**의 밤도 똑같고, **마야**의 밤은 **프랄라야**로 기술된다.

✎ 우리가 잘 아는 대로, **칸추카**는 여섯으로 곧 **니야티, 카알라, 라가, 비디아, 칼라**와 **마야**다.

<니야티(운명)의 사람들>의 100년이 곧 <카알라(시간)의 사람들>의 하루라고 한다. <운명에 매여 사는 사람들> 즉 <**자신의 삶의 모든 것을 사주팔자 탓으로** 여기거나, 혹은 하나님의 뜻이라며 **자신의 삶에 책임을 안 지려는 사람들**>의 100년(평생)은 <시간에 잡혀 사는 사람들> 즉 <너무 바빠 명상할 시간이 없다거나, 혹은 죽으면 천국 가기 때문에 "이 세상의 것(시간을 포함)"은 아무것도 아니라는 사람들>의 하루일지도 모른다.

니야티는 보통 <운명>이라고 번역한다. 그리고 (독자와 필자 모두의 이 귀한 시간에) 항상 <필자의 의도>를 생각해 보라. 어떤 선사의 말이 생각난다.

오늘은 다시 오지 않으니
매분 매초가 보석 같으며
지금은 결코 오지 않나니
순간, 순간이 황금입니다!

똑같은 식으로, 그런 <카알라의 100년>은 <라가 (집착)의 하루>이고, 또 <라가의 100년>은 <비디아 (제한된 지식)의 하루>, <비디아의 100년>은 <칼라 (제한된 행위)의 하루>, <칼라의 100년>은 <마야의 하루>다. ⌛

이 마야의 수명에 100 파라아르다를 곱한 것이 이슈와라의 하루 낮이 되고, 거기서 프라나는 자갓 (우주)을 창조한다. 밤도 똑같고, 그동안 프라나는 흡수된다. 프라나가 브라흐마의 동굴에서 멈추고, 알아채는 일(의식)이 그에게 있더라도, 여전히 어떤 형태의 연속이 지속된다.

이슈와라의 수명에 100 파라아르다를 곱한 것이 사다-쉬바의 하루이고, 밤도 똑같고, 사다-쉬바의 밤은 마하-프랄라야이다.

사다-쉬바는 그 밤의 끝에 빈두, 아르다-찬드라, 니로디카를 통해 나다 속으로 용해되고, 또 나다는 샥티 속으로, 샥티는 비야피니 속으로, 비야피니는 아나슈리타 쉬바 속으로 용해된다.

샥티의 하루에 10,000,000 파라아르다를 곱한 것이 아나슈리타 쉬바의 하루다. 아나슈리타 쉬바는 사마나에서 쉬고, 이 사마나의 평형(平衡)이 곧 브라흐마다. 이 평형의 상태로부터 - 마음의 가장 미묘한 상태로, 그것은 변화(變化) 너머다. - 앞서 말한 이 모든 "시간의 변화"와 그들의 용해가 마치 눈꺼풀의 닫힘(니메샤)과 열림(운메샤)처럼 <시간의 바퀴>로 돌아간다.

<수(數) 단위>의 순서는 다음과 같다.

1 (에카, 일, 一)
10 (다샤, 십, 十)
10 × 10 (샤타, 백, 百)
100 × 10 (사하스라, 천, 千)
1,000 × 10 (아유타, 만, 萬)
10,000 × 10 (락샤, 십만, 十萬)
100,000 × 10 (니유타, 백만, 百萬)
1,000,000 × 10 (코티, 천만, 千萬)
10,000,000 × 10 (아르부다, 억, 億)

100,000,000×10 (브린다, 십억, 十億)

1,000,000,000×10 (카르와, 백억, 百億)

10,000,000,000×10 (니카르와, 천억, 千億)

100,000,000,000×10 (파드마, 조, 兆)

1,000,000,000,000×10 (샹쿠, 십조, 十兆)

10,000,000,000,000×10 (사무드라, 백조, 百兆)

100,000,000,000,000×10 (안탸, 천조, 千兆)

1,000,000,000,000,000×10 (마드야, 경, 京)

10,000,000,000,000,000×10 (파라아르다, 십경)

그러므로 <아래에 오는 수>는 <앞의 수>의 10배이다. 그 전체는 18가지로, **파라아르다**가 <최고의 단위>이다.

✎ <공상(空想)에 능한 사람들>은 경(京) 다음에 <해, 자, 양, 구, 간, 정, 재, 극……>을 만들었다. 십경도 많다. 9경(京)만 잘 구경해도 구경(究竟)에 충분히 이를 수…… 본문에서 그 쓰임을 보라. ⧗

무수한 창조와 용해는, 한 호흡에 담겨진 거대한 창조로 보인다. 그 호흡은 (수행자의) **의식** 안에 거하고, 그 **의식**은 <(현현의) 속성(**우파디**)>에 거하고, 그 속성은 <**순수한 의식**> 안에서 쉰다. 사실, 그 <**순수한 의식**의 외적인 **진동(스판다)**이 <시간의 형태>로 출현한 것이다. 그러므로 시간에 관련한,

141

꿈과 상상에서 일어나는, 이 다양성은 어떤 모순도 없다.

✍ <생명의 힘(프라나, 생기)>이 일으키는 창조와 용해는 아주 다양하다. 그 <생명 에너지>의 본질은 <진동하는 무엇(스판다)>으로 그것으로부터 시간과 그 구분이 출현한다. **시간은 전혀 절대적이지 않고 상대적이다.** 시간은 **주**의 자유 의지에 그 기초를 두고 있다. **<의식의 진동 때문에> 미세한 순간은** 다양하게 되고, **고도의 확장적인 것으로** (우리에게 **충분히) 경험될 수 있다.** ⌛

<시간의 출현>이 **프라나**(상승하는 숨)에서 일어나듯이, 똑같은 식으로 **아파나**(하강하는 숨)에서도 일어나는데, 가슴에서부터 **물라다라**(항문)까지다.

여섯 **카라나**(원인의 신성)인 **브라흐마, 비슈누, 루드라, 이슈와라, 사다-쉬바, 아나슈리타-쉬바**가 가슴, 목, 구개(입천장), 앞이마, **브라흐마란드라, 드와다샨타**에 거한다. 똑같은 식으로 **아파나**에서는 가슴, 구근, <성기의 수축과 확장>, **물라다라** 즉 **드와다샨타**에 거하면서, 유년, 청년, 노년, 죽음, 재(再)-출생, 자유를 관할한다.

✍ **드와다샨타**는 두 가지로, 하나는 **쉬바**와 관련된 것으로 **브라흐마란드라** 위에 있고, 다른 것은 **샥티**와 관련된 것으로 **물라다라**에 있다.

여섯 <원인의 신성(카라나-샥타)>은 오름차순과 내림차순으로 각 중추에 거한다. 그들은 생의 다른 단계에서 기능하고, 마지막은 **목샤**를 준다. ⧗

☯

이제 **사마나**에서 <시간의 출현>이다.

사마나는 가슴에서 열 **나디**를 따라 균형으로 몸 전체를 흐른다. **사마나**는 여덟 방향으로 흐르면서 <팔방을 관할하는 신성>의 활동을 모방하고, 위와 아래로 세 개의 주요 **나디**를 따라 움직인다.

✎ <열 **나디**(통로)>는 배꼽(나비)에서 나오더라도 가슴에서 현현한다. **이다**, **핑갈라**, **수슘나**, **간다리**, **하스티지바**, **야샤스비니**, **푸샤**, **알람부사**, **쿠후**, **샹키니**다.

<방향을 관할하는 신성>은 열인데, **인드라**(동), **아그니**(동남), **야마**(남), **나이르리탸**(남서), **바루나**(서), **바유**(서북), **소마**(**쿠베라**, 북), **이샤나**(북동)의 여덟과 **우르드바**(상), **아도**(하)의 둘이다. 이들은 그 순서대로 돈다고 하며, 그 결과로 제한된 영혼은 이들 신성의 성격에 따라, 가끔은 나약하고, 가끔은 거만하고, 슬프고, 고조되고, 행복하다.

<세 개의 주요 **나디**>는 **이다**, **핑갈라**, **수슘나**다.

척추 내부에서, **이다**는 왼쪽에, **핑갈라**는 오른쪽에, **수슘나**는 가운데에 위치한다고 여겨진다. **이다**는 **달**, **핑갈라**는 **해**, **수슘나**는 **불**을 나타낸다. 생명의 대기 **사마나**가 이 세 주요 통로를 따라 움직일 때, 그것들은 **달**, **해**, **불**의 성격을 떠맡는다. ⧗

그래서 춘분(春分) 동틀 때 그것은 중앙 통로를 따라 1¼ **가티카**(30분) 동안 외부로 움직인다. 그 다음 호흡수가 900일 때마다, 황도대의 별자리에서 다른 쪽으로, 왼쪽으로, 오른쪽으로, 왼쪽으로, 오른쪽으로, 왼쪽으로 움직인다. 그래서 황도대의 다섯 통과가 있다.

✍ 한 호흡이 4초이므로 900회는 60분으로, 2½ **가티카**이다.

춘분 오전 6시 30분에서 7시까지 **사마나** 호흡이 중앙 통로(**수슘나**)를 통해 일어난다. (이 반시간은 숫양자리의 15-30°에 해당한다.) 그 뒤에 그것은 한 시간씩 왼쪽과 오른쪽을 번갈고, 황도대의 다섯 별자리를 통과하여 정오가 된다. (이는 천칭자리에 해당한다.)

오후 6시에 **사마나** 호흡은 **수슘나**로 돌아와 30분 동안 머문다. (이것은 숫양자리의 1-15°에 해당한다.) 곧이어 다른 주기가 시작된다.

<황도대의 별자리> 그림은 **인터넷**에서…… ⧗

그 다섯 별자리를 지나면, 정오에 추분(秋分)을 지나게 되고, 다시 호흡수가 900일 때마다 호흡이 오른쪽으로, 왼쪽으로, 오른쪽으로, 왼쪽으로, 오른쪽으로 움직인다.

이는 밤 동안도 일어나므로, 춘, 추분(비슈밧)의 낮과 밤 동안에는 각각 12 개의 통과(산크란티)가 있다. 낮 시간의 증감에 따라서 통과하는 시간도 증감이 있다. **사마나**의 한 호흡은, 들숨과 날숨에서 자유롭기 때문에 2년이 일어나며, 앞에서 기술한 경우와 같이 12년도 일어난다.

우다나(수직) 호흡에서는 그 움직임이 (**브라흐마 란드라** 위의) **드바다샨타**까지 일어나며, 시간은 <**의식**의 미묘한 진동>의 성격이고, **사마나** 호흡의 것과 같은 방법이 따른다.

반면 **비아나** 호흡에서는 그것이 편재(遍在)하여, 순차(연속)에서 자유롭고, 시간의 출현은 <**의식**의 더욱 미묘한 진동>이다.

❧   ❧   ❧

이제 <**바르나**(음소 소리)의 출현>을 설명한다.

반(半) 프라하라(90분)에 한 **바르가**가 일어나고, 주야평분시의 낮과 밤에는 똑같은 수의 **바르가**가 일어난다. **각 문자(음소)는 216 호흡을 지속하므로, 36 차샤카**(14분 24초)가 출현한다.

✍ 산스크리트 알파벳은 모음의 <a> **바르가**와 자음의 <ka>, <ca>, <ṭa>, <ta>, <pa>, <ya>, <śa> **바르가**로, 보통 8 행(行, **바르가**)으로 본다.
한 **바르가**에 1,350 호흡이 지속되면,
4초 × 1,350 = 90분으로,
호흡에서 8 행이 일어나려면 12시간이 걸린다.
각 문자가 216 호흡을 지속하면,
216 호흡 × 50 문자 = 10,800 호흡으로,
이것은 24시간 호흡(21,600회)의 반이다. ⧗

이것은 <음소의 출현>으로, 어떤 노력도 없이, 저절로 일어나는 것이다. 반면 **만트라**는 노력으로 일어나는 것이다.
밤낮으로 꾸준히 만트라를 생각하는 이는 단순히 이 **만트라**를 생각하는 것으로, 자동적으로 **그 안에 내재한 신성과 자신을 동일시하게 되는데**, 이것은 마치 물을 끌어오는 데는 물받이 하나하나를 생각하지 않고 그냥 물방아(水車) 바퀴를 돌리는 것으로 물을 긷는 것과 같다.

만트라의 음절 수(數)는 호흡의 횟수로 해석된다. **음절의 수가 두 배가 되면, 호흡의 수는 반이 된다.** 같은 방법을 따르면, <108 음절로 된 **만트라**>와 관련한 호흡은 200회가 된다.

이 방법을 따르면, 거친 것이든 미묘한 것이든, <호흡의 움직임 안에서 쉴 수 있는 수행자>는, 그 호흡이 미세해지는 동안, 즉 **시간의 모든 개념을 자신 안으로 용해할 때,** 모든 것을 <**신성(의식)의 놀라운 놀이**>로 경험한다.

✍ 단음절의 **만트라**("옴", "소")의 경우는 하루에 21,600번 호흡이 있고, 2음절인 경우는 10,800회, 3음절인 경우는 7,200회…… 108음절인 경우에는 200회 있다. 이 경우 호흡을 제어하여, 각 호흡을 432초(7분 12초) 동안 지속한다. 더 많은 음절의 만트라도 같은 식이다.

아비나바굽타는 탄트라 알로카 7장 3-22절에서 쿤달리니의 상승을 <느려지는 호흡>의 수행과 관련 짓는다. (**뱀과 얼나 이야기**에서 다루었다.)

하타 요가가 바퀴(차크라)에 집중하는 것을 추천하는 반면에, 트리카는 호흡에만 집중하도록 한다. 바퀴(중추)의 자극이란 자동적으로 <정화된 호흡의 움직임>을 따르기 때문이다. 마치 **소로 물방아를 돌려 논밭에 물을 대는 저 농부처럼,** 그는 물방아

바퀴를 돌리는 **소**에만 관심이 있을 뿐, 물방아의 물받이에 물이 채워지거나 비워지는 것에 대해서는 걱정하지 않는다. 똑같이 **오로지 <호흡에 집중하는 일>**은 중추(바퀴)와 관련된 경험의 자동적인 연속을 유발하는 데 충분하다. 그것은 중추를 통해 흐르는 의식적인 에너지에 비례한다.

이 일을 위해 **요기**는 **호흡하는 시간을 길게 하는 것으로** 서서히 호흡의 수를 줄인다. 그의 **호흡이 아주 미묘하게(정지하게?) 되었을 때**…… ⧗

시간이 구분되는 것은 <(우리의) 지식의 구분>이 원인이지, 알려질 수 있는 대상의 구분이 원인이 아니다. 그것은 <산 위에서 저 아래를 보는 자의 지식>과 같다. **한** "**크샤나**(찰나, 刹那, 순간, **<눈의 한 번 깜빡임>**)"는 한 **<지식의 행위>가 지속되는 기간이다. 생명체(프라나)가 한 번 깜박이는 동안 오직 한 <생각(지식)의 행위>만 존재한다.** 이것은 옳은 말이다. 그렇지 않으면 한 <생각의 지식>은 그 말들의 연속적인 연상 때문에 "하나"인 것으로 여겨질 수 없다. 이는 **마트라**에서도 사실이다. 그것 또한 연속적이다.

파니니가 말했듯이 "단모음(한 **마트라**)의 ½까지 확장되는 **스와리타**(낮은 **악센트**) 모음의 첫 부분은 **우닷타**(높은 **악센트**)이다."

그래서 <호흡의 다른 움직임>이 일어나기까지, 지식(생각)은 하나다. 우리가 81 **파다**(미세 구분)의 기억으로 찬양을 할 때, 거기에는 **파라메슈와라**에 관한 하나의 생각(비칼파)만 남는다. 다양한 신성의 속성들은 시간(時間) 속에 삼켜지고, <모든 **생각이 자유로운 지식(인식, 의식)의 한 형태**>가 된다.

✎ 산스크리트의 고저(高低) 악센트에는 **우닷타, 안-우닷타, 스와리타**가 있다. 강세(强勢) 악센트가 성대 진폭의 대소로 인한 것이라면, 고저 악센트는 성대의 진동수의 다소로 나타나며, 진동수가 많을수록 높은 소리가 난다.

파니니의 말의 인용한 것은, 만약 <호흡 행위>가 **측정단위가 되지 않으면** - 고저(高低)로 인한 분별하는 것(측정)이 있지 않으면, 저 성경의 <바벨탑의 비극>이……

<호흡의 다른 움직임>이 일어나기까지, 즉 <다른 호흡적인 행위>가 일어날 때까지, 한 지식(인식)은 고유한 형태로 남는다.

<81 **파다**>는 81 가지 <**반(半) 마트라**>로, 단모음 다섯의 10, 장모음 여덟의 32, **플루타**(Ī, ऌ)의 6, 자음의 33이다.

산스크리트 알파벳 등에 관한 자세한 것은 **파라 트리쉬카**를 참조하라. ⧗

<호흡이 일어나는 것에서 시간의 길 전체를 보는 일>은, <그 안에서 수많은 창조와 용해의 다양성을 세는 일>은, <주는 나 자신 외에는 아무것도 아니라고 인식하는 일>은, 나 **자신이 이미 해방된 것을 경험하는 일이다.**

자신의 호흡(呼吸)을 가만히 보노라면
이는 의식(意識)과 다르지 않나니
창조, 유지, 용해의 시간(時間) 너머로
사람은 바이라바와 하나가 되리라

[<느린 호흡의 동물(코끼리 등)>이 <빠른 호흡의 동물(개 등)>보다 오래 산다는 것은 잘 알려진 사실이다. 또 <느린 호흡>을 하려면 심호흡(深呼吸)을 하는 것이 좋고, 또 심호흡에서는 당연히 (내쉬는) 한숨이 더 중요하고…….

자, 이제 또 **탄트라**가 소개하는 엄청난 <공간의 길>을 가려면 숨 한 번 크게 내쉬고……]

제 7 장
공간의 길

신성의 **샥티**로 생긴 <공간의 길(데샤-아드와)> 전체는 엄청난 형태를 창조하고, **의식** 안에서 쉰다. 이 길 전체는 <**의식**을 통해> **공**(空, **순야**, 제한된 의식), 지성(**붓디**), **프라나**, **나디-차크라**(기맥-바퀴)와 이차 바퀴(이차적인 중추)로 확장되고, 그다음 몸에서 외부적으로 **링가**, 제단, <신성의 이미지> 등까지다.

✍ **신성**의 <**행위의 힘**(크리야 샥티)>은 시간과 공간을 "길"로 나타낸다. <**공간의 길**>은 **공**, 지성, 제단, 이미지 등의 <실질적이 아닌 것과 실질적인 형태>를 통합하고 가로지르는 수단이다. 이런 다양함에도 불구하고 이 모든 것은 **의식** 안에 있는 것이고, **의식 안에서 쉼터**(비슈란티)를 가진다.

그 길의 모든 형태는 <**의식**을 통해> 안과 밖으로 빛난다. 이것이 그것들이 창조되고 현현되는 방식이다. **의식**은 그 **절대 자유**로 <주체>와 <대상> 둘 다로 빛난다. 대상들은, 주체와 다르지 않더라도, 다른 것처럼 보인다. ⧖

이 길의 용해(溶解, **라야**)를 통해, 모든 것을 몸 안으로 용해하고, 그다음 몸에서 **프라나** 안으로, 프라나에서 **붓디**(지성)로, **붓디**에서 **공**(순야)으로, **공**에서 **의식** 안으로 용해한다. 이런 식으로 사람은 자신을 **의식**(意識)으로 느끼게 된다.

<36 탓트와의 진정한 진리를 아는 자>는 자신을 <모든 것을 초월하고 모든 것에 내재하는> **파라마-쉬바로 경험한다**. 그렇지 않으면, 사람은 <마야의 영역을 관할하는 신성들>인 **브라흐마**, **비슈누** 같은 알려질 수 있는 부분을 <최고의 것>으로 여긴다.

✍ 수행자는 <흙에 거한다는 **카알라-아그니**에서 최고의 **아나슈리타-쉬바**까지의 모든 것을 인식하는 것>과 <그것들을 **나-의식** 안에 통합하는 것>으로 **바이라바**의 본성을 얻는다.

비갸나 바이라바는 말한다.

사랑하는 자여!
모든 것을 포함하라. ⧗

이런 식으로, 사람은 <**프라크리야**(전통적 해석)의 지식>과 아주 친숙해져야 한다. "**프라크리야**보다 우월한 지식은 없다."고 한다.

✎ 이 **우주**는 <가장 미세한 것(칼라)>, <미세한 것(탓트와)>, <거친 것(부와나)>으로 되어 있다.

프라탸비갸 흐리다얌과 또 **파라 트리쉬카**에서도 다룬 것이다.

① **니브릿티 칼라(프리트비 안다)** :
　　프리트비(흙) 탓트와로만 구성되고,
　　16 **부와나(세계)**를 가진다.
　　카알라-아그니 루드라 부와나라고도 한다.
② **프라티슈타 칼라(프라크리티 안다)** :
　　아파스(물)에서 **프라크리티**까지 23 **탓트와**로,
　　56 **부와나**를 가진다.
③ **비디아 칼라(마야 안다)** :
　　푸루샤에서 **마야**까지 7 **탓트와**로,
　　28 **부와나**를 가진다.
④ **샨타 칼라(샥티 안다)** :
　　슛다 비디아에서 **샥티**까지 4 **탓트와**로,
　　18 **부와나**를 가진다.
⑤ **샨타티타 칼라(아눗타라)** :
　　쉬바 탓트와 하나이고, **부와나**는 없다.

　　위와 같이 **칼라**는 <다섯>, **탓트와**는 <36>이며,
　　부와나는 < 16 + 56 + 28 + 18 = 118 >이다.
　　파라마-쉬바는 모든 **칼라**를 초월한다. ⌛

다음은 프라크리야의 요약이다.

<공간의 길>에서 흙(프리트비) 탓트와는 10 억 요자나까지 확장되고(한 요자나는 약 12~15 km), <브라흐마 안다("브라흐마의 알")>로 알려진 영역이다.

그 안에 카알라-아그니 루드라의 것들로 알려진 많은 세계가 있다. 소위 하계(下界)와 지상계, 중간계, 천상계인 <브라흐마의 세계>가 있고, 그 바깥에는 백(百) 루드라의 세계가 있다.

브라흐마의 세계는 그 수(數)가 무한하다.

✍ 상하와 팔방의 "열 방향의 수호신"이 있고, 한 주신(主神)과 아홉 수행 신으로 구성되며, 전체 수가 100이므로 "백(百) 루드라"라고 한다.

트리카 체계는 각 탓트와로 만들어지고 지배되는 무한한 수(數)의 "세계"를 제시하고 있다. 그러므로 <트리카 체계 입문이 아닌 수행으로, 완전(完全)의 낮은 형태를 성취한 사람>은 특정한 세계의 기쁨과 고통을 경험하기에 알맞은 몸과 감각기관을 받고 태어나고, 마지막에는 <주와의 동일성>을 얻을지도 모른다.

모든 세계는 그 세계의 주라 칭하는 관할 신성이 있다. ⧗

물(잘라, 아파스) 탓트와는 **흙** 탓트와보다 10 배가 더 크다. 이런 식으로, **물**, **불**(테자스, 아그니), **바람**(바유), 아카샤와 또 <다섯 탄마트라>, <다섯 운동기관>, <다섯 감각기관>, 마나스, 아함카라의 각 **탓트와**는 그 앞의 **탓트와**보다 10 배 더 크다.

붓디(지성)는 **아함카라**보다 100 배가 더 크고, **프라크리티**는 **붓디**보다 1,000 배나 더 크다.

이것이 **프라크리티**의 세계(프라크리티 안다)의 크기이다. **프라크리티**의 세계도 **브라흐마**의 세계와 같이 그 수가 무한하다.

푸루샤는 **프라크리티**보다 10,000 배가 더 크고, **니야티**(운명)는 **푸루샤**보다 100,000 배가 더 크다. 또한 **카알라**(시간), **라가**(집착), **비디아**(지식), **칼라** (부분)는 각각 앞의 것보다 100,000 배가 더 크다. **마야**는 **칼라**보다 10,000,000 배가 더 크다.

이것은 **마야**의 세계(마야 안다)다.

슛다 비디아는 **마야**보다 100,000,000 배 크고, **이슈와라**는 **슛다 비디아**보다 1,000,000,000 배가, **사다-쉬바**는 **이슈와라**보다 10,000,000,000 배가 크고, **샥티**는 **사다-쉬바**의 1,000,000,000 배이다.

이것은 **샥티**의 세계(샥티 안다)다.

이 샥티가 내적, 외적으로 전 우주로 스며들어 편재(遍在)할 때, 비아피니라고 부른다. 뒤따르는 탓트와는 앞 탓트와의 "싸개"로 존재한다. 다음의 것은 <스며들게 하는 자(비아파카)>고, 앞의 것은 <스며들어 있는 것(비아퍄)>이다. 샥티로 끝나는 모든 길은 쉬바로 스며든다.

쉬바 탓트와는 측정할 수 없고, 여섯 가지 모든 길을 초월하고 또 편재한다.

그런 탓트와에 존재하는 세계(부와나)의 주(主)들 또한 이 세상에서 처소(성소)를 가지는데, 그 수준에서 죽은 자들은 그 주에 의해 그들만의 세계로 떠밀린다. 그런 다음 더 나은 입문을 통해 더 높은 영역으로 이끌린다.

"① 카알라-아그니, ② 쿠슈만다는 지옥의 주, ③ 하타카는 하계(下界)의 주, ④ 쉬바는 지상의 주, ⑤ 브라흐마는 일곱 지역(로카)의 주, 이들은 브라흐마의 세계 안에 거하는 다섯 루드라이다.

백(百) 루드라의 열한 세계의 주는 ⑥ 아난타, ⑦ 카팔리샤, ⑧ 아그니-루드라, ⑨ 야마, ⑩ 나이르리타, ⑪ 발라, ⑫ 쉬그라, ⑬ 니디-이슈와라, ⑭ 사르바비디아-디파, ⑮ 샴부, ⑯ 비라-바드라이다.

이들은 모두 니브릿티 칼라인 프리트비 안다에 있다.

✍ 위 <주의 이름> 등은 다소 다를지도 모른다.

하여튼 기독교의 사도 바울은 **"셋째 하늘"**을 말하고, 또 불교는 **"아비지옥"** 등을 말한다.

비야사는 **요가 수트라** 3:26의 주석에서 **세계** 즉 **"부와나"**를 다음의 일곱으로(만) 요약한다.

[1] <**천상**(天上) 세계(스와르-로카)>
  (1) 브라흐마의 세계(브라흐마-로카)
    1) ❶ 진리(**사탸**)의 세계(**사탸**-로카)
    2) ❷ 명상(**타파스**)의 세계(**타파르**-로카)
    3) ❸ 자나의 세계(**자나**-로카)
  (2) ❹ 프라자파티의 세계(마하르-로카)
  (3) ❺ 마하-인드라의 세계(마헨드라-로카)
[2] ❻ <중간(中間) 세계(부와르-로카, 안타릭샤)>
[3] ❼ <**지상**(地上) 세계(부르-로카)>
  <지상 세계>는 메루산에서 **아비지옥**(아비치)까지이고, 더 낮은 곳에 **하계**(下界)가 있다. ⧖

  ① 라쿨린, ② 바라부티, ③ 딘딘, ④ 아샤딘, ⑤ 푸슈카라, ⑥ 나이미샤, ⑦ 프라바사, ⑧ 아마레샤는 **물의 주**이고,

  ① 바이라바, ② 케다라, ③ 마하-칼라, ④ 마드야마, ⑤ 암라티케샤, ⑥ 잘페샤, ⑦ 슈리-샤일라, ⑧ 하린두는 **불의 주이다.**

① 비메슈와라, ② 마헨드라, ③ 앗타하사, ④ 비말레슈와라, ⑤ 카나칼라, ⑥ 나칼라, ⑦ 쿠루-크세트라, ⑧ 가야는 **바람의 주이고,**

① 스타누, ② 스바르나-크샤카, ③ 바드라, ④ 고카르나카, ⑤ 마하-라야, ⑥ 아비묵티-이샤, ⑦ 루드라코티, ⑧ 암바라파다는 아카샤의 **주이다.**

① 스툴라, ② 스툴라-이슈와라, ③ 샹쿠카르나, ④ 카알란자라, ⑤ 만달라-이슈와라, ⑥ 마코타, ⑦ 두란다, ⑧ 차갈란다카는 아함카라 탓트와에 **남는다.**

(혹은 감각기관과 미묘한 요소들은 아함카라에 위치한다고 한다.)

붓디 탓트와에는 여덟 세계와 **여덟 신성**이 있다.
① 피샤차, ② 락샤사, ③ 약샤, ④ 간다르바, ⑤ 인드라, ⑥ 소마, ⑦ 프라자파티, ⑧ 브라흐마.

프라크리티에도 여덟 세계와 **여덟 신성**이 있다.
① 아크리타, ② 크리타, ③ 바이바와, ④ 브라흐마, ⑤ 바이슈나바, ⑥ 카우마라, ⑦ 아우마(즉 "우마에 속하는"), ⑧ 스라이칸타(즉 "슈리-칸타에 속하는")이다.

✍ 크세마라자는 금욕을 수행한 이는 **아크리타** 세계를 얻고, **카르마 요가**를 수행한 이들은 **크리타** 세계에 이른다고 한다. 유사하게, **니르마나-요가**를 수행한 이들은 **리부스**의 세계로 가며, <**푸루샤가 유일한 우주 영혼**>이라는 확신으로 수행한 이들은 **브라흐마**의 거처를 얻는다. **비슈누** 전통을 따라서 엄격히 수행한 이들은 마지막 휴식처로 **비슈누**의 세계를 얻으며, **브라흐마차리야**를 수행한 이들은 **카우마라**의 거처로 간다. **아우마**와 **슈라이칸타**는 **샤이바** 교설을 따라 수행한 이들의 거처다. ⧗

프라티슈타 칼라인 프라크리티 안다에는 <56 세계(부와나)>가 있다.
(**여덟 신성**의 일곱 무리가 있다. "8 × 7 = 56")

푸루샤 탓트와에는 여섯 세계가 있고,
니야티, <(**불순한**) 비디아>, 칼라에는 각각 두 세계가, 카알라는 셋, 라가는 다섯, 마야는 여덟이 있다.
푸루샤에서 마야까지의 비디아 칼라(마야 안다)에는 <28 세계>가 있다.

✍ 푸루샤의 **여섯 세계**는 ① 바마, ② 비마, ③ 우그라, ④ 바와, ⑤ 이샤(이슈와라), ⑥ 비라이고

니야티의 세계는 ① 수라, ② 판찬타가 있고,

카알라는 ① 에카-비라, ② 쉬키, ③ 슈리칸타,

라가에는 ① 프라찬다, ② 마다바, ③ 아자, ④ 아난타, ⑤ 에카-쉬바,

<(불순한) 비디아>에는 ① 크로데샤, ② 찬다,

칼라에는 ① 삼바르타, ② 죠티가 있다.

마야의 **여덟**은 ① 마하-테자스, ② 바마데바, ③ 바보드바와, ④ 에카-핑게-크샤나, ⑤ 이샤나, ⑥ 부와네샤, ⑦ 푸라사라, ⑧ 앙구슈타마트라이다. ⏳

숫다 비디아에는 **다섯** 세계가 있고,

이슈와라는 여덟이고,

사다-쉬바는 **다섯** 세계가 있다.

샨타 칼라(샥티 안다)는 <18 세계>가 있다."

✍ 숫다 비디아의 **다섯**은 ① 할라할라-루드라, ② 크로다, ③ 암비카, ④ 아고라, ⑤ 야마,

이슈와라(비디아-이슈와라)의 **여덟**은 ① 아고라, ② 파라마-아고라, ③ 고라-루파, ④ 고라-나나, ⑤ 비마, ⑥ 비샤나, ⑦ 바마나, ⑧ 피바나,

사다-쉬바의 **다섯**은 ① 라우드리, ② 제슈타, ③ 바마, ④ 샥티, ⑤ 사다쉬바이다.

모든 **탓트와**는 <미묘한 요소(칼라)>로 구성되어 있고, ① **니브릿티**, ② **프라티슈타**, ③ **비디아**, ④ **샨타**, ⑤ **샨타-티타**라고 부른다. **니브릿티** 칼라의 세계의 수는 16이고, **프라티슈타**는 56, **비디아**는 28, **샨타**는 18, **샨타티타**는 없다. 그러므로 다섯 칼라 전체는 <118 세계(부와나)>이다. ⏳

육체, 프라나, 지성, 공(空, 순야)
이 모든 <공간의 길>을
의식 안에 용해하는 자는
<바이라바의 완전>을 얻으리라

    ☯   ☯   ☯

✍ 엄청난 공간의 세계다. <"은하계"라는 입자로 이루어진 은하계(우주 공간)>를 말하는 것도 같다.

그러나 우리는 <우리가 쉽게(?) 경험할 수 공간(하늘)>을 예로 들자.

다음은 한 젊은 비행사(John Gillespie Magee, Jr.)가 그의 **고공비행 경험**을 고백한 것이다. 그는 이 시 <High Flight>를 쓴 몇 달 뒤에 비행사고로 죽었다고 한다.

높이 날아올라

아, 나 단단히 얽힌 **땅** 위를 미끄러져
웃음 짓는 은빛 날개로 **하늘**을 춤추었네
태양을 향해 오르며 곡예마냥 환호했지
햇빛을 가르는 **구름**, 온갖 것 만들고

너, 알지 못했지, 구르고 솟구치는 **움직임**을
햇빛 비치는 침묵의 고공(高空), 거기 멈추어
나, **소리치는 바람을 뒤쫓고** 또 던져졌나니
발 없는 궁창(穹蒼)을 달리는 내 열망이여

저 불타며 유혹하는 망망의 **창공** 위로, 위로
나, **바람이 이끄는 대로** 올랐나니 은혜로라
종달새 얼씬 못하고 독수리도 날지 못하는 곳

잠시, **침묵이 이 마음을 들어 올렸을 때**
저 높은 허공의 범접할 수 없는 신성함이여
나, 손 내밀어 신(神)의 얼굴에 **닿았노라**

필자는 이 시를 괌의 한 바닷가 시비(詩碑)에서
처음 읽었다. (약간 고쳐 옮겼다.)

고공비행(高空飛行)이라면 **"가장 높이 나는 새가 가장 멀리 본다!"**는 저 리처드 바크의 <**갈매기의 꿈**>이 - 최근 4부로 된 것을 추천! - 생각난다.

그러나 여기서는 종달새와 독수리보다도 더 큰 덩치(와 날개)를 가진 "비행기"의 - 아주 무거울 것이다! 우리가 타는 여객기는 말할 것도 없고…… - 비상(飛翔)과 비행(飛行)에 초점을 맞추자.

장자는 말한다.

風之積也不厚(풍지적야불후)
則其負大翼也無力(측기부대익야무력)

바람이 충분하지 못하면
큰 날개를 띄울 힘이 없습니다

위의 시인은 고백한다.

나, 소리치는 바람을 뒤쫓고 또 던져졌나니

나, 바람이 이끄는 대로 올랐나니 **은혜**로라

장자는 말한다.

163

"온갖 것에 <바람>을 다르게 불어 넣으니
제각기 특유의 **소리**를 내고 있지.
그러나 <**바람**("숨")>**이 멈추면**
그 모든 구멍("입")은 조용해진다네.
모두들 자신이 **소리**를 내고 있다고 여기지만
<**소리를 나게 하는 것**>은 무엇이겠는가?"

현대의 고도의 물질문명을 살아가는 우리 세대는
누가 뭐래도, <그런 면>에서는 <**신**(神)**의 경험**>을
하기 좋은 시대를 살고 있다. 단지 그것을 **잘 느낄
수 있는 준비된 마음만 있다면**……

혹시 아는가? 저 먼 우주공간으로 나간 누군가는
우리에게 또 다른 <**신**(神)**나는 메시지**>를 선사할
지…… **꿈**과 **환상**(幻像)으로라도 말이다.

저 <브두엘("하나님의 정교함")의 아들> 선지자
요엘("여호와 즉 야훼가 하나님이시다.")은 일찍이
예언(豫言)했다.
(이것은 신약에서는 <**성령 강림**>이라는 엄청난
사건으로 다루고, 이 책에서는 제 11 장에서 "**샥티
파타 곧 <성령 받음**>"으로 다룬다. 아주 중요한 것
이고, **실제로 가장 중요한 것이다!!!**)

And afterward,

I will pour out my Spirit on all people.

Your sons and daughters will prophesy,

your old men will dream **dreams,**

your young men will see **visions.**

그 후에

내가 내 영(靈)을 만민(萬民)에게 부어 주리니

너희 자녀들은 장래(將來) 일을 말할 것이며

너희 늙은이는 **꿈**을 꾸며

너희 젊은이는 **환상(幻像)**을 볼 것이며

그러나 <영적(靈的)이지 못한 이들>은 그 자신이 꾸는 **꿈**조차도 믿지 않으며, 별 가치 없는 것으로 여긴다. 오직 <눈에 보이고, 만질 수 있는 세계>만 확실한 것으로 생각한다. **그들은 <의식 세계>에서 일어난 <객관적 사실>만 인정하고, <무의식 세계>에서 만나는 <주관적 진실>에는** — 그것이 사실은 더 깊고 의미 있는 것이고, 나를 더 높은 곳으로 이끈다. — **철저히 무지(無知)하다!**

그들은 <외적이고, 가시적이고, 물질적인 것>에는 관심을 갖지만, **<내적이고 영적인 문제>가 나오면 곧장 피(避)해버린다.** 필자가 보기에, **아주 게으른 사람들**이다. (그들을 생각하면 분노의 눈물이……)

꿈과 **환상**(幻像)…… 그것은 <창조적 상상력> 즉 **바와나**의 다른 말이다. 그것은 수행에서 <강력한 도구>로 증명된 것이다.

<공간의 길>에서 – <"공간"이라는 상상>을 통한 수행의 길에서 – (필자가) **빼놓을** 수 없는 것은 <천국과 지옥, 그리고 연옥(煉獄)>이다.

흔히 <신(神)도 없고, 나도 없고(無我), 아무것도 없다(空)!>는 불교에서도 <지옥(地獄), 아귀, 축생, **아수라**, 인간, 천상(天上)>의 육도(六道)를 말한다.

이것에 대한 유명한 선화(禪話)가 있다.

노부시게라는 한 무사(武士)가 백은(白隱) 선사를 찾아와 물었다.

"천국(天國)[극락(極樂)]과 지옥(地獄)이라는 것이 **정말로 있습니까?**"

선사가 물었다.

"선생은 누구시오?"(너는 **누구인가?**)

"나는 **사무라이**입니다."(페르소나)

무사가 대답했다.

그 대답을 듣자, 백은 선사가 말했다.

"사무라이라…… 선생이 호위하는 주군(主君)은 도대체 어떤 자(者)인지, 참 <**한심**(寒心)**한 사람**>을 데리고 있구만."

돌연 화가 치민 무사가 칼집으로 손을 가져가고 있었지만, 선사는 아랑곳 않고 말을 계속했다.

"선생은 칼을 가졌군요! 그런데 **선생 칼솜씨로 한칼에 이 목을 자를 수 있겠소?**"

참다못한 무사가 칼을 뽑아들자, 백은 선사가 말했다.

"이제 <지옥의 문(門)>이 활짝 열렸군요!"

그 말에 무사는, **문득** 선사의 가르침을 깨닫고, 얼른 무릎을 꿇고 선사에게 절을 하였다.

그러자 선사가 말했다.

"이제 <천국의 문(門)>이 열립니다그려."

단테 알리기에리의 신곡(神曲) 즉 『La **Comedia di Dante Alighieri**』가 말하는 지옥, 연옥, 천국이, 만약 우리 인간이 죽은 후에 <영혼이라는 무엇>이 이르는 곳이라고 여긴다면, 그것은 **단테**와 성경이 모두 **코메디**(comedy)일 뿐일 것이다.

그러나 **시인 단테**의 <지옥과 연옥, 천국>이라는 것이, 만약 시어(詩語)라면 - 그것은 <꿈과 환상의 언어>처럼 상징이고 비유다. - 그것은 우리 모두가 <저 높은 곳>을 향해 오르는 데 <함께(com)할 수 있는 매개체(media)>가 될지도 모른다.

굳이 **보르헤스**의 말을 빌리지 않더라도 **단테**의 신곡은……

그는 신곡을 네 가지 방법으로 읽을 수 있다고 말한다. <문자 그대로 읽기>, <도덕적으로 읽기>, <유추적으로 읽기>, <비유적으로 읽기>이다. 무엇보다 <비유적인 읽기>여야 하는 것은, 중세 **스콜라** 철학의 **모토**가 **아날로기아 엔티스**(Analogia Entis) 즉 <**존재의 유비**(類比)>이기 때문이다.

또 **보르헤스**는 "아버지는 <지옥의 **이미지**를 통해 죄인들의 **삶**>을, <연옥으로는 참회자들의 **삶**>을, <천국으로는 의(義)로운 이들의 **삶**>을 보여주고자 했다."는 **단테** 아들로 보이는 이의 말을 소개한다.

단테가 묘사하는 지옥(이란 공간)은 우선 <깔때기 모양으로, 거꾸로 된 원뿔모양의, 내려갈수록 좁아지는 곳>인 반면, 천국은 <올라갈수록 넓어지는 곳>이다. **카시미르 쉐이비즘**이 묘사하는 **안다**처럼 말이다.

필자가 보기에, 지옥과 천국(이란 마음의 공간)은 사실, <하나의 깔때기>다. 내려갈수록 더 좁아지고, 올라갈수록 넓어져 무한으로 열려 있기 때문이다.

한마디로 지옥은 감옥, 새장과 같이 <갇히는 곳>, 생각과 사상, 교리 등으로 인해 <스스로 갇힌

곳>이기도 하다. 이른바 "근본주의, 문자주의"라고 하는 <어떤 말의 협의(狹義, 좁은 뜻)만 알고 있는 마음의 상태>이다.

반면에 천국은 <열린 곳>, <열린 마음의 상태>를 말한다. 상징과 비유를 아는, 시어를 아는……

잘 아는 말이 있다. (**소와 참나 이야기**에서 다룬 것이다.)

종교(宗敎)는 "어린 새와 다친 새를 기르고 치료한 후 그 새장 안에 **계속 가두어두는 것**"이고,

영성(靈性)은 "어린 새와 다친 새를 기르고 치료한 후 **새장 밖으로 내보는 것**"이라고 말이다.

아직도 필자의 마음에는 단테의 그 고백(告白)이 생생하게 남아 있다.

"아, 마음에서 주위 사물을 분리시켜
  수천수만의 나팔이 시끄럽게 울더라도
  아무것도 모르게 하는 <**상상의 힘**>이여!"

"**사랑이 내게 불어 올 때 받아 적고
  은총**(恩寵)**이 안에서 불러주는 대로
  (나는 단지)** <**드러내려는**> **사람이오.**"

169

단테는 지옥과 연옥을 지나 천국의 순례로 들어가기 전, 저 **파르나소스산**에는 <두 개의 봉우리>가 있다고 말한다. 마치 우리 몸에서 <좌우의 뇌>처럼 두개(頭蓋) 안 <두 개의 봉우리> 말이다.

"**파르나소스**"는 예언자 **파르나소스**($\Pi\alpha\rho\nu\alpha\sigma\sigma\acute{o}\varsigma$)의 이름에서 왔고, <예언(말, 좌뇌)과 예술(우뇌)>을 상징한다.

[아 참, 연옥은 <바다 위에 솟은, 원뿔 모양의 (외로운) 섬>으로 묘사되는데, <영성 수련>이라는 이 <좁은 문, 좁은 길>을 보는 것 같다. <신곡>을 읽는 동안 그의 성서 인용과 말장난에 즐거웠다.

이탈리아어 단테(dante)는 사슴이다. 그는 "무척 높은 족속"이었던 듯, "물속의 제 그림자를 들여다보고, <잃었던 전설>을 생각해 내고는, 어찌할 수 없는 향수(鄕愁)에, 슬픈 모가지를 하고 먼 데 **산**을 바라보고" 있었다. **단테, 당케(Dante, danke)!**]

인도(印度)가 말하는 이 제 7 장 <공간의 길>도 <그런 것>이다.

<살아 있을 때의 자유, 해방> 곧 천국 말이다.

제 8 장
탓트와의 길

앞 장에서 우리는 신성의 장엄한 표현인 **부와나**(세계, 영역)에 대해 살폈다. 그 세계 안에는 "향유(享有)하기 위한" 엄청나게 다양한 대상과 무수한 요소가 있고, 무한의 빛(**마하-프라카샤**)이 스며들어 있다. 그 모두의 기반(基盤)은 <**위대한 보편성(마하-사만야)**>인 곧 <**지고의 주(파라마-쉬바)**>이다.

✍ 모든 항아리의 일반적인 속성은 <항아리다움>으로, 그것은 모든 항아리에 스며들어 있다. **지고의 주**는 그 어떤 속성보다…… 그래서 그 무한의 빛은 모든 것을 비추는 저 <**위대한 보편성**>이다. 인도의 문법학파는 <**위대한 보편성**>을 <지고의, 우주적인 **브라흐만**> 그 자체로 본다. ⧗

반면에 **탓트와**는 단지 이들 세계의 어떤 것에만 거하는 형태다. 예를 들어 **흙 탓트와**는 견고성, 유형성, 지지성(支持性)을 갖고, **카알라-아그니**에서 **비라-바드라**까지, 각각의 주(主)가 관할하는 <**브라흐마의 영역**> 전체에 퍼져 있다.

이제 이들 **탓트와**에서 <원인과 결과의 관계(**카랴
-카라나-바와**)>를 살핀다. 그것은 두 가지로 <**절대
적인(파라마-아르티카**) 것>과 <**상대적인(스리슈타**,
창조된) 것>이다.

<**절대적인(진정한) 인과관계**>는 <**궁극 원인자의
자기-현상화**(self-phenomenalization)>로 정의할
수 있다. - **주**는 **절대 자유**의 <역동적(力動的)인
주체>이다. - **쉬바**에서 **흙**까지의 모든 형태 안에
나타나서, <그 자신과 구별되는 형태>인 동시에
<그 자신으로 남아 쉬고 있다>.

✍ <**절대적인 인과관계**>의 이론은 우주의 창조를
<**절대 자유**인 **주**의 빛의 확장 혹은 "여는 일(**스리
슈티**)"> 외에 아무것도 아니라고 한다. **주**는 또한
"유지(**스티티**)" 즉 <우주가 **그** 안에서 꾸준히 남는
것>과 "철수(**삼하라**)" 즉 <**그** 안에서 쉬는 상태>의
원인이다. 실제로 **의식**과 동일한 **참나(주)** 안에서는
어떤 변화도 일어나지 않는다. 내향성과 외향성은
구별되지 않고, <똑같은 **실재**>의 두 가지 면이다.

<인위적이고 허구적인(즉 **상대적인**) 인과관계>는
비실제적이지만 <**마야** 안에 존재하는 상태>를 설명
하는 데 도움이 되므로 수용한다. 이 인과관계의
힘은 **주**의 <제한하는 힘(**니야티**)>으로 통치된다. 저
유명한 불교의 <12 연기설>은 이것을 말한다. ⧖

<상대적인(창조된, 상상으로 생겨난) 인과관계>는 주의 의지로 창조되고, 니야티(제한하는 힘)에 종속된다. 이 관계는, 다른 요소들이 있다고 하더라도, 직접적인 선후(先後)의 현현(현상)이다. 그러나 그 <고유의 본성(스와루파)>은 항상 현존한다.

✍ 대상의 창조에서, 어떤 요소는 처음에 있고, 다른 것은 그다음에 온다. 이것은 선후의 형태이다. 예를 들어, 항아리를 만드는 데 사용하는 <진흙>은 <항아리>가 생겨나기 전에 있는 것이다.

모든 결과(물)에는 그 배경에서 <"감각이 있는" 원인>인 행위자(주체)가 있다. 만약 그 <의식적인 주체>가 없다면, 모든 원인은 개체적으로든 집합적으로든 <의도된 결과(대상)>를 얻을 수 없다. 위의 예에서, <물레>와 <진흙>, <다른 필요한 것>이 다 있더라도, <토기장이>가 없다면 <항아리>는 생산될 수 없다. 그러므로 <의식적인 주체>는 어떤 결과를 산출하는 데 꼭 필요하다. 그러나 다른 요소들도, <"감각이 있는" 주체>와 함께, <실제로는 의식에서 끝나는> 어떤 행위의 원인으로 여겨진다.

<토기장이의 비유>는 아주 유명하여서, 성경에도 많이 나온다. 읽어보라. "토기장이가 녹로(轆轤)로 일을 하는데, 진흙으로 … 자기 의견에 좋은 대로 그릇을 만들더라." ⌛

그러므로 싹은 씨앗에서만이 아니라 **요기의 의지**로부터도 나올 수 있고, 꿈에서는 항아리(화분) 등에서도 나올 수 있다. (그런 것들도 원인이 될 수 있다.) 그러나 거기에서도 **주의 - 요기와 <꿈꾸는 자>로서 - (선행하는) 행위자성(行爲者性)은 부인될 수가 없다!** 그러므로 <창조된(상상된) 인과관계>가 있더라도 <절대적 인과관계>는 부인될 수 없다.

실제로, 우리 주위에서 보는 모든 것은 - <토기장이>, <진흙> 등 - 우리가 **<한 절대적인 실재>를 받아들일 때만** 설명될 수 있다. 그 **절대적 실재**는, 말하자면, **이 우주의 <기저(基底)>, <기층(基層)>, <밑바탕>, <배경>으로 (작용하고) 있고**, 그 위에 이 모든 것이 그려진다. 그렇지 않으면 가능하지 않다.

그러므로 **인과관계는** 존재하는 모든 것으로 구성되는, **<원인들의 총체(總體)>**라는 말이 적절하다. 이 <원인들의 총체>는 **<절대 자유의 전지전능한 의식의** 그 힘이 시간과 공간으로 조건화된 특정한 성격을 떠맡아, (그런 것을) 함께 엮어 만든 모든 존재(물)>로 구성된다. 각 개체는 창조(전개)의 때에 그런 성격을 떠맡는다. **절대**의 현존에도 불구하고, 이들 개체는 <구별되는 형태(분화 혹은 다양성)>를 떠맡는데, <그것들이 변화하고 상대적 구별을 얻는 것>은 외적인 요소들과 관련되기 때문이다.

✍ (위 몇 행은 다소 명확하지 않다.) 일반적으로 인과관계는 <주의 제한하는 힘>에 의존하거나 통제된다고 여겨진다. 그러니 그것은 상대적인 것이다.

의식은 우주의 형태로 빛난다. 예를 들어, **흙**에서 **쉬바**까지의 모든 **탓트와**는 그것에 선행하는 것에 의존한다. **흙**은 **물**로 지지를 받고, <거친 요소>는 <미묘한 요소> 없이는 생겨날 수 없고, 이 <미묘한 요소>는 <감각기관> 등의 꽃피는 행위 없이는 가능하지 않다. 또 그것은 <감각기관> 등에 관한 결정(**붓디**) 등이 없이는 가능하지 않고, 이것은 <모든 것의 일차적인 질료(質料)라는 **프라크리티**> 없이는 가능하지 않다. 이것은 향유할(즐길) 수 있는 대상으로, 그것을 <향유하는 주체(**푸루샤**)> 없이는……

<그것을 경험하는 주체>는 다른 대상들의 경험을 <나누는 자(sharer, 공유하는 자)>다. (나 자신을) 제한된 것으로 여기는 것은 이 때문이다. 그러므로 <의식적인 주체(**푸루샤**)> 안에 보이는 그 제한은 단지 부과된 것이고 실제가 아니다.

이것은 **니야티, 카알라, 라가, 비디아, 칼라**로 인한 것이고, 또 그것은 **의식** 없이는 활성화될 수 없다. **의식**(삼빗)은 부분적이 아니기 때문에, **마야**라고 부르는 저 <미혹(迷惑)의, **가리는 힘**> 없이는 현현할 수 없다.

"**자유(自由)가 곧 <제한의 원인>으로**" 현현에서 "비교적인" 구별이 있다. 처음은 <약간 제한되지 않고>, 다음은 <제한되지 않고>, 그다음은 <약간 꽃피고>, 마지막에는 <완전히 개화한다>.

그러나 <자유의 힘>에 의한 **이 현현**의 상태는 <본질에서 **완전히** 조명적인(**빛나는**) **그것**> 없이는 가능하지 않다. 그것을 **바이라바**라고 한다. 🜊

이렇게 항아리 등의 창조자는, **절대 자유의 의식**(意識)인 **유일의 주(主)**로서, 그는 <존재(물)로 구성되는 우주 전체>를 그의 **몸**으로 갖는다.

그러나 <토기장이에 속하는 **의식**이 **주**와 다르지 않고, 토기장이의 몸도 수많은 존재계의 형태 속에 있다고 하더라도, 항아리의 창조자는 토기장이의 몸이지, 그 **주**가 아니다>라는 생각(주장)이 있을 수 있다. 이런 생각에 대한 답은 간단하다. 이런 생각 그 자체가 그 **주**의 의해 창조된 것이라는 것이다. 항아리 등이 그렇듯이 말이다.

(**생각**은 어디서 오며, 총명은 누가 준 것이냐?)

그러므로 저 <원인들의 총체> 이론도, 모든 것의 **행위자**는 우주를 몸으로 갖는 **의식**이라는 것이다. 메루산이 어떤 별도의 곳에 있으므로, 그것은 이 특정한 항아리의 원인으로 상상될 수 없다?

여러 **탓트와**의 인과관계에 관한 경전의 다양한 견해들은 단지 이 <창조된(상상된) 인과관계>를 말한다. 그러므로 그것들은 <어떤 모순도 없는, 의미 있는> 것이다. 예를 들어, 전갈은 소똥, 애벌레가 그 원인일 수도 있고, **요기**의 의지나 **만트라**로부터 생길 수도 있고, 아니면 약초로부터도……

✎ **탄트라 알로카**는 말한다.

"우리의 견해로는, <항아리의 **원인**>으로는 물레, 진흙, 막대기, 줄, 손 등 **<멀리 있는 것>과 <장래의 것>도 동등한 권리로 있다**는 것이다.

만약 토기장이 집에 **메루산**이 있(었)고, 장래에는 다른 것이 있다면, 그런 방해물 때문에 항아리는 확실히 만들어지지 않을 것이다.

똑같은 식으로, 그 **물레는 주어진 공간과 시간 안에서 원인적 가치를 떠맡는다**. 메루산과 메시야 칼키 또한 그 자신의 공간적 한계의 영역 안에서 그것을 떠맡는다."

전갈의 예는 <**결과**는 여러 가지 방식으로 산출될 수 있다>는 것이다. ⧗

이제 우리는 <창조된(상상된) 인과관계의 원리>를 **말리니비자야 탄트라**의 견해(이해)를 따라 논의할 것이다.

주는 <다섯 가지 힘(샥티)>으로 가득하다고 말한 바 있다. **그**가 이제 한 샥티를 더 현저하게 하여, 다섯 가지 방식으로 그것을 나타낸다. ① **의식의 힘**(칫 샥티)이 뚜렷할 때, 그것을 **쉬바 탓트와**라고 부르며, ② **지복의 힘**(아난다 샥티)이 두드러질 때, **샥티 탓트와**라고 한다.

③ **의지의 힘**(잇차 샥티)이 우월할 때, **사다-쉬바 탓트와**다. **사다-쉬바**에서 <**갸나와 크리야**의 균형된 상태>가 있는 것은 이 **의지의 힘** 때문이다. 그리고 ④ **지식의 힘**(갸나 샥티)이 우세할 때, **이슈와라 탓트와**이고, ⑤ **행위의 힘**(크리야 샥티)이 지배적일 때, **숫다-비디아**(**순수한 지식**, **삿-비디아**)다.

✍ **쉬바**는 본질에서 **의식**이다. 그는 완전히 충족이고, 욕망에서 자유롭다. **마야**의 상태에서 제한된 영혼은 그의 욕망을 충족시키기 위해 대상을 향한 열망을 느낀다. 욕망은 그의 안에서 원하는 어떤 것 때문에 일어난다. 반면에 **주**는 어떤 것도 부족함이 없다. 그러므로 그에게는 어떤 욕망의 문제도 없다. 그러나 <**그**의 **절대 자유**로, **그**의 기쁨을 맛보려는 의도("**본뜻**")>가 끊임없이 계속된다.

쉬바, **샥티**, **사다-쉬바**, **이슈와라**, **숫다-비디아**의 다섯 이름은, 그들은 순수한 길에 거하는데, 그의 자유 때문에 기쁨을 맛보려는, 즐거움의 <상대적인

강도(强度)>로 빛난다. **의식이 자신을 "나(아함)"로 현현하는 것은 이 <상대적 강도> 때문이다.** 이것은 샥티의 상태로 알려져 있다. 다른 말로, **절대(아눗타라)인 의식**은 이제, 마치 <의식의 거울>에서 <그 자신의 모습>을 보고, 그것을 자신으로 인식할 때 혼자 하는 말은 "나는 이것이다(**아함 이담**)."이다. 그것은 마치 <그림에서 불분명한 윤곽처럼> 그냥 (막연히) "나"와 "이것"이다.

만트라마헤슈와라라는 아는 주체의 수준에서, 이 "나는 이것이다."는 인식에서 "나"는 주된 것이고 "이것"은 부차적인 것이다. 이 **탓트와**를 **사다-쉬바**라고 하며, "<나>는 이것이다."로, <의식>의 우주적 빛을 인식한다.

그러나 **만트레슈와라** 주체의 수준에서는 "이것은 나다."라는 형태를 떠맡는다. "이것"이 더 뚜렷하고 "나"는 부차적이다. 이를 **이슈와라**라고 부르며, <거기에서 알려지는 것(우주)>인 "이것"은 "나", 즉 <그것과 변함없이 하나인 그 무엇>으로 빛난다.

반면에 **슛다-비디아**에서는 주된 것과 부차적인 것 사이에 구별이 없다. 거기에서는 "나"와 "이것" 둘 다가 균형으로(동등하게) 빛난다. 그렇다고 해서, 우리가 아는 <분리된 상태>는 전연 아니다.

그냥 <내적인, 막연한 "**느낌**" 정도>……

쉬바 수트라에서 간략하게 다루었다. ⌛

이들 **탓트와**의 **주**는 곧 **쉬바, 샥티, 사다-쉬바, 이슈와라, 아난타**이다. 마치 **니브릿티 칼라**를 관할하는 **브라흐마**처럼. 이들 **탓트와**는 단지 확장하는 일반적인 형태로서, <다섯 특정한 실체>에 고유한 것이다. 그 다섯의 이름은 <**샴바바(신성, 쉬바**에 속하는)>, <**샥타(샥티**에 속하는 것)>, **만트라-마헤슈와라, 만트라-이슈와라, 만트라(비디아-이슈와라)**다.

위의 다섯 **탓트와**는 <**순수한 길(숫다 아드와**)>에 속하며, **쉬바**가 직접적인 창조자다.

✍ **쉬바**는 그의 다섯 힘(에너지)으로 **항상** 충만하다. 그러나 그는 창조(현현)에서, 어떤 에너지는 현저하고 다른 것은 부차적이다. 이런 것 때문에, 이 <**순수한 길**>에서도 **쉬바, 샥티, 사다-쉬바** 등의 다른 모습(**탓트와**)이 현현하게 된다. ⧗

<불순한 길(**아숫다 아드와**)>은 **아난타**라고 하는 **아고레샤**에 의해 창조된다. 그것은 (과거 경험으로 인한) 제한된 주체들의 만족(보가)을 위한 것으로, 그들 안에서 그런 충동이 **주**의 **의지**로 활성화된다. 그런 충동을 "**롤리카(하고픔**)"라고 하는데, 그것은 <나 자신이 완전하지 못하다고, 미흡하다고 느끼는, 강렬하고도 아주 미묘한 떨림(**파리스판다**)>이다.

그것은 어떤 특정한 대상을 겨냥한 욕망이 아닌, 그냥 단순한 욕망으로, 단지 <이 다음에 그 무엇을 하려는, 제한된 의식(**아누**)에 있는 공허함에 대한 진동성의 느낌>이다. (**쉬바 수트라**에서 말하듯이 "**허전함에 밖을 찾고**"다.) 이 **말라**는 영혼(**푸루샤, 아누**)에 속하는 별도의 범주(**탓트와**)가 아니다.

그러나 **라가**(집착)는 대상(성)을 겨냥한 욕망이다. 여기 **마야**에서 대상은 그냥 대상이다. (명확한 것이 아닌, 막연한 대상을 말한다. "대상성"이라고 하자.) 반면에 <**붓디**에 속하는 **라가**(집착)>는 여러 행위에 따라 대상이 다양화된다. 둘 사이의 차이는 다음에 다룰 것이다. 이런 불순(**아나바, 마이야, 카르마**)은 자신의 본성을 감추려는 **주의 의지**이지 다른 어떤 실체가 아니다. **흙 탓트와** 등이 구별되는 실체를 갖는 것은 **주의 의지** 때문이다.

✍ <**붓디**에 속하는 **라가**>는, **상키야**에서 말하는 **붓디**로 집착을 포함하여 여러 성질이 있다. ⧗

비갸나칼라 영혼에 있는 이 불순(**말라**)은 거의 없는 것과 같아서, <**카르마**(선악의 행위)의 열매>를 맺지 않는다. 그러나 **프랄라야칼라** 영혼에 속하는 **말라**는 진실로 개화(開花)의 과정에 남는다. **카르마**

말라는 **아나바** 말라로 인해 이 세상의 다양성의 원인이 된다. 그러므로 **아고레샤**는 <즐거움(향유)에 대한 잠재된 욕망에 물든 제한된 영혼(**아누**)들>의 만족(향유)을 목적으로 <불순한 길>을 창조한다는 것은 맞는 말이다.

  ✍ **비갸나칼라** 영혼에 있는 **말라**는 씨앗과 같다. 발아(發芽)하지 못하고, 뿌리 내리지 못하고, 꽃이 피지 못하면, 열매는 없다.

가만히 생각해 보면, 우리의 "**욕망**"이라는 것은 <이전 어딘가에서 **경험한 것**들>에 **대한** - "과거의, 전생의 **카르마**"라고 하자. - "**희미한**" 기억(향수)일 뿐이다. 생각해 보라. <도무지 경험하지 못한 것>에 대해, 어떻게 욕망이 일어나겠는가? ⧗

말라의 동요(動搖)는 **주**의 **의지**로만 일어나는데, 그것은 <감각이 없는 것>은 어떤 것도 "행할" 수 없기 때문이다. "**아누**"라는 이름이 말하는 바는 - 원자, 미립자로, <깜빡이는 것들>, <겨우 존재하는 것들>, <의식이 있는지 없는지 알 수 없는 것들> - "<**의식**>과 <**의식**이 없는 것>의 동시적 현현"보다 더 작은 어떤 것이 아니다. <**의식**> 혹은 <감각이 있는 것>은 **주권성**(**아이슈와랴**)이고, <**의식**이 없는 것> 혹은 <감각이 없는 것>은 그것의 오염이다.

<마야 탓트와>는 **아고레샤**가 행(行)하는 창조의 <물질적인 원인>이다. 그것은 **주**의 **의지** 외에 다른 것이 아니기에, 그것도 영원한 것이다. 즉 장래에 현현할(전개될) 것이 <감각이 없기 위해서> 감각이 없을 것이고, 그 전개물(창조물)에 편재하기 위해서 편재할 것이다.

그런 것을 현현하는 힘을 <마야 샥티>라고 부르는데, 이 <마야 샥티(스와탄트리야)>는 **주**에 속한 힘이고, **마야 탓트와**와는 구별된다.

✍ 몇 가지를 복습할 겸 요약한다.

주체는 일곱 가지로, **사칼라, 프랄라야칼라(프랄라야-케발리, 순야-프라마타), 비갸나칼라, 만트라, 만트레슈와라, 만트라마헤슈와라, 쉬바**이다.

불순은 세 가지로, **아나바, 마이야, 카르마**이다. **아나바 말라**는 두 종류다. ① <진정한, 진짜 나>를 <나>로 전혀 알지 못하는, **바른 지식의 결핍**이다. ② <몸, 마음, 영혼 등 진짜 나가 아닌 것>을 <나>라고 (남들에게 들은 대로) 아는, **잘못된 지식**이다. **마이야 말라**는 다양성의 개념을 일으키고, **카르마 말라**는 영혼에게 선악으로 나타난다.

불순은 보통, 영혼이 세속적 존재계에 묶여 남는 속박으로 여겨진다.

<사칼라 영혼>은 아나바, 마이야, 카르마 말라 셋 모두를 가지고, <프랄라야칼라 영혼>은 아나바, 마이야 말라 둘을, <비갸나칼라 영혼>은 아나바 말라만 가지는데, 두 가지 종류가 있다.

<자유로운 비갸나칼라 영혼들>은 모든 불순이 끝났고, <(보통의) 비갸나칼라 영혼들>은 불순의 어떤 흔적이 아직 지속된다. ⧖

이 <이중적인 면>은 칼라에서 프리트비(흙)까지 모든 탓트와로 확장될 수 있다. 나 아비나바굽타의 스승들은 그 진위(眞僞)를 설명했다.

<우리의 상상(상칼파)에서 그 자신을 드러내는 그것>은 우리 외부의, 예를 들어, 항아리에서처럼 분명하고 구분되는 형태로 존재한다. 마야, 칼라 등의 경우도 유사하다. 그것이 저 "허공의 꽃"처럼 <상상의 무엇>이 현현하는 길이다. 그러므로 거기에는 <긍정적 형태의 추론(케발란바이)>이 있다.

✍ 우리의 생각(추론)은 <지각된 것>에서부터 <(그와 관련된) 지각되지 않은 것>으로 나아간다. 그리고 <추론되는 것>이 <지각된 것>의 원인인가 결과인가, 아니면 다른 어떤 것의 (공동)결과인가를 따져 볼 수 있다. (파라 트리쉬카에서 다룬 것으로, 복습 겸 추가한다.)

냐야 학파의 <세 가지의 추론>은 ① 푸르바밧, ② 셰사밧, ③ 사만야토-드리슈탐이다.

① 푸르바밧은 문자적으로 <전(前)처럼>을 의미한다. "전에 먹구름이 잔뜩 끼면 비가 왔다. 지금 하늘에 먹구름이 있으므로 비가 올 것이다."라고 추론한다. 그것은 <원인적 추론>이다.

② 셰사밧은 부분을 보고 전체를 아는 것이다. "바닷물을 약간 맛보고 짜면, 전체가 짤 것이 틀림없다."고 추론한다. <결과적 추론>이다.

③ 사만야토-드리슈탐은, "여기에서 본 사람을 나중 다른 곳에서 봤다면 그가 움직인 것을 알 수 있듯이, 어떤 별이 다른 위치에서 보이면 그 별은 움직인다."라고 추론한다. <유비적 추론>이다.

이 <세 가지의 추론>에 상응하는 세 가지 중개념(중명사)이 있는 추론이 있다. (논리학을 좋아하는 분들은 냐야로 아예 입문…… 영성에는 <그렇게> 도움이 안 되겠…… 기껏해야 붓디, 붓다……)

① 안바야-비아테레키는 "부엌처럼 연기가 있는 곳에는 언제나 불이 있으며, 호수처럼 불이 없는 곳에는 언제나 연기가 없다."는 추론이다. 이것은 <긍정적-부정적 추론>이다.

② **케발라-안바이**는 <긍정적 불변적 수반관계>만 가진다. "알 수 있는 것은 무엇이나 명명(命名)할 수 있다."는 것에서 우리는 "명명할 수 없는 것은 알려질 수 없다."는 부정적인 논리는 가질 수 없다. <(순전히) 긍정적인 추론>이다.

③ **케발라-비아티레키**는 <(순전히) 부정적 추론>으로 어떤 적극적인 예(例)도 불가능하다.

기억할 것은, <저 **"허공의 꽃"처럼**>, 지금 우리가 다루고 있는 것은 <상상된 인과관계>라는 것이다.
그리고 <그런 것>이 <우리 인간의 세계>다. 즉 **우리는 <언어(말)의 세계>에 살고 있다**는 뜻이다. <긍정적인 언어(생각, 논리)>든, <부정적인 언어>든 그 모든 것이 사라질 때…… 잘 관찰해 보라. ⧗

마야와 **칼라**, **프라크리티**, **붓디**의 이 <이중적인 면>에 관한 <직접적인 (경험의) 지식을 얻는 자들>만이 진정한 **싯다**이다. (**이들 탓트와를 <신성의, 의식의 힘>으로도 보는 것**을 말한다.) 이것이 그러하므로 존재하는 모든 것은 **마야 탓트와**로부터다. 실제로는 어떤 연속적인 순서가 없더라도, <상상된 인과관계>에서는 어떤 연속적인 순서대로 일어나는 모습이다.

이제 **우주의 전개**(창조)를 다룬다. <제한된 행위
(**칼라**)> 등의 덮개(**칸추카**)는 각 개인마다 다른데,
그것은 그것들이 미치는 효과가 개인마다 다르기
때문이다. 그러나 가끔은 그것들이, **주의 뜻**으로,
<공연에 참석하는 사람들의 경우>처럼 각 개인들을
통합할 수 있다.

✍ **쉬바**에서 **마야**까지의 **탓트와**는 수많은 존재
안에서 움직이더라도 <하나>의 성격이다.

그러나 **칼라** 등의 **탓트와**는 다양한 성격인데, 각
존재가 그것을 다르게 가지기 때문이다. 예를 들어,
어떤 사람의 **칼라**(행위) 혹은 **비디아**(지식)는 다른
사람의 그것과 똑같지 않다.

그러나 가끔은, 많은 존재 안에서 같은 방식으로
작용하는 동안, 각 개인들은 통합되고 하나가 된다.
<공연에 열광하는 관중>, <전장(戰場)의 전사들>,
<종교의 신도(信徒)> 등. (그런 것을 <정신심리학,
사회학의 용어>로는 다르게 표현할지도 모른다.)

주의 절대 자유의 의지는 <그런 기능(능력)>으로
호흡 있는 존재의 다중(多衆) 안에서 어떤 단일성을
일으킨다. 동물과 철새, 물속 어류(魚類)의 이동과
군무(群舞)를 보라. ⧗

칼라 등의 칸추카는 순수할 수도 있고, 불순할 수도 있다. <순수한 것>은 이 세상(삼사라)을 거슬러서 오로지 주(主)만을 향하여 자신의 본성(스와루파)을 깨닫게 되는 경우이다. 이것은 **주의 은혜**(샥티-파타) 때문이다. 이것이 어떻게 일어나는지는 나중 **샥티-파타**("**성령 받음**")를 다룰 때 명확해질 것이다. <불순한 것>은 단지 그 반대다.

칼라(부분, "제한된 행위자의 상태")는 **마야**에서 생겨나며, <"어떤 것을" 하려는 주체의 상태>로, <잠 속에 용해된 제한된 자아(**아누**)>처럼 보인다. - 칼라의 성격이 <**킨칫-카르트리트밤**, "어떤 것을" (제한된 것을) 하려는 **행위자성**(行爲者性)>이다. - 그러므로 **칼라**가 이 세상이라는 씨앗의 발아이다. **칼라**가 **마야**와 **아누**의 상호관계로 생겨나더라도, 단지 **마야**에서의 변형이지, **아누**가 아니다. 그것은 변화가 없다. - **아누**는 비록 <제한되어 있는 상태>이지만, 그 본성이 변할 수는 없다. **아누**를 **푸루샤**(영혼)라고도 한다. - 그러므로 **칼라**는 **마야**의 산물이다.

칼라(제한된 행위의 상태)와 **아누**(제한된 자아)는 그들의 긴밀한 상호 침투 때문에 그 차이를 쉽게 알아챌 수 없다.

그러나 **마야** 영역을 관할하는 신성의 은총으로, 과거의 모든 행위의 불순은 파괴되고, <**마야**로부터 **아누(푸루샤)**를 분별하는 지식>이 생긴다. 그래서 그것을 감별하는 영혼이 **마야** 위에 <**비갸나칼라 영혼**>으로 있어, **마야** 아래로는 움직이지 않는다.

<**칼라**와 **푸루샤**를 분별하는 지식을 얻은 이>는 **칼라** 위에 남고, 또 <**푸루샤**와 **프라크리티**를 분별하는 지식을 얻은 이>는 **프라크리티** 아래의 세계를 윤회하지 않는다.

<**아나바 말라**와 **푸루샤**의 바른 분별>은 <**쉬바**와 유사한 상태>로 이끈다. **푸루샤**의 완전성을 깨닫는 것으로 **쉬바성(性)**을 얻게 된다. - 이는 이원론인 **싯단타**의 상태로, 그들은 영혼이 해방되어 **쉬바**가 되는 것이 최고선이다. - 그러므로 그것은 <"어떤 것을" 하려는 주체의 상태>인, <제한된 행위자의 상태>인 **칼라 탓트와**다.

그러나 지식을 갖지 않은 것은 행위자(주체)일 수 없다. 그래서 <제한된 지식>을 주는 **비디아**가 **칼라**로부터 생겨난다. 그것은 "어떤 것을" 아는 주체가 되는 능력을 준다. 그 **비디아**는 **붓디(지성)**를 보며, 갈라보는 눈으로 그 안의 기쁨 등(의 감정)을 경험한다. 세 가지 **구나**의 혼합인 **붓디**는 "감각이 있지 않고", 분별하여 인지하는 능력이 없다. - 지성은 "살아 있지 않고", 감각이 있지 않다(무의식적이다).

그것이 기계(물질)인 **컴퓨터**가 인공지능을 가질 수 있는 이유다. 반면에 **비디아**는 의식적인 힘이다. - 그러므로 <**붓디**(지성, 마음)에 반영된 모든 것>은 **비디아**(**지식**, 知識="**아는 의식**")에 의해 분별된다.

<"어떤 것을(제한된 것을, **킨칫**)" 하려는 행위자>로서의 기능은 필연적으로 <"어떤 것에서(**크바칫**)" 하려는 기능>으로 축소되어야 한다. 그렇지 않으면 <"어떤 것"이라는 제한된 부분>은 존재할 가치가 없기 때문이다. 이 **라가 탓트와**는 정확하게, "어떤 것에서"의 이 부분을 지향한다. (<한정된, 부분인 대상>과 관련하여 기능을 갖는다.)

라가(집착)는 "**바이라갸**(포기, 무관심)"라는 말이 갖는 의미의 단지 반대인 것만은 아니다. 똑같은 그 <무관심의 부재>에서도 집착은 있고, 작동하기 때문이다. - **상키야**에 따르면 **바이라갸**는 **붓디**의 특성 중 하나다. - 그런 **라가**(집착)의 부재는 **바이라갸**(포기)와 경건에서도 보인다. 위장이 음식으로 가득차서 식욕이 없는 사람도 그의 속에는 여전히 음식에 대한 **라가**(관심)가 있다. 그런 <내적인 **라가**(잠재적 집착)> 없이는 결코 다시는 <**바이라갸**의 부재> 즉 관심을 느끼지 못할 것이다. (누군가는 <무소유>라는 책은 소유하고 싶다고 했다.)

카알라(시간)는 결과에 제한을 일으키며, 결과적으로 <그 결과를 만드는 주체>도 그 결과에 의해 제한된다.

니야티(운명)는 <대등한 조건으로 행위에 대상이 되는 것들이 있더라도, 주체가 다른 것은 배제하고 오직 그것을 선택하는 것>이다. 인과관계에 책임이 있는 **탓트와**는 정확하게는 **니야티**이다.

그러므로 이 네 가지는 **칼라**로부터 전개되었다. 이것이 **마야**의 기능이다. ― "① 나는 (어떤 것을) ② 알고 ③ 하고 싶어 ④ 지금 ⑤ 이것을 한다."

① <제한된 행위자> "나"가 **칼라**의 기능이고, ② 아는 일은 **비디야**의 기능, ③ 집착(관심)하는 일은 **라가**의 기능, ④ 현재 등의 시간(을 다스리는 것)은 **카알라**의 기능, 또 ⑤ (다른 것보다) "이것"을 하는 것은 **니야티**의 기능이다.

✎ 어떤 교설에서는 **카알라**가 **니야티** 뒤에 전개된다. 그러나 여기서는 **니야티**가 **카알라** 뒤에 전개되는데, 그것은 **니야티**(운명)의 **인과관계**는 **카알라**(시간) 없이는 있을 수 없기 때문이다. 어떤 결과에 "**선행(先行)하는**" 원인의 "**규칙적인 순서**(운명)"는 시간 없이는 일어날 수 없다. (사주팔자로 점치는 것을 보면 그렇다. <운명의 이론>의 진정한 의미도 전혀 모르는 엉터리들이지만……) ⧗

의식이 **몸**과 <미묘한 몸(푸랴슈타카, **마음**)>을 통해 이런 방식으로 기능할 때, 그때 그것을 <묶인 영혼(파슈, 짐승)>이라고 부른다. **마야**로 시작하는 이 여섯을 **칸추카**라고 하는데, **의식**의 본성은 숨겨지고, **칼라** 등이 전신갑주(全身甲冑)로 덮여 있기 때문이다. ["**칸추카**"는 왕궁을 호위하는 장교들이 입는 긴 **망토**(은폐물)였다고 한다.]

그러므로 <어떤 것을 하는 주체가 되는 기능>은 **마야**의 산물이다. "어떤 것을"은 특정(特定)하는 일이고, <한 행위자가 되는 기능>의 특별한 표현이다. **칼라**는 실제로, <"어떤 것을" 행하는 주체가 되는 이 기능> 쪽으로 향하고, **비디아** 등의 근원이다. 이것은 이미 설명한 것이다.

<행위의 대상>과 <지식의 대상>은 "어떤 것을"의 특정한 부분이 된다. 이제 **칼라**는 그 자신으로부터 이 부분(대상)을 분리할 때, **프라크리티**의 창조자가 된다. **프라크리티**는 세 가지 **구나**의 평형 상태라고 하며, 단지 우주적인 대상성(의 상태)이다. 이것에서 기쁨(수카), 괴로움(두카), 혼란(모하)이 일어난다.

이렇게 <맛보고 즐기는 주체(복트리)>인 **푸루샤**(아누)와 <맛보고 즐길 대상(보갸)>인 **프라크리티**가 **칼라**에서 일어난다. 이미 말했듯이, 실제로 이들 전개(창조)는 순서 없이 일어나지만, 여기서는 (수행

이라는 목적을 위해) 이렇게 말하는 것이다.

비디아와 라가의 순서는 다른 것으로 보이는데, 어떤 이는 집착 후에 알게 되고, 어떤 이는 알게 된 후 집착한다. 라우라바 탄트라 등에서는 순서가 다르지만 모순이 있는 것은 아니다.

<일반적인 향유의 대상(프라크리티)>이 동요되는 것이 구나 탓트와이다. 즐거움(수카)이고, 일종의 유용한 빛이 삿트와이다. 고통(두카)이고, 빛과 또 <빛의 부재(어두움)>가 섞인 라자스는 활동의 성격이다. 혼란(모하)은 <빛의 전적인 부재(어두움)>로 타마스이다. 이 셋이 향유할(맛볼) 대상을 만든다. 그러므로 모든 (대상적인) 전개물은 오로지 <원초적 물질(프라다나, 프라크리티)>의 동요에서 나오는 것이다. 그렇지 않으면 아무것도 나올 수 없다.

그러므로 상키야의 목록에는 생략된, <중간적인 상태인, 동요(動搖)의 구나 탓트와>를 반드시 인정해야 한다. 이 동요는 오직 프라크리티를 관할하는 신성 때문에 일어난다. 그렇지 않으면, 어떻게 어떤 푸루샤에만 그런 동요가 일어나는지를 설명할 수 없기 때문이다.

✎ 세 가지 구나의 성격은 쉬바 수트라 등에서 여러 번 다루었다.

붓다(지성) 위, 원초적 질료(프라크리티) 아래에 구나 탓트와가 존재하는 것으로 여겨진다. 그것은 단지 <세 구나의 균형 상태인 프라크리티>의 한 면으로, 프라크리티가 동요된 것을 말한다. 그래서 구나는 별도의 탓트와로 계수(計數)되지는 않는다.

프라크리티의 동요는 즐거움을 욕망하는 사람들에서 일어나지만, 이들 욕망이 사라진 사람에서는 이 동요가 어떤 결과를 만들지는 않는다.

상키야에서는 프라크리티는 감각이 있지 않고, 또 푸루샤는 감각이 있지만, 속박과 자유 모두에서 비(非)-활성적이므로 동요의 어떤 외부적인 주체가 요구된다. 카시미르 쉐이비즘에서 프라크리티를 동요하게 하는 힘은 슈리칸타(쉬바)이다. ⏳

그다음 구나 탓트와로부터 붓디(지성) 탓트와가 오고, 그 안에 <푸루샤의 빛>과 <대상의 존재계>가 반영된다.

그다음 붓디(지성)로부터 아함카라(에고)가 전개된다. 그것 때문에 개아는 <자신이 아닌 것>을 <참자신(참나)>으로 여기는데, 마치 <은빛 조개껍데기[자개, 진주층(眞珠層)]>를 '은(銀)'으로 여기는 것과 같다. - 그것은 <대상과의 접촉으로 오염(汚染)된 푸루샤의 빛>이 붓디에 반영될 때 일어난다.

"**아함카라**"는 "**아함(나)**"이라는 말에 <활동적인 주체>라는 "**카라**" 접미사가 붙어 있지만, 이것은 또한 <만들어진 것(산물)>을 가리킨다.

✍ **아함**이 "(참 자신인) **나**"라면, **아함카라**는 그 "(참 자신인) **나**의 모상(模像)"이라고 할 수 있다. 저 기독교의 <이마고 데이(**신**의 이미지)>와 유사할 것이다. **아함**은 **신**(神)이고 **아함카라**는 <**신**을 닮은 - 내면에 **신**을 간직한 - **인간**>이다.

아함카라는 보통 사람들에게는 <"나"인 것으로 여겨지는 것>으로 - 페르소나(가면) 등으로 - 흔히 <"나"라는 것을 만드는 원리>라고 말한다. ⌛

상키야 학파는 그런 해석을 받아들이지 않는다. 그들은 **참나**의 <자기 반영적인("**자신을 알아채는**") 본성>을 인정하지 않지만, 우리는 그것뿐만 아니라 그 행위성도 "**느끼고 있다.**" **나**(아함)는 본질에서 어떤 방해물도 없이, <"나"라는 것(**아함카라**)으로> 저 **차맛카라**(기쁨)를 즐긴다. 이것은 **아함카라**의 도구성의 면이다.

✍ 예를 들어, 우리가 어떤 대상(나무)을 볼 때, "나는 나무를 본다."는 인식이 일어난다. 이 경우 "나"는 주체이고, 나무는 대상이다. 그리고 그 둘 사이의 관계성, 즉 <주체와 대상을 경험하는 것>은

아함카라의 결과이다. 실제로, <나무를 보는 것>은 눈으로 충분하다. 그러나 <나무를 "보는 일">은 <"나"라는 도구적인 것(**아함카라**, 즉 "나의 마음", **"인식의 어떤 움직임"**)>에 의해 경험된다. ⧖

아함카라의 그런 면은 **마나스**(마음)와 열 가지의 기관, 다섯 **탄마트라**의 근원이 된다. **삿트와** 등의 세 가지의 성질로, **삿트와**가 우세할 때 **마나스**와 다섯 감각기관을 낳는다. **마나스**(마음)가 창조되는 동안, 다섯 가지 감각기관은 다섯 **탄마트라**(미묘한 대상적인 요소)를 낳는 능력을 부여받는다.

귀는 소리라는 미묘한 요소를 낳는 능력을 부여받고, 코는 냄새라는 미묘한 요소를 낳는 능력을 부여받는다.

✍ **마나스**(마음)는 감각기관을 통해 얻는 정보를 모아 <더 정교한 형태>로 - 인식(認識)의 형태로 - **아함카라**로 보내는 일종의 감각 중추이다.

영적인 수행으로 우리의 **마음이 미묘하게 되면**, 인식하기 위해 외적인 도구가 필요하지 않다. 그때 마음은 촉각을 통해 "볼" 수도 있고, 청각을 통해 "감촉"을 경험할 수도 있다.

『나는 마음으로 봅니다』는 말이 시력을 잃어가는 누군가의 경험만은 아닐지도 모른다. ⧖

감각기관을 물질의 산물로만 보는 것은 적절하지 않다. - **냐야**와 **바이셰쉬카**에서는 감각기관은 물질에서 온다고 본다. - "나는 듣는다."와 같은 말에서 <자신들이 바로 감각의 산물이다>는 것을 분명히 보여준다. (그런 말 속에서, 우리 역시 끊임없이 그 <나>와 결합하여, 동일시되어 있다.)

이것에 덧붙여, 바로 이런 이유로, 행위기관은 <행위하는 주체>와 어떤 식으로든 연결되어 있어야 한다. 그렇지 않으면, 다른 (중간적인) 행위기관이 또 필요할 것이고, 그러면 무한 퇴행이라는 오류에 빠지게 된다.

아함카라는, 정확하게, <알고, 행동하는 주체>의 부분이다. 그러므로 **푸루샤**는 두 가지 주요 도구를 가지는데, 지식(**갸나**)에는 <불순한 지식(**비디아**)>과 행위(**크리야**)에는 <제한된 행위(**칼라**)>다. 왜냐하면 맹인과 앉은뱅이도 <아는 일>과 <움직이는 기능>이 없다고 느끼지 않기 때문이다. 그 (제한된) 두 가지 기능은 **아함카라**의 특성이다.

✍ <다섯 감각기관>과 <다섯 행위기관>은 각각 <불순한 지식(**비디아**)>과 또 <제한된 행위(**칼라**)>와 관련된다. "정상인"이라는 우리도 <제한된 행위>만 한다는 것에서는 모두가 <어떤 "장애인">이다. ⌛

아함카라의 **삿트와** 면이 현저하고, **탄마트라**의 부분이 특정한 상태에 있을 때, 다섯 행위기관이 만들어진다. 예를 들어, 발의 감각은 <그런 산물을 만들 수 있는 **아함카라**>의 감각과 다른 것이 아니어서, 그런 감각 속에서 "내가 걷고 있다."고 하는 것이다.

그 감각(기능)은 몸의 다른 곳에도 존재하는데, 발과 다리가 없는 사람이 이동할 수 능력이 완전히 없어지지 않는 것은 이런 이유 때문이다. 그러나 어떤 기관이 다른 기관의 기능을 (전부) 수행할 수 있다고 여겨서는 안 된다. 그것은 다섯 행위기관을 인정하지 않고는 불가능하다.

✍ <말하는 힘(능력)>은, 수화(手話)하는 <손>에도 있고, Body language인 <발>과 <배설>과 <생식>에도 있다. (이런 이유인지 **냐야**는 다섯 행위기관을 인정하지 않는다.) 그러나 <말하는 힘>의 주된 것은 (입으로 하는) <말(**바크**, 언어)>이다.

<다섯 행위기관(**행하는 힘**)>은 다음과 같다.

① **바크**(입)의 <말하는 힘(기능)>
② **파니**(손)의 <만지는 능력(감각)>
③ **파다**(발)의 <이동하는 기능(효과)>
④ **파유**(항문)의 <배설하는 힘(효능)>
⑤ **우파스타**(성기)의 <성행위와 쉬는 능력> ⌛

모든 행위는 기관(행동의 도구)에 의해 수행된다. 행위는 <이동하는 것> 등의 주된 활동(움직임)이지, <색깔> 등의 인식(의 활동)이 아니다. **카나다(바이 셰쉬카 학파)**는 형태 등을 **구나**(성질)로 본다. 그러므로 행위기관이 다섯인 것은 그 숫자 때문이다.

활동을 위해, 어떤 행위기관은 밖으로 (내)보낼 목적으로(항문), 어떤 것은 가질 목적으로(손), 어떤 것은 그 둘 다를 위한 목적으로(발), 어떤 것은 그 둘 다도 아니고, 자신의 본성에서 쉴 목적인지도 모른다(성기). 호흡(날숨과 들숨) 안에서 그 둘 다가 일어날 때, 그것은 언설기관(**바크-인드리야**)이다.

그러므로 어떤 이가 손으로써 <이동하는 활동>을 했더라도, 그것은 <발(**파다-인드리야**)>의 활동으로 받아들여야 한다. 이것은 행위는 무한하지만, 행위기관은 무한하지 않다는 것이다.

상키야는 <마나스와 열 가지 기관은 **아함카라**의 **삿트와** 측면에서 나오고, 미묘한 요소(**탄마트라**)는 **타마스** 측면에서 나온다>고 하고, **말리니비자야 탄트라**는 <마나스는 **라자스** 측면에서 나온다>고 하고, 또 어떤 것은 <마나스는 **삿트와**에서, 감각이 **라자스** 측면에서 나온다>고 한다.

다섯 **탄마트라**는 **타마스** 측면에서 나오며, 활동하는 주체를 어둡게 한다. (단지 대상이다.)

✍ 상키야는 <아함카라의 삿트와와 타마스>는 선행하는 상태인 라자스의 도움을 받아야 한다고 한다. 그렇지 않으면, 그들은 생산할 수 없다.

말리니비자야 탄트라는 마나스(마음)는 라자스에서, 열 가지 기관은 삿트와에서, 또 탄마트라는 타마스에서 나온다고 한다. (트리카 철학은 당연히 이것을 좋아한다.)

타마스는 어두운 것으로, <아는 주체>가 어둡게 되어, 탄마트라는 단지 <대상적인 것>이 된다. ⌛

<샤브다 탄마트라("소리 그 자체")>는 어떤 특정 동요로 구성되는 여러 특정 소리에 선행하는 <어떤 동요(動搖, 크쇼바)에서도 자유롭고, 특정한 것이 아닌, 고유한 일반적인 "소리 그 자체">다. 이것은 <간다 탄마트라("냄새 그 자체")>까지 똑같다.

소리 탄마트라에서 에테르(아카샤, 공간)가 출현하여, 모든 사물을 배치하는 공간을 준다. 실제로, <소리>는 "(소리로 된) 말"로 표현된 사물을 (우리 마음이라는) 공간에 배치한다.

스파르샤 탄마트라("감촉 그 자체")는 동요되어 바람(바유, 風)이 된다. 바람은 공간 없이는 존재할 수 없으므로, 감촉과 함께 소리라는 미묘한 요소가 있어야 한다.

루파 탄마트라("**형태** 그 자체")는 **불**(아그니, 火)이 되고, **소리**와 **감촉**의 두 성질은 그 안에 남고,

라사 탄마트라("**맛** 그 자체")는 **물**(아파스, 水)이 되고, **소리**, **감촉**, **형태**의 성질은 그 안에 남고,

간다 탄마트라("**냄새** 그 자체")는 **흙**(프리트비, 土)이 되고, 위의 네 가지 성질은 그 안에 남는다.

어떤 이들은 **바람**은 **소리**와 **감촉**에서 전개되고, 또 **흙**은 다섯 가지 모두에서 생긴다고 한다. **흙**은 모든 성질의 총체 외에 아무것도 아니고, 거기에는 모든 성질의 기저(基底)로 존재하는 것 외에는 아무 것도 없다.

이들 **탓트와**에서 <더 높은 **탓트와**에 있는 **구나** (성질)>가 더 편재(遍在)하고, <더 낮은 **탓트와**에 있는 것>은 덜 편재한다. 한 **구나**(성질)의 더 높은 위치는 <그것 없이는 다른 **구나**가 생겨날 수 없는 것>에 있다. 그러므로 **흙 탓트와**에는 <쉬바로부터 **물 탓트와**까지의 모든 성질>이 편재하고, 똑같은 식으로 **물 탓트와**에는 <**불 탓트와** 등의 성질>이 편재하고, 이것은 **샥티 탓트와**까지다.

✍ 다른 말로 <낮은 **탓트와**>는 <상위의 **탓트와**> 없이는 존속할 수 없다. **아비나바굽타**는 나중 **파라 트리쉬카**의 해석에서 요약한다.

"흙(地) 등의 후속(後續)의 **탓트와**는 **물**(水) 등의 선행하는 **탓트와** 없이는 생겨날 수 없다. 그러므로 선행하는 **탓트와**는 후속 **탓트와**의 특성(성질)인 것이다. **흙 탓트와**는 **물 탓트와** 없이는 존재할 수가 없다. 왜냐하면 그것은 확실한 지지의 매개물에서 <견고성이 발견되는 곳>에서만 있기 때문이다. (또 **물**의 현존 때문에 **흙**의 견고성이 있다.)

이런 규칙적인 순서로, 다섯 거친 요소는 다섯 **탄마트라** 없이는 존재할 수 없고, 이들 감각 또한 <확인하는 지성인 **붓디**>, <**나-의식**인 **아함카라**>, <개념과 **이미지**를 만드는 **마나스**>로 되는 내적인 정신기구가 없이는 존재할 수 없다. 이 모든 것은 <원시의, 미분화의, 미묘하고 단단한 근인(根因)> **프라크리티** 없이는 존재할 수 없다. **프라크리티**는 <제한된 경험자인 **푸루샤**> 없이 어떻게 존재할 수 있겠는가? **푸루샤**는 <시간과 **칼라** 등의 올가미>에 걸려 있고, 그것은 그 자신의 제한으로 스스로에게 부과한 경험의 특징이다.

어떻게 (제한의 원인인) **신성**의 **절대 자유** 없이 <제한되지 않은 **의식**>의 제한이 있을 수 있겠는가! (제한된 **푸루샤**가 있겠는가!) **신성의 절대 자유의 다른 이름은 마야다.**

    마야 형태에서 <신성의 **절대 자유**>에 의한 이 제한의 상태는 <약간만 제한되지 않은 실재(**숫다 비디아**)>, <제한되지 않은 실재(**이슈와라**)>, <약간 확장되는 실재(**사다쉬바**)>와 <완전히 확장된 실재(**샥티**)> 없이는 일어날 수 없고, <핵심이 무제한성(無制限性)인 그것>의 점차적인 수축에 반비례하여 있다. 이 모든 실재는 <**절대 자유**이고 또 완전한 **빛**이 그 정수인 **바이라바**> 없이는 아무것도 아닌 것이다." ⌛

<거친 요소>와 <미묘한 요소>,
<감각, 운동기관>과 <내부의 기관>,
프라크리티(물질), 푸루샤(영혼)와 그 덮개,
숫다 비디아에서 샥티까지의 이 모든 것은
나, 의식(意識)의 바다에서 출렁이는 물결이러니

✍ 이 원숭이(필자)도 덩달아 노래한다.

흙냄새 물맛과   불 꼴 바람 느낌
하늘소리 아는 일   가끔의 첫 발이라
때마다 흙 뚫고   아랫물 올라오니
온갖 것이 여기서   삶을 노래하누나 ⌛

우리는 이 장에서 **말리니-비자야 탄트라**가 안내하는 <**탓트와의 길**>을 탐험했다.

이제는 <**탓트와 수행**>이라는 아주 중요한 수행을 설명한다. 이것들은 『**인간(우주)의 본질을 꿰뚫는 말리니-비자야 탄트라**』의 핵심을 다루고 있다.

그러니…… 용맹정진(勇猛精進)이다!

제 9 장
탓트와 수행

이제 <탓트와의 변형>을 살펴본다. **지고의 주**는 **트리카** 교설에서 <일곱 가지 변형(變形)의 존재> 즉 <일곱 주체론>을 가르쳤다. ① **쉬바**, ② **만트라-마하-이슈와라**, ③ **만트라-이슈와라(만트라-이샤)**, ④ **만트라(비디아-이슈와라)**, ⑤ **비갸나칼라**("지식 때문에 기관이 결여된"), ⑥ **프랄라야칼라**("용해로 기관이 결여된"), ⑦ **사칼라**("기관을 갖춘")이다.

✍ 여기의 "**탓트와**"는 36 **탓트와**를 따른 일곱 영역에 거하는 <일곱 가지 아는 주체(**프라마타**)>를 말한다.

"**쉬바들**" 등의 <일곱 주체> 이름의 복수(複數)는 이들 각각에 속하는 엄청난 수의 아는 주체를 가리킨다. (번역에서는 그렇게 옮기지 않았다.) ⌛

그러므로 <**샥티**의 일곱 소유자(**샥티만**)>가 있고, 그들은 <일곱 **샥티**>를 소유한다. 열네 가지 구분이 있는 것은 **흙**에서 시작하여 **프라크리티**에서 끝나는 이들 **탓트와**의 변동(變動, 변형) 때문이다.

이 구분에 "고유의 양태(스와루파)"가 더해질 때, 그 구분은 열다섯이 된다. <고유의 양태>는, 자신 안에서 쉬는데, (오로지 명상 수행을 위해) <알 수 있는 대상>의 범위로 들어갈 가치가 있다. 이것은 <아파라 여신>의 은총으로 인식될 수 있다.

✍ <흙에서 프라크리티까지의 낮은 영역>에는 <사칼라 아는 주체>가 거한다. <사칼라 주체들>은 <흙에서 프라크리티까지의 탓트와>만 인식할 수 있다. <상위(上位)의 주체>는 더 광범위한 주체성을 가지는데, **질적으로 다른 에너지(샥티)를 소유하고 있어서, 더 높은 탓트와를 인식할 수 있다!**

<프라메야-타요갸>라는 표현은 "대상으로 인식될 가치가 있는 그것"을 의미한다. 즉 무감각적이다. 그것은 <샥티>도 <샥티의 소유자>도 아니다. ⌛

반면 <그 안에 샥티가 넘쳐흐르고, 대상의 쉼의 장소가 되는> 주체는 <샥티에 속하는 것(샥타)>의 바로 그 본성이다. 이것은 <파라-아파라 여신>의 은총으로 알려질 수 있다. 샥타의 형태는 일곱인데, 앞에서 말했듯이 샥티의 수가 일곱이기 때문이다.

<샥티를 소유한 주체(샥티만)>가 아는 주체들의 **주**와 관련해서 현저하게 되고, (대상이) 주체들 안에서 쉴 때, 그때 그것(주체)은 **쉬바**, 즉 <샥티의

소유자(샥티만)>의 성격이다. 이는 <파라 여신>의 은총으로 드러나며, 그것도 일곱인데, <쉬바로부터 시작하여 **사칼라**로 끝나는 **아는 주체**>의 수가 일곱이기 때문이다.

✍ 우주는 <아파라>, <파라-아파라>, <파라>의 삼중이다. 즉 **실재(實在)**는 <대상적인 면(나라)>, <에너지(샥티)>, <에너지의 소유자(샥티만)>를 가진 것으로 여겨진다. 그러나 **아비나바굽타**는 "물(物) 자체(스와루파)"는 <대상성(對象性)의 영역>인 것을 강조한다. **샥타**는 <인식의 (도구적인) 영역>이고, 힘의 소유자는 인식자(認識者) 혹은 <아는 주체>다.

그러므로 **일곱의 아는 주체 모두가 쉬바다**. 그는 다른 에너지를 소유하고, 즉 그들이 관할하는 다른 영역에서 다른 힘을 가진다. 그 "물 자체"는 그들 모두에 공통적이다. **그것은 어느 정도의 대상성을 제공한다.** ⧗

<아는 주체>가 일곱으로 나눠지는 것은 샥티의 이런 변형 때문이다. 이것을 명확하게 하기 위해서, **사칼라** 등의 특정한 순서로 기술된다.

✍ **탄트라 알로카**(제10장)에서 **아비나바굽타**는 설명한다.

"프리트비(흙)에서 프라크리티까지의 **탓트와**들은 그들의 '고유의 양태(스와루파)' 즉 '물(物) 자체'와 함께 <(일곱) 힘의 소유자(**샥티만**)>, <그들의 (일곱) 힘(**샥티**)>에 근거하여 열다섯으로 나누어진다.

푸루샤에서 칼라까지는 열셋으로 나누어지고,

프랄라야칼라가 '물 자체'가 될 때는 열한 구분이고, 그것은 **마야**와 유사하다.

비갸나칼라가 물 자체가 될 때는 아홉 구분이다.

만트라가 '고유의 양태'가 될 때는 일곱 구분이,

만트레슈와라의 경우는 다섯 구분,

만트라-마헤슈와라가 고유의 양태가 될 때는 세 가지 구분이 일어난다.

쉬바는 본성이 **의식**으로 구분이 없다."

스와루파는 <고유의 양태> 등으로 번역하지만 여기서는 **칸트**의 물 자체(物自體, Ding an sich)와 플라톤의 누메논(νοῦμενον, 예지체, 叡智體)으로, <감각을 통해 인식되는 것이 아닌, **이성(理性)으로 인식될 수 있는 것**>을 말한다. (단지 **명상 수행을 위해, <논리적으로 설정해, 인식될 수 있는 것>**.)

<일곱 주체론>은 **프라탸비갸 흐리다얌** 3절에서 약간 다루었다. 다음의 <표>를 참고하라. ⧗

	대상(프라메야)	수단 (프라마나)	주체(프라마타)
(1) 7+7+1 =15	프리트비(흙)에서 프라크리티까지	비디아, 칼라	①사칼라 ②프랄라야칼라 ③비갸나칼라 ④만트라 ⑤만트레슈와라 ⑥만트라마헤슈와라 ⑦쉬바
(2) 6+6+1 =13	푸루샤에서 칼라까지	비디아, 칼라 휴면	①프랄라야칼라 ②비갸나칼라 ③만트라 ④만트레슈와라 ⑤만트라마헤슈와라 ⑥쉬바
(3) 5+5+1 =11	프랄라야칼라	수단, 대상 없음	①비갸나칼라 ②만트라 ③만트레슈와라 ④만트라마헤슈와라 ⑤쉬바
(4) 4+4+1 =9	비갸나칼라	수단, 사라짐	①만트라 ②만트레슈와라 ③만트라마헤슈와라 ④쉬바
(5) 3+3+1 =7	만트라	숫다- 비디아	①만트레슈와라 ②만트라마헤슈와라 ③쉬바
(6) 2+2+1 =5	만트레슈와라	깨어난 숫다- 비디아	①만트라마헤슈와라 ②쉬바
(7) 1+1+1 =3	만트라마헤슈와라	잇차	①쉬바 ②샥티
(8)	쉬바	절대 자유	

(1) **사칼라** 영혼(주체)들은 수단(**프라마나**)으로 **비디아**(지식)와 **칼라**(행위)를 가진다. 외부, 내부의 감각(인식)기관과 운동기관에서 기능하는 **샥티**들은 **비디아**와 **칼라**의 특별한 형태들일 뿐이다.

✍ 제한된 지식(**비디아**)과 제한된 행위(**칼라**)는 세 가지 불순(**말라**) 모두에 오염된 **사칼라** 영혼의 **에너지**로 여겨진다. **사칼라** 영혼이 불순으로 묶여 있고 제한되었더라도 그들은 지식과 행위의 힘을 소유한다. ⏳

(2) **프랄라야칼라** 영혼에서는 **비디아**와 **칼라**가 기능하지 않는데, 용해로 그들의 대상이 결여되어 있기 때문이다.

✍ **아스푸타**의 뜻은 <불분명한, 활동을 중단한, 휴면의>이다. **프랄라야칼라** 영혼에서는 **비디아**와 **칼라**가 여전히 현존한다. 그러나 그들은 <깊은 잠(**수슙티**)> 속에 쉬고 있기 때문에, 활동을 중단하여 남는다. ⏳

(3) **비갸나칼라** 영혼은 <참 지식(**비갸나**)>으로 **비디아**와 **칼라**는 곧 사라지지만, 그 <남은 흔적>은 지속된다.

✍ 놀리는 **사칼라**를 "(인식, 행위)기관을 갖춘" 존재로, **프랄라야칼라**를 "용해로 기관이 결여된" (즉 파악할 대상이 결여된) 존재로, **비갸나칼라**를 "지식 때문에 기관이 결여된" 존재로 풀었다. ⌛

(4) **만트라** 영혼은 **숫다-비디아**가 깨어나기 시작한다. (여기에서는 <다양성으로 구성된 한 우주>가 있고, 그리고 그것이 바로 나이다.)

(5) **만트레슈와라** 영혼에서 <남은 흔적>이 완전하게 없어지면서 **숫다-비디아**가 꽃핀다. (여기서는 <나는 **이것**이다>의 경험으로, <이것>은 구별되지만 <나>와 같은 것이다.)

(6) **만트라마헤슈와라** 영혼에서는 **숫다-비디아**가 **잇차(의지)** 샥티의 형태를 떠맡기 시작한다. (여기 경험은 <**나**는 이것이다>이지만, <나>라는 의식이 더 현저하다.) 그리고 **잇차** 샥티의 내밀한 본성은 **스와탄트리야**다.

(7) **쉬바** 영혼의 **숫다-비디아**는 **잇차**의 성격으로, **절대 자유**(스와탄트리야)의 명확한 형태다.
여기서 샥티의 중요한 일곱 가지 변형의 기술을 마친다.

✍ 샥티의 일곱 분화(변형)는 설명과 수련을 위해 사용한다. 실제로는 **주(主)**에 속하는 한 가지 **샥티**만이 있다. 그것은 **그**의 "스와탄트리야-샥티(**절대 자유의 힘**)"로 **그와 분리될 수 없게 연합되어 있다.** 이 **절대 자유**는 많은 샥티로 자신을 현현하지만, 동시에 그들 모두를 내면에서 유지하며, 하나로서 빛나고 있다. ☒

이들 **샥티**들을 소유한 <아는 주체들>은 그들로 채색되고, 이 때문에 그들 가운데 구분이 일어난다. 행위의 구별이 일어나는 것은 도구의 다양성 때문이다.

✍ 도구 가운데에서의 구분이 주체에서의 구분을 창조하지 못한다. 지고의 주체는, **절대 자유**의 힘의 수단으로, 그 자신 안에서 구분을 창조하여 어떤 것은 대상으로 빛나게 하고, 또 어떤 것은 도구로 빛나게 한다. ☒

"**샥티**" 홀로, 그것은 주체와 분리될 수 없으며, 도구가 될 수 있다. 다른 어떤 것도 아니다. 그렇지 않으면 무한소급의 오류가 일어날 것이다. 실제로 거기에는 <**유일의 아는 주체**>만이 **지복**과 **자유** 속에서 쉬고 있다.

흙이 그 자신의 고유한 본성 속에서 알려질 때, 그때 그녀의 고유한 본성 홀로 빛난다. 예를 들어, "나는 <차이트라가 보고 경험했던 그 대상(흙)>을 안다."는 경험에서, <사칼라 영혼이 인식한 것>과 <모든 샥티의 소유자인 자가 인식한 것>에는, 명확하게 '다른 고유한 본성'이 빛난다.

"나는 우주를 안다." - 이것은 <쉬바와 샥티의 합일> 속에 꾸준히 있는 것을 의미한다. - 이 말은 쉬바까지의 모든 아는 주체가 할 수 있다. 양자와 관련해 볼 때, 후자는 '특정한 개념의 존재' 때문에 쉬바 안에서 쉼을 갖는다.

이제 이런 생각이 일어난다. '만약 존재가 <인식되거나 지각될 수 있는 성질>을 그 자신의 형태 안에 갖고(소유하고) 있다면, 그때 그것은 모두에게 알려질 수 있을 것이다……'

✍ 여기서 미망사의 <(대상 자체의) 지각-가능성 이론(스와타-프라만야-바다, '본유적 타당성 이론')>을 거부하는 논쟁을 시작한다.

미망사 교설에 따르면 우리가 지각하기 위해서는 모든 대상이 <지각될 수 있는 성질>을 자신 안에 (이미) 갖고 있어야 하며, 이 특성을 결(缺)한 것은 어떤 것도 지각될 수 없다는 것이다.

그러나 <대상을 지각하는 일>은, <대상에 있는 성질>이 아닌, <**지각자**(知覺者)에게 있는 힘>이다. 모든 존재는 이미 **의식**(意識) 안에 존재한다. <한 주어진 존재(대상)>가 **지각자**의 지각기관 안에 나타날 때, 그때 그것은 <지각의 대상>이 된다. **모든 것은** - 오염(말라)을 포함하여, <비(非)-존재>라고 하더라도 - **의식**(意識, **지각자**)에 의해 **조명된다.** (**그것에 의해서만 알 수 있다!**) 왜냐하면 <'비-존재'라고 할 것>도 그것이 **의식**에 포함되어야 "알 수 있기" 때문이다. **아니면 "그 무엇"이 알 것인가?**

그러므로 <대상적 존재계>는 **의식**에 의존하는 것이며, 다르게는 지각이 가능하지 않다. 그러므로 그 <**아는 주체**>는 <**실재**(實在)의 더 넓고 더 미묘한 영역을 지각할 수 있는> '**주체성**(主體性)의 더 높은 수준'을 **개발해야** 하는 것이다.

참으로 "아는 자를 아는 일"은 멀고도 험하다. ⌛

(만약 대상의) <인지될 수 있는 성질>이라면, 그 자체가 또한 알려질 수 있을 것이고, 이것은 무한 소급의 오류가 따른다. 그리고 그때 우주는 완전히 현현되더라도 보이지 않고, 깊은 잠과 같을 것인데, 두 가지 서로 모순되는 속성의 오류가 따르기 때문이다. <인지될 수 있는 성질>과 <그것에 반대되는 성질> 말이다.

그러므로 그런 생각에는 이렇게 대답할 수 있다. <인지될 수 있는 성질>은 인지(인식, **의식**) 바로 그 자신으로서, <알 수 있는 대상>에 속하지 않는다. 왜냐하면 <인지될 수 있는 성질>은, <(그 대상을 인지할 수 있는, 어떤) 고유한 본성에 속하는, **다른 어떤 것(무엇)**>으로 기술되었기 때문이다.

<먼저 주체의 **에너지(샥티)**에서, 그다음 **주체** 그 자체에서 쉼을 가지는 그것>은 진실로 **휴식(쉼)의 분배(공유)자**다. 그 휴식의 분배자는 진실로 (어떤 주어진 대상에서도) 고유한 본성이다. 그 <**내밀한 본성**>은 진실로 <**자기 조명적**>이고, 그것은 아무것과도 관련하지 않고 빛난다.

그러므로 <전지(全知)의 문제>, <무한소급>, <두 가지 반대되는 속성의 모순>은 거부된다.

✍ **자기 조명적인 자**는 이 빛남을 지각하기 위해 누군가가 필요하지 않은데, 그것은 빛나는 **신성**의 바로 그 본성이기 때문이다. 그는 대상성의 본성을 떠맡지 않으므로, **그 자신과 구별되는** <지각될 수 있는 성질>은 **그** 안에서 나타나지 않는다. ⌛

바로 그 <**내밀한 본성**(스와루파)>은 수없이 많은 <제한된 아는 주체들>에 의해 인식될 때조차도, <**하나**>로 남는다. 그것의 성격이 이 **단일성(單一性)**

인데, 이 모든 인식들은 현현(아바사)의 성질이기 때문이다. 그러므로 다른 주체들에서 (다른) 지각과 추론이 일어나는 것은 방해가 없다. 그것의 성격은 실제적인데, 세속적 거래에서도 쓰일 능력이 있기 때문이다. 예를 들어, **다른 사람들에게 관심이 되는 아름다운 여인을 보면, 사람은 질투를 경험한다.**

또한 **쉬바**를 <휴식(쉼)의 거처>로 여기는 동안 흡수를 경험하고, 어떤 대상을 <수많은 주체가 그 안에 용해된 것>으로 보는 것으로 사람은 내면의 만족을 경험한다. 그것은 **마치 젊은 여자가 춤추는 것을 보는 것과 같고**, 혹은 "푸른 것"을 보는 것과 같다. - 그것이 주체와 더불어 용해될 때, 그것의 독특한 성격과 함께 - 이런 식으로 <자아를 비추는 (자기-성찰적) **의식**>이 일어난다.

✍ 여기의 초점은 **이 <질투의 느낌>**이, 아름다운 여인에게 거하는 것이 아니라, **그 사람 자신에게 있다**는 것이다.

또 **이 <춤을 보는 행위>는, 사람이**, 관객을 통해 나타난 <환호하는 빛(알아채는 일)>과 하나가 되는 것으로, **미적 즐거움의 상태를 얻을 때 완전하게 된다.** 그래서 **비디아**와 **칼라**는 <대상성이 우세한 **사칼라** 영혼>에서 **주체성**을 깨운다는 것이다.

이 주제는 『**숭고미의 미학(味學)**』에서 다룬다. ⏳

(1) 그래서 **흙**에서 시작하여 **프라크리티**까지의 모든 것은 열다섯의 성격이다. 이것은 **사칼라** 영혼에서는 **라가** 등의 **칸추카**가 활성화되었고, 또 경험하는 주체가 **사칼라** 영혼이기 때문이다. 이 **사칼라** 영혼은 열다섯의 성격을 가지는데, 그것이 "알려질 수 있는 대상"의 영역 아래로 오기 때문이다. 이는 **탄트라 알로카**에서 깊이 다룬 것이다.

(2) **푸루샤**에서 **칼라 탓트와**까지의 구분은 열셋이다. **사칼라** 영혼은 주체성과는 관련이 없어서, 두 가지 <**샥티**>, <**샥티의 소유자**>의 특징은 일어나지 않는다. 이 경우 **사칼라** 영혼은 단지 '내밀한 본성(고유의 양태, **스와루파**)'으로 존재한다.

🖎 <**푸루샤**에서 **칼라 탓트와**까지에서 대상성이 생각되고, **칸추카**들이 대상의 형태로 지각될 때>, 그때 **푸루샤**의 주체성은 상실된다. ⧗

(3) **프랄라야칼라** 영혼이 내밀한 본성이고, 남은 주체가 다섯일 때, 구분은 열하나가 되고,

(4) **비갸나칼라** 영혼이 내밀한 본성이고 주체가 넷일 때, 그때 구분은 아홉이 된다.

(5) **만트라** 영혼이 내밀한 본성이고 주체가 셋일 경우, 그 변형은 일곱이고,

(6) 만트레슈와라(만트레샤) 영혼이 내밀한 본성이고 주체가 둘일 경우는, 변형이 다섯이고,

(7) 만트라-마헤슈와라(만트라-마헤샤)가 내밀한 본성이고 오직 **주**가 주체일 때, 변형은 셋이 된다. <샥티>와 <샥티의 소유자>의 구별 때문이다.

(8) **쉬바**의 경우는 오로지 **빛, 의식, 절대 자유**의 성격으로 변형은 없다. 왜냐하면 **그**는 모든 면에서 완전하기 때문이다.

이 범주의 구분은 **말리니비자야 탄트라**에 있다. 이 구분은 세계(**부와나**)의 엄청난 다양성 때문이다. 이것은, <**흙**으로 구성된 것으로는 유사한 것이라도, 상대적인 거리감으로 인해 그들의 차이가 있어>, 하계(下界), 천국, <**루드라**에 속하는 세계>로 표현되었기 때문이다. 많은 변형의 목록을 알고 싶으면 **탄트라 알로카**를…… (**흙**에서 **프라크리티**까지를 49 가지로 생각할 수 있다고 한다.)

그래서 진흙 항아리의 예(例)로서, **흙 탓트와**와 다른 **탓트와**(범주)의 변형을 살펴보았다.

✍ 구별은 확실하게 되지만, 여러 성격을 가지는 대상의 수(數)는 기술될 수 없다. 그래서 예로 진흙 항아리를 취하여 그것의 여러 성격을 나타낸다.

<알려질 수 있는 대상의 질>은 <아는 주체와의 동일성> 외에 아무것도 아니다. 그러므로 항아리가 <모든 아는 주체들에 의해> 항아리로 알려질 때, 그때 그것은 **사칼라** 영혼들 아래로 온다. 그러나 <오직 **쉬바**에 의해서만 인식될 때>, 그것은 **쉬바** 그 자신 외에 다른 것이 아니다. ⧗

이제 <아는 주체>와 <알려지는 대상>의 특징과 관련하여 **흙 탓트와**를 전체로서 설명을 할 것이다.

"**흙이 곧 브라흐만이다.**"고 베다(Veda)가 말하듯이, <**흙**과 다르지 않게 빛나는 그 **빛**>이 **쉬바**이다. <**흙 탓트와**와 관련된 영적인 힘을 얻도록 유도하는 자>가 **만트라-마헤슈와라**이다. 그들에게서 보내진 존재가 **만트레슈와라**이고, **만트라**(말과 그 의미)로 취해져 형태를 떠맡는 것이 **만트라**(신성)이다.

비갸나칼라는 **흙 탓트와**와 관련해서 그 자신을 **상키야**와 <묶인 영혼들이 따르는 다른 계통>에서 찾고, **샤이바-비디아**의 수단으로 **파르티바-요가**를 수행하지만 영구적 상태를 얻을 수 없다.

<묶인 영혼들의 교설을 따라 **흙**에 관한 수행을 하는 자들>은 **칼파**의 끝이나 죽음 뒤에, **다라프랄라야-케발라**로 **흙**으로부터 해방을 경험한다. 그들에게 **흙**은 용해되어 남는다.

✍ <흙 탓트와를 브라흐만으로 이해하지만 **쉬바** 안에서 완전히 확고하게 되기 전에 죽은 구도자>는 **비갸나칼라**의 상태를 얻는다.

<흙 탓트와를 브라흐만으로 여기는 수행을 하는 자>는 브라흐마의 날(칼파) 끝 혹은 죽음의 시간에 **프랄라야칼라**의 상태를 얻는다. ⌛

깊은 잠의 상태에서 <우리가 이런저런 **탓트와**에 용해되어 있다는 사실>은 여러 가지 꿈을 꾸는 것으로 증명된다. (예를 들어, 꿈에서 산을 오르거나 바다를 헤엄치는 것은, **흙 탓트와**와 **물 탓트와**에 용해되어 있는 것이다. 물론 <꿈꾼 이의 수준>에 따라 다른 해석은 얼마든지 가능하다.)

자신을 <흙 **탓트와**와 동일시하는 사람>을 **다라-사칼라**라고 한다. **다라-사칼라**에서도 **샥티**가 나타나고 쉬는 것에 따라 열네 가지 면이 있다.

이것들은 **흙**의 변형으로, <아는 주체>의 역할을 취(取)한 것이다. 그들의 고유의 양태(**스와루파**)는 <순수한 대상(**슛다-프라메야**)>이다. 같은 것이 다른 **탓트와**에도 적용된다.

✍ **사칼라**에서 **쉬바**까지의 <아는 주체>가 동요 될 때, 그들은 각각의 영역에서 기능하려고 한다. 이 동요는 "맥박", "변화"로 알려져 있다. 이것은

일곱 **샥티**의 모습을 일으키고, 그러므로 <샥티의 소유자(**샥티만**)>도 일곱이다.

<순수한 대상(**슛다-프라메야**)>의 순수성은 <아는 주체와의 접촉되지 않음의 결과>이다. 이것은 **흙 탓트와**의 경우뿐만 아니라, 다른 모든 **탓트와**의 "물 자체(**스와루파**)"에서도 사실이다. ⧖

☯

이제 <생명 에너지(**프라나**)> 안에 있는 **탓트와**의 변형을 <아는 주체>와 관련해서 살펴본다.

<어떤 것(예를 들어, "푸르다")을 지각하는 자>는 그 대상 속으로 용해가 일어날 때까지 숨을 쉰다. <생명의 숨>은 **열여섯** **투티**(순간)로 구성된다. **첫 번째 투티는 어떤 구분으로부터도 자유롭고, 구분 되지 않은 단일성이다. 두 번째 투티는 (현현으로) 이제 막 나오려는 <아는 주체의 형태>이다.** 마지막 투티는 <알려지는 대상>과 동일한 반면에, 끝에서 두 번째는 명백히 <아는 주체의 형태>다.

그 중간은 12 **투티**로, 처음 여섯은 본래가 **니르 비칼파**이지만 <지식의 **비칼파** 형태>로 (**의식**이라는 **하늘**을) 덮는다. <처음 여섯>에서 하나는 본성(**스와 루파**)이고, 나머지 다섯은 <미묘한 생각(**비칼파**)>에

해당된다. <알려는 욕망(인식하려는 의지)>과 <아는 (인지하는) 상태> 둘 다 두 **투티**로 이루어지는데, 그것은 그것들은 **잘 드러나는 형태의 활동**이고, 또 <**한 행위와 (한 행위의 미묘한) 진동**>이 '**한 순간 (투티) 이상**' 지각자에게 지속되기 때문이다.

("**행위**"는 <**어떤 한 목표에 이르기까지, 정해진 연속적인 순간의 집합**>을 의미한다.)

<아는 상태>와 <알려는 대상과 관련한 행위자가 되는 상태>가 이렇게 확립되었다. 그러니 미묘한 비칼파의 다섯 성격 때문에 니르비칼파의 상태는 감추어지고, 자체의 본성 때문에 <**니르비칼파**적인 상태>는 여섯 투티(순간)로 이루어진다.

그다음 <니르비칼파적인 상태>가 덮이는 과정은 <니르비칼파의 상태>, <비칼파가 일어나려는 경향 (의지)>, <일어나는 행위>, <일어난 상태>의 여섯 투티(순간)로 이루어진다.

자신의 것으로 만드는 것이 특징인 **인식자(아는 주체)**에 속하는 순간은 이미 설명한 것이므로, 다시 설명할 필요가 없다.

<분별력을 가진 사람>은 스승의 가르침을 따라 모든 곳에서 <열다섯의 상태>를 하나씩 분별한다.

니르비칼파의 상태로 끝나는 행복의 경험처럼, 비칼파가 줄어들면 투티의 수도 감소한다.

✍ <**열여섯 투티**에서 일어나는 일>을 요약(?)해 본다. (<분별력이 좋은 분>은 하나씩 확인하라!)

① <"**하나**"의 **실체**(어떤 움직임도 없음)>
② <미묘한 **첫 움직임**("스판다")>

다음 여섯은 <**미묘한**, 관념적(idea)인 활동>이다.
③ 일어나려는(알려는) 의지
④ 일어나려는(알려는) 의지
⑤ 일어나는(아는) 행위
⑥ 일어나는(아는) 행위
⑦ 일어난(知覺된) 상태
⑧ **스와루파** 상태

다음 여섯은 <그 **니르비칼파**가 덮이는 과정>이다.
⑨ **니르비칼파**의 상태
⑩ **비칼파**(지식)가 일어나려는 경향(의지)
⑪ **비칼파**(지식)가 일어나려는 경향(의지)
⑫ **비칼파**(지식)가 일어나는 행위
⑬ **비칼파**(지식)가 일어나는 행위
⑭ **비칼파**(지식)가 일어난 상태

⑮ <대상과 하나로 빛나는 **주체**>
⑯ <대상과 "**하나임**"(의 그 경험!)>

<"옴(ॐ)"이라는 소리가 사라지는 단계>를 **알아
채는 일**과 더불어…… 실로, **굉장하다!**

보통의 호흡에서 한 **투티**는 ⅛초(秒)라고 한다.

또 <우리 **뇌**(腦) 안에서 우리가 어떤 **대상을 인지
하는 과정**>도 공부하고, 참조하라! <그림책>으로는
R. 오른스타인의 <**놀라운 뇌의 세계**>가 좋(았)다.

우리의 뇌(腦) 피질(皮質)에서 사건들은 최소 70
밀리초(秒) 동안 지속된다고 하며, 우리의 시각은
초당 16 ~ 18 개의 영상이 있을 때 <흐르는 과정>
으로 보이고, 우리의 청각은 초당 18 개의 자극이
있을 때 그 음색(音色)을 인식한다고 한다. 이것이
우리의 <순간적 인상(印象)>인 것이다.

그리고 잘 알다시피, <알려지는 대상>은 <지식>
속으로 용해되고, <지식(인식, 해석)>은 그 <**아는
자(아는 주체)**> 속으로 용해된다.

이야기가 약간 빗나가지만, **테드 창**의 SF소설은
<**카시미르 쉐이비즘**(영성과학)>이 다루는 주제가
꽤 있는 것 같다.

영화 <**컨택트**(Arrival)>로도 제작된 <네 인생의
이야기>는 외계의 언어를 다루면서 시간의 의미도
함께 다룬다. <원형(圓形) 문자>라는 것으로 많은
것을 생각하게 한다.

또 <숨(Exhalation)> 등에서는 자신의 뇌(腦)를 실험실로 하면서 "아르곤(프라나?)"과 "엔트로피 (사마나?)" 등등……

그러나 그의 작품에서 <자유 의지> 등은 - 물론 그 정의(?)부터가 다르겠지만 - 아쉬운 부분이다. '그가 <열여섯 투티에서 일어나는 일> 등의 **탓트와 수행** 등을 알았더라면……'

각설하고,

생각(비칼파)의 수가 줄어들면서 한 **투티**의 길이 또한 줄어든다. <이것(대상)>에 대한 생각이 점차로 감소하면, 그것은 마침내 <두 손가락 길이(투티)로 구성되는> **쉬바** 속으로 흡수가 일어난다.

그래서 **칼라타**는 말한다.

"날숨과 들숨의 움직임에서 **투티**를 점차로 제거 하면 - **호흡이 멈추는 순간이면 - 전지와 전능을 획득한다.**" ⌛

보통 사람들도, <**나-의식**(이라는 하늘)에 **비칼파** (라는 생각의 구름 등)가 **쉬는 것으로**>, <**반영하는 의식**(생각)의 **거주지**>인 <**니르비칼파의 상태**(본래 마음)>를 **이해한다.** (필자가 보기에는, <그런 것> 같지가 않다. 시력 탓인가?) 그것은 <이것의 상태>

225

까지 확장되고, <거의 구별되지 않는 **나-의식**>으로
덮여 있다. 이것은 마치 **<행복 속에서 쉬는 불행한
상태>와** 같아서, 비칼파의 점차적인 감소 뒤에만
명확히 빛나기 시작한다.

이것은 "**<지각자(주체)>와** <지각되는 것(대상)>
사이의 관계에 대한 **세심(細心)한 주의(알아채는
일)**"로 알려져 있고, 나 **아비나바굽타**의 스승들의
견해다.

✍ <**세심한 주의(注意)**[사바다나타]>는 "**주의**가
여기저기로 움직이지 않는, **의식**의 꾸준함"을 의미
한다. 그것은 수행자가 <**그것**으로부터 대상을 **아는
자**가 일어나고, 또 그곳으로부터 대상이 일어남을
얻는> **그 무엇** 쪽으로 **주의**하여 남는 것을 말한다.
그것은 <**자기 조명적인 의식**> 안에서 항상 꾸준히
남는다. 비갸나 바이라바는 말한다.

깨달은 사람은 사물 속에서 실종되지 않는다.

"대상과 주체에 대한 의식은 누구에게나 같다.
그러나 **요기**는 이런 관계에 대해 **깨어 있다.**" ⧗

이 <**열다섯 구분의 순서**>에 확고하게 되면, 순간
(투티)은 둘씩 줄어들어, <이것인 것>으로 구성되는

모든 구분은 쉬바 속으로 완전히 용해된다. 용해는 두 순간을 가진다. <첫 번째 순간>은 모든 것에서 완전하고, <두 번째 순간>은 전지와 전능 속으로 흡수시키는 것을 수행하는 것으로, 그것은 전지와 전능의 근원이 된다. 칼라타가 "투티-파타 등"에서 말했듯이, 한 순간에 전지와 전능을 가진다. 여기서 "파타"는 (경전에서 말하는 신성이 힘인) 슈리마트-칼리(두려운 칼리), 마트리-사드바와(아는 주체들의 핵심), 바이라바, 프라티바(통찰) 등으로 이해된다. 이제 비의(秘意)를 충분히 드러냈다.

그래서 이제 <수행의 대상>이 만트라마헤슈와라 등에 속하는 순간(투티)들이면, 그 영역에 해당하는 힘(싯디)을 얻는다.

✍ <첫 번째 순간(투티)>은 모든 것에서 완전한 쉬바로, 모든 동요(動搖) 너머이고, 초월적이다.

<두 번째 순간>은 샥티로, 존재하는 모든 것의 근원이고, <지식과 행위(전지와 전능)의 원리>이다.

수행자는 첫 번째 순간의 쉬바가 아닌, 샥티에 집중해야 한다.

"파타"는 <내려오다, 하강>의 뜻이지만, 여기서 아비나바굽타는 또 여러 의미를 새겨준다.

특히 프라티바(통찰)는 <활동적인 면의 쉬바>와

동일시되는데, 그는 이 말을 <시적(詩的) 직관>과 관련하여 "통찰은 <직관적인 지식>, <항상 새로운 형태의 근원>으로 여겨진다."고 말한다. <(시적이든 종교적이든) 직관>은 우리의 관습(습관)과 관련되는 <통상적인 언어(마이야 말)>가 약화되는 것과 일치한다. 즉 <(전혀) 다른 의미>로 "읽혀져야"한다! ⏳

☯

이제 (<열다섯 변형> 중에서) <깨어 있는 상태> 등을 다룬다. 상태(아바스타)들은 <(의식의) 대상>과 <의식> 사이에서 결정될 수 있는 다양한 관계로 이루어져 있다. 그것들은 <(의식의) 대상> 만에도 <의식> 만에도 속하지 않고, 또 둘은 서로가 분리되어 있지도 않다.

어떤 경험이 외적으로, 대상성이 현저하게 일어날 때, 그것은 <대상>과 <주체>, 또 <(그 경험의) 도구(수단)>와 관련해서 <깨어 있는 상태>이다.

어떤 경험이 <정신적 수단(도구)>에서 현저하게 일어날 때, 그것은 "정신 활동이 빛나는"<꿈꾸는 상태>이다.

✍ <꿈꾸는 상태>는 도구, 문(門)이다. 꿈의 도움으로 사람은 <올바른 지식>에 이를 수 있다! ⏳

(대상의) 현현이 씨앗 형태로만 보이고, <**(아는) 주체**>가 현저할 때, 그것은 <**깊은 잠**>이다.

이 세 가지 상태는 <(지식의) 대상>, <(지식의) 도구(혹은 **앎, 아는 일**)>, <**(아는) 주체**>와 관련해 각각 네 가지로 구분된다.

✍ 그 구분은 **쉬바 수트라**에서 <자그랏-자그랏, **자그랏-스왑나, 자그랏-수슙티, 자그랏-투리야**> 등으로 다루었다.

여기서 잠깐 언급할 것은 아래 <"**투리야**"의 정의(定義)(?) 부분>이다. 나름, (필자가 가진) 세 가지 책을 번역하고 요약해 보았으나……

"네티, 네티!"가 좋은 이유를 알 것 같다.

독자는 **프라탸비갸 흐리다얌** 등을 참고하면서 <그냥 자유롭게> 마음에 그려보라. ⏳

① 모든 대상이 주체(**프라마트리**) 안에서 쉬고, 그것이 <완전성(**푸르나**)의 상태>로 향했을 때, - 대상이 주체와 다르지 않을 때 - 그때 그런 것이 "**네 번째** 상태"다.

② <(깨어 있고, 꿈꾸고, 잠자는) 상태를 아는 일>이 <**지켜보는** 주체(**프라마트리**)> 안에서 쉴 때, 그것은 <온전(穩全, **푸르나**)>으로 빛난다. 그것이 "**네 번째** 상태"다.

③ 아는 주체(프라마트리)가 쉬는 곳에서, 내면의 완전성(푸르나) 때문에, <빛이 일어나고, **알아채는 일**이 펼쳐질 때>, 그때 그것이 "**네 번째** 상태"다.

그것은 <"보는" 순수한 행위>로 이루어진다. - 그냥 "(나는) 본다."이다. - 완전히 초월적이다. 즉 그 <**순수한 주체성** 안에서>, <모든 외적인 (보는) 수단에서 자유로이>, <그냥 그렇게 보는(아는) 모습(대상)>이다.

✎ 다시 말해서, 우리가 보통 알고 있는 <아는 자(제한된 자아)>, <지식(봄, 광경)>, <알려지는 것(형상)>의 **세 가지 너머(의 그 무엇)**이다.

비갸나 바이라바는 말한다.

데비여!
<아는 자>와 <알려지는 것>에서 알아채라.

내가 한 송이 꽃을 본다면, 세 가지로 나눌 수 있다. <아는 자>, <알려지는 것>, <아는 일(앎)>로. 그러나 우리의 <아는 일>은 오직 <알려지는 것>만 드러내고, <아는 자>는 드러나지 않는다.

꽃을 보며, <보는 자>를 또한 기억하라. 그러나 그것은 어렵다. <보는 자>를 알아채려고 하면, 곧 대상을 놓쳐 버리기 때문이다. 시간이 걸릴 것이다.

그러나 꾸준히 노력하면, <꽃>과 <아는 자>, 둘 다를 동시에 알아챌 수 있다. 둘 다를 동시에 알아채게 될 때, 나는 <제 3의 것>인 <지켜보는 자>가 된다.

보통 내가 <아는 자>로 있을 때, 그때 나는 한 지점에 고정되어 있다. 그러나 <자기 기억>에서는, 내가 <아는 자>라는 그 고정된 지점으로부터 이동한다. 그때의 <아는 자>는 나의 마음이다. 그리고 나는 <제 3의 것>인, 의식(意識), <지켜보는 자아>, <늘 있는 그 무엇>이다.

우리가 <아는 자>와 <알려지는 것>, 그 둘 다인 한 지점을 인식할 수 있다면, 그때 우리는 대상과 주체, 물질과 마음, 외부와 내면, 둘 다를 초월한 것이다.

마음과 함께할 때는 분별이 있지만, <지켜보는 자아>와 함께할 때는 분별이 사라진다. 누가 <알려지는 것>이고 누가 <아는 자>인지 말할 수 없다. 그것은 그 둘 다이다. 그러나 이것은 경험(經驗)에 기초해야지, 그렇지 않으면 철학적인 토론이 되어 버린다. 그러므로 해보라. 실험(實驗), 즉 <실제의 경험>으로 말이다. ⧗

<네 번째 상태(투리야)>는 <근접성>, <중간성>, <원격성>과 관련하여 각각 <주체성(프라마트리)>,

<도구성(프라마나)>, <대상성(프라메야)>의 역할을
준다. 그렇게 세 가지 역할을 주는 것으로 그것은
세 가지 변형을 가지는 것이다.

요기는 이들 상태를 각각 **핀다스타, 파다스타,
루파스타, 루파티타**라는 이름으로 말한다. 명상의
미묘함을 아는 이들은 이 상태를 **사르바토바드라,
비압티, 마하비압티, 프라차야**라고 하며, 이것의
의미는 **말리니비자야** 탄트라의 주석과 또 **탄트라
알로카**에서 다루었다.

<모든 것에 내재하며, 완전한 그것>은 <**네 번째
너머**의 상태(**투리야-티타**)>이다. 그것은 <모든 것을
초월하는 것>으로, <**마하프라차야**>라고 부른다.

프라메야	프라마나	프라마타	프라미티
자그랏	스왑나	수슘티	투리야
핀다스타	파다스타	루파스타	루파티타
사르바토바드라	비압티	마하비압티	프라차야

✍ R. 놀리는 요기의 **핀다스타, 파다스타, 루파
스타, 루파티타**를 각각 Corporeal, Imaginative,
Formal, Trans-formal로,

또 갸닌의 **사르바토바드라, 비압티, 마하비압티,
프라차야**를 Omni-propitious, Pervasion, Great
Pervasion, Accumulation(능숙)으로 풀었다. ⌛

<분명히 구별되고, 꾸준하고, 잘 연결되어 있는 것>은 <깨어 있는 상태>다. 그것과 대조되는 것이 <꿈꾸는 상태>로, **프랄라야칼라** 영혼이 경험하는 상태다. <깊은 잠>은 모든 대상에 대해 깨어 있지 않는 상태로, **비갸나칼라** 영혼의 경험의 상태다. **<네 번째 상태>**는 <주체와 다른 것이 없는 대상을 느끼는 경험(아트마·비압티)>으로, **만트라, 만트레슈와라, 만트라마헤슈와라** 영혼의 경험의 상태다. <모든 것에서 **쉬바**와의 동일성을 느끼는 것(**쉬바·비압티**)>이 <**네 번째 너머**(투리야·티타)의 상태>로, 이것은 모든 것을 초월하는 상태다.

이와 관련해 <열다섯 구분(변형)>의 다섯 상태는 다음과 같다.

① 본성의 **사칼라** - **자그랏**(깨어 있는 상태)
② **프랄라야칼라** - **스왑나**(꿈꾸는 상태)
③ **비갸나칼라** - **수슙티**(잠자는 상태)
④ **만트라** 등(等) - **투리야**(네 번째 상태)
⑤ **쉬바** - **투리야·티타**(네 번째 너머의 상태)

<열셋 구분(변형)>에서는 본성과 **프랄라야칼라** 영혼 등과 관련한 다섯 상태가 있고,
<열한 변형>은 본성과 <**비갸나칼라**의 에너지>,

<비갸나칼라 영혼> 등과 관련한 다섯 상태가,

<아홉 변형>에는 본성과 만트라, 만트레슈와라, 만트라마헤슈와라, 쉬바다.

<일곱 변형>에는 본성과 만트레슈와라, 만트라마헤슈와라, 샥티, 쉬바다.

<다섯 변형>에서는 본성과 <만트라마헤슈와라의 에너지>, 만트라마헤슈와라, 샥티, 쉬바다.

<세 가지 변형>에는 본성과 크리야, 갸나, 잇차 샥티와 쉬바다.

<쉬바 탓트와>는 구분이 없지만, 목록의 완성에 능한 요기는 크리야, 갸나, 잇차, 아난다, 칫(의식) 샥티로 다섯 상태를 생각한다.

(변형들은 다음의 <두 쪽짜리 표>를 참고하라.)

흙에서 쉬바까지의 모든 탓트와는
<아는 주체>에서 쉬지 않음이 없나니
<아는 일>은 그렇게 다양하게 빛나누나

이 순차적인 <탓트와의 수행>으로
<절대 자유>와 <알아채는 일>이 있는
<니르비칼파 상태의 그대>를 찾아라

(1) 15 변형 프리트비 - 프라크리티	① 스와루파-사칼라	자그랏
	② 프랄라야칼라	스왑나
	③ 비갸나칼라	수숩티
	④ 만트라 등(等)	투리야
	⑤ 쉬바	투리야티타
(2) 13 변형 푸루샤 - 마야 아래	① 스와루파	자그랏
	② 프랄라야칼라	스왑나
	③ 비갸나칼라	수숩티
	④ 만트라 등(等)	투리야
	⑤ 쉬바	투리야티타
(3) 11 변형 마야	① 스와루파	자그랏
	② 비갸나칼라 샥티	스왑나
	③ 비갸나칼라	수숩티
	④ 만트라 등(等)	투리야
	⑤ 쉬바-샥티	투리야티타
(4) 9 변형 숫다-비디아	① 스와루파	자그랏
	② 만트라	스왑나
	③ 만트레슈와라	수숩티
	④ 만트라마헤슈와라	투리야
	⑤ 쉬바	투리야티타
(5) 7 변형 이슈와라	① 스와루파	자그랏
	② 만트레슈와라	스왑나
	③ 만트라마헤슈와라	수숩티
	④ 샥티	투리야
	⑤ 쉬바	투리야티타
(6) 5 변형 사다-쉬바	① 스와루파	자그랏
	② 만트라마헤슈와라 샥티	스왑나
	③ 만트라마헤슈와라	수숩티
	④ 샥티	투리야
	⑤ 쉬바	투리야티타

(7) 3 변형 샥티	① 스와루파	자그랏
	② 크리야 샥티	스왑나
	③ 갸나 샥티	수슙티
	④ 잇차 샥티	투리야
	⑤ 쉬바	투리야티타
(8) 쉬바 (**단일성, 전체성**)	① 크리야	자그랏
	② 갸나	스왑나
	③ 잇차	수슙티
	④ 아난다	투리야
	⑤ 칫(**의식**)	투리야티타

✍ 위에서는 **스와루파**를 그냥 간단히 '본성'으로 번역했고, 앞쪽에서는 <물 자체>, <고유의 양태>, 때로는 <**내밀한 본성**>으로도 번역했다.

그러나 제 1 장 등에서 '**본성(本性)**'으로 번역한 **스와바와**와는 그 사용한 의미가 사뭇 다르다.

마치 '**아함카라(人間)**'와 '**아함(神)**'의 차이?

말은 참 어렵다……!!!

바로 위의 **말**도, 정확히(?) **말**하자면,

'**말**을 하(고 살)려니 어렵다'는 **말**이다. <나 혼자만의 세계>에서는 이렇게 어렵지는 않은데……

각설하고,

<**탓트와 수행**> 등에서 <좀 더 자세히 다루어야 할 것들>은 **말리니비자야 탄트라**로 미룬다. ⧗

제 10 장
칼라의 길

✍ <칼라의 길>을 다루는 여기서 <현현의 여섯 형태(길)>인 샷-아드와를 다시 요약한다.

주체(시간적)로는 <바르나, 만트라, 파다>,

대상(공간적)으로 <칼라, 탓트와, 부와나>.

(혹 위 샷-아드와를 기억하는 데 도움이 될까하여 중국무협영화를 생각하며, 한 문장으로 만들면

"時空을 누비는 <바만파(派) 칼탓부(部)>!") ⧗

(제 8 장에서) 탓트와의 길이 설명되었다. 이제 **칼라** 즉 <**탓트와**의 미묘한 단위(로 부르는 것)>의 길을 다룬다. 많은 세계(부와나)를 통해 <한 실로 꿰는 것 같은 특별한 성질의 것>을 "**탓트와**"라고 부른다는 것은 이미 말한 바다. 똑같은 방식으로, **탓트와**(혹은 **탓트와** 무리)에서 변함없이 거(居)하는 것을 "**칼라**"라고 부른다. 이것은 **칼라**가 한결같은 방법으로 모양이나 꼴(칼라나)을 지을 수 있기 때문이다. 예를 들어, **니브릿티 칼라**는 **흙 탓트와**에서 기능하는데, 그것은 **탓트와**의 창조 과정이 **흙**에서 "멈추기" 때문이다.

✎ 모든 **탓트와**를 그 각각의 곳에 붙들어 두기 위한 <미묘한 **에너지**("**칼라**")>가 있다. 예를 들어, **흙** 요소는 **다리카**라는 미묘한 **에너지**에 의해 유지된다. 이것의 기능이 **흙**을 함유하거나 혹은 **흙**에서 "멈추는" 것이므로 **니브릿티**라고 한다. 유사하게 **프라티슈타**, **비디아**, **샨타**라는 미묘한 **에너지**들은 다른 **탓트와**(혹은 **탓트와** 무리)에서 활동한다.

잘 아는 대로, <다섯 **칼라**>는 다음과 같다.

1) **니브릿티**(**다리카**) **칼라** : **프리트비 안다**
   프리트비(**흙**) **탓트와** 하나.

2) **프라티슈타**(**아퍄이니**) **칼라** : **프라크리티 안다**
   잘라(**물**)에서 **프라크리티**까지의 **탓트와**.

3) **비디아**(**보디니**) **칼라** : **마야 안다**
   푸루샤에서 **마야**까지의 **탓트와**.

4) **샨타**(**웃파이니**) **칼라** : **샥티 안다**
   마하마야와 **숫다비디아**, **이슈와라**, **사다쉬바**, **샥티 탓트와**.

5) **샨타티타**(**아와카샤다**) **칼라** : **아눗타라**
   쉬바 탓트와 하나. ⧗

238

프라티슈타 칼라는 잘라(**물**)에서 **프라다나**(프라크리티)까지의 **탓트와** 무리에서 기능하며, 그것은 "음식(으로 생기를 북돋우고), 기초"를 준다.

비디아 칼라는 푸루샤에서 **마야**까지의 **탓트와** 무리에서 기능하는데, 그렇게 부르는 것은 "알 수 있는" 대상은 감소하고 **의식**("**아는 일**")이 증가하기 때문이다.

샨타 칼라는 **슛다 비디아**에서 **샥티 탓트와**까지에서 기능하며, **칸추카**의 활동이 "고요하다."

그래서 <**프리트비**(혹은 **파르티바**) **안다**>, <**프라크리티 안다**>, <**마야 안다**>, <**샥티 안다**>의 넷만 있다.

✍ **안다**는 영역 혹은 알(卵)로, 한 영역이 다른 영역과 분리되어, 서로 침투하지 않도록 하는 장벽이고 껍질이다. ⌛

흙 등에 나타나는 신성의 힘은 **샥티 탓트와**까지 그들의 **안다**에서 거하기 때문에, **샥티 탓트와**에는 <미묘한 촉감(**스파르샤**)>이 존재한다. 촉감(觸感)의 접촉은 "저항(抵抗)"의 성격을 갖고 있다. 그래서 **샥티 탓트와**의 그 끝까지 **안다**(영역)가 존재한다고 결론짓는 것은 합리적이다.

✍ 이것은 <냄새, 맛, 촉감 등의 **흙 탓트와**와 또다른 **탓트와**에 속하는 성질>이 또한 **샥티 탓트와**에도 존재한다는 것을 말한다. 그러나 거친 형태가 아닌 미묘한 것에서다. 이것이 **쉬바**가 다섯 다른 요소로 만든 **링가**로 경배되는 이유다.

"**샥티 탓트와**에는 <미묘한 촉감>이…… 접촉은 '저항'의 성격을……" 그래서 성희롱은 범죄? ⧖

샨타-티타 칼라는 **쉬바 탓트와**에 있는데, 그것은 **교육과 명상, 예배를 위해 창조한 것**이다.

그러므로 <**지고의 실재**>는 그 **절대 자유**를 갖고 있지만, 여기서는 <지식의 영역 너머의 그것>으로 <칼라 너머(**칼라-티타**)>이다. 그러므로 **칼라**의 수는 실제로 다섯이고, **탓트와**의 수는 36이다.

✍ **쉬바**는 변화, 제한, 생각 등의 어떤 것에서도 자유롭다. 위 "**명상 등을 위해 창조한 것**"이라는 말은 <**초월적인 것은 명상의 대상일 수가 없다**>는 말이다. 만약 명상의 대상이 명상 안에 존재하는 것이면, 그것은 초월적이지 않은 것이다. 그러므로 최고의 것 바로 아래에서 기능하는 **칼라**는 **샨타**로 알려져 있다. 그러나 **쉬바**는 **샨타** 너머(**티타**)이다. 그러므로 <**불변(不變)의 무엇**>을 기술하는 이름은, 사실은, 어떤 것도 적절하지 않다. ⧖

이 외에도 36 **탓트와**를 다섯 유형으로 나눌 수 있다.

1) <대상적인 **탓트와**>는 두 가지 형태다. 거친 것의 **마하부타**, 미묘한 것의 **탄마트라**로 그 수는 10이다.

2) <도구적인 것들>도 두 가지인데 <순수한 것(행위기관)>과 <주체와 관련되는 것(인식기관)>으로 그것도 10이다.

3) 그다음 다섯 **탓트와**(**마나스**, **아함카라**, **붓디**, **프라크리티**, **푸루샤**)는 도구성은 부차적이 되고, 주체성이 현저하게 된다.

4) 그다음은 <순수한 주체성>에 거(居)하는 다섯 **탓트와**다. (다섯 **칸추카**로 **니야티**, **카알라**, **라가**, **비디아**, **칼라**)

5) 다음 다섯 **탓트와**는 완전을 향해 용해된다. **마야 탓트와**는 다섯 **칸추카**의 **탓트와**를 흡수하고, 순수한 형태의 **탓트와**는 **숫다 비디아**, **이슈와라**, **사다쉬바**, **샥티**이다.

<서른여섯 번째 **탓트와**>는 **쉬바 탓트와**로, 그는 모든 제한에서 자유롭다. 그러나 가르칠 때와 명상할 때는, <수행자의 마음이 그 안에서 기반을 얻는 것>이므로 신성을 <서른일곱 번째>라고 부른다. 이 **탓트와**가 또 명상의 대상이 될 때, **탓트와**의 수는

서른여덟이 된다. 그러나 이는 무한소급이 되지는 않는다. 명상하고 있을 때, 그것은 <서른일곱 번째 탓트와>에서 끝난다.

✍ 명상자의 의식에서 <알 수 있는 것(대상)>으로 떠오른 것은 얼마 동안 존재한다. 그러나 대상인 것으로서의 특질이 사라질 때, 남는 그것은 사실 <서른여섯 번째 탓트와>다.

그러나 교육의 목적으로, 그 상태에서 신성은 <서른일곱 번째 탓트와>로 여겨지고, 이 대상성도 사라질 때는 <서른여덟 번째>로 여겨진다. ⧖

그렇지만 <서른여섯 번째 탓트와>는 다른 모든 탓트와 너머에 있는 것으로 여겨져야 한다.

이것이 <다섯 칼라>로 모든 탓트와를 명상하는 방법이다.

1) 아트마-칼라가 비갸나-칼라까지 확장하고,
2) 비갸나-칼라는 이슈와라까지,
3) 남은 탓트와는 쉬바에 의해 편재할 때,

이는 모든 탓트와를 <세 가지 칼라>로 명상하는 방법이다.

똑같은 식으로, <아홉 탓트와>로 수행(명상)하는 방법도 있다.

✍ 36 탓트와를 <아홉 탓트와>로 수행할 때는, <프라크리티, 푸루샤, 니야티, 카알라, 마야, 슛다비디아, 이슈와라, 사다-쉬바, 쉬바>이다. ⧗

<여섯 가지 길(샷-아드와)>의 세 가지는 <부와나(세계), 탓트와, 칼라>로, <거칠고, 미묘하고, 가장 미묘한 것>의 대상성의 측면이다.

반면에 그것이 주체성에서 쉼(비슈란티)을 취할 때도 세 가지로 나뉘는데, 그것이 지식의 도구로 빛날 때는 <파다의 길>이고, 거기에서 동요(動搖)가 쉬게 될 때는 <만트라의 길>이고, 주체성 속에서 완전히 쉴 때는 <바르나의 길>이다.

그래서 <하나의 길이 "여섯의 길(샷-아드와)"을 갖는다>는 것은 옳다.

✍ 세상은 <알 수 있는> 세 가지 형태의 빛나는 대상으로 인식되는데, 칼라, 탓트와, 부와나이다. 똑같은 식으로 그것들이 주체에서 쉴 때는 바르나, 만트라, 파다의 세 가지다. "바만파 칼탓부!" ⧗

다음은 수행자를 가르치기 위해 아비나바굽타가 지은 <아리아 음보(音步)에 맞춘 노래>다.

"파다, 만트라, 바르나가 하나(1)
부와나(세계)가 열여섯(16)인
흙 탓트와는 니브릿티 칼라

파다, 만트라가 다섯(5)
바르나는 스물셋(23)
물에서 프라크리티까지 스물셋(23) 탓트와
부와나(세계)가 쉰여섯(56)인
프라티슈타-칼라

파다, 만트라가 둘(2), 바르나는 일곱(7)
푸루샤에서 마야까지 일곱(7) 탓트와
부와나(세계)가 스물여덟(28)인
비디아-칼라

파다, 만트라는 하나(1)
바르나가 셋(3), 탓트와도 셋(3)
(슛다-비디아, 이슈와라, 사다-쉬바)
부와나(세계)가 열여덟(18)인
샨타-칼라

파다, 만트라, 탓트와는 하나(1)
바르나(음소)가 열여섯(16)인
샨타티타-칼라"

✍ <위 노래의 **샨타-칼라**>와 <본문(**샥티 안다**)의 **샨타-칼라**>에서 **샥티**를 다르게 분류했다.

샨타티타-칼라에서 **탓트와**를 하나라고 한 것은 **쉬바**와 **샥티**를 <단일성(**쉬바-샥티**)>으로 본 것이고, **바르나(음소**)의 열여섯은 모음을 말한다.

"**바만파 칼탓부**"에 맞춰 약간 고쳤다. ⌛

☯   ☯   ☯

한자어 "우주(宇宙)"는 <공간과 시간>을 말한다. <시간의 길>과 <공간의 길>은 결국 우리가 사는 <이 세상(우주)을 어떻게 이해할 것인가> 하는 소위 <우주론(宇宙論)>이라고 할 수도 있다.

그러나 우리가 살폈듯이 **<트리카의 우주론>은 저 <물리학의 우주론>과는 참으로 엄청나게 다르다.** 물리학이 오직 대상인 우주만을 다룬다면 트리카는 **<나(주체**)인 우주>를 인식한다.

"시간(카알라), 공간(데샤)"을 (함께 혹은 따로) 나타내는 인도의 말은 다양하다. 함께로는 "**빈두, 크라마, 산디, 탈라**" 등, 따로는 "**카알라, 크샤나**" "**데샤, 나비, 크셰트라(체트라), 로카**" 등.

(한자어로 된) 우리말도 그러하리라. 공간으로는 "곳, 지역, 영역, 경계, 세계, 지경, 환경……"

<시간>에서도 살폈듯이, **<공간>도** 꼭 <물리적, 지리적 공간>만을 "공간"으로 생각할 필요는 없다. **<심리적 공간>, <영적 공간>**과 함께 <문화, 예술적 공간> **등등 얼마든지 생각할 수 있다.**

대부분의 종교는 <천국, (연옥) 지옥>이란 공간을 다루고 있다. 왜 그런가? 우리 몸(육체)이 죽은 후 영혼이 가서 사는 어떤 곳을 가리키고 있는가?

앞에서도 약간 살폈듯이, 그렇지는 않은 것 같다. **나의 주의(注意)가 곧 나의 존재(存在)이기** 때문에, **<나의 주의 즉 나의 마음이 "어디에" 있느냐>**가 곧 그것을 결정하고 있다. 그것이 **우리가 <똑같은 세상>에** 살고 있지만, **<다른 세계(부와나)>에 살고 있**(을 수밖에 없)**는 이유다.**

주역(周易)도 말한다.

方以類聚 物以群分(방이유취 물이군분)

"(영적 **수준이) 다른 곳에는 사는 무리도 달라 각기 <다른 세계**(천국, 지옥 등)**>를 이루나니**"

제 11 장
샥티 파타 곧 <성령 받음>

지금까지 기술한 것은 어떤 이에게는 <지름길의 방법>으로 해방을 얻기 위한 직접적인 방법이 될 수 있지만, 다른 이에게는 입문(딕샤), 의식(儀式) 등으로 이끌 수도 있다. 그러므로 입문, 의식 등의 성격을 설명하는 것이 필요하다.

여기서 이런 질문이 떠오른다. "그 누가 입문을 받을 자격이 있는가?" 이 질문에 답하기 위해서는 **<은혜의 하강(샥티 파타)>**이라는 주제가 논의될 것이다. 그리고 또 이런 의견도 있을 것이다.

"무지에 뿌리박고 있는 세속적 존재계는 지식의 부족으로 생긴 것인 바, (바른) 지식이 생겨서 그 무지가 제거되면 은혜의 하강이 일어난다."

✍ **바가바드 기타**는 <지식의 불은 모든 행위의 **카르마**를 태운다>고 한다. 과거의 행위의 경험을 가진 이에게는, 그 행위의 열매가 미래에서 경험될 행위에 포함되어 있는 것이 필요하다. 그 행위자는 과거 행위의 결과를 점차로 경험해야 한다. 그러면 <행위와 결과의 순환>은 끝이 없다.

만약 어떤 이에게 <지식의 출현>이 있은 뒤에 <은혜의 하강>이 있고, 그리고 그 <지식의 출현>은 주에 의한 것이라면, 논리의 악순환이 있다. ⧗.

그러나 그들은 <이 바른 지식이 왜, 어떻게 일어나는지>를 설명해야 한다. 만약 그것이 <카르마의 작용>이라면, 그때 그것은 행위의 결과와 다르지 않을 것이고, 그것은 그 결실을 거두는 한 형태가 될 것이다. 만약 (대상을) 즐기는 이가 은혜를 받는다면, 그때는 <넓음(관용)의 오류(**아티프라상가**)>가 일어나고, 또 만약 <주의 **의지**("**하나님의 뜻**")>가 **샥티 파타**의 원인이라면 <상호 의존의 오류(**안욘야 슈라야타**)>가 일어나고, 또 더구나 그것은 아무런 목표도 주지 못한다.

이 이론은 또 **주**의 (어떤 이를 더 편애하는 등의) 부분성의 문제를 수반한다. 더구나 <서로 동등한 힘을 가진 행위(**카르마-삼야**)가 그 "은혜의 하강"이 일어나도록 하기 위해, (과거의) 행위를 균형 잡을 수 있다>고 가정하는 것은 무리가 있다.

✎ **주는 치우치지 않아야 한다.** 예수는 말한다. "**하나님**은 **해**를 악인과 선인에게 비추시며, **비**를 의로운 자와 불의한 자에게 내려주심이라." **은혜** 라는 **해**와 **비**를 말이다.

카르마-삼야는 두 가지의 서로 반대되는 과거의 행위의 균형의 결과로 일어난다. 이들 행위 둘 다 정확하게 동등한 힘을 가지므로 서로 어떤 결과를 일으키는 것을 방해한다. 이 이론에 따르면, **샥티파타**는 이들 두 가지 행위가 균형이 되고 그것들의 결과가 중화될 때 일어난다는 것이다.

그러나 **아비나바굽타**는 어떤 영혼이 **주**에 의해 "움트는" 것이 아니라, **주 자신이 아무런 방해물 없이 자신의 본성을 어둡게 하고 또 밝게 한다**는 것이다. ⧗

행위는 순차적이며 또 서로에게 반대일 수 없기 때문에 이 견해는 받아들일 수 없다. 설령 행위가 서로 반대된다고 용납하더라도, 어떻게 <서로 반대되지 않은 다른 행위>가 그것들의 결과를 주는지에 대한 의문이 일어난다. 만약 <서로 모순되지 않은 행위>가 일어나지 않는다면, 그때 사람은 즉시로 자신의 몸을 버릴 것이다. 출생과 수명에 결과를 주는 행위는 중단되지 않고, 행복과 고통의 경험을 주는 오직 그런 행위만 중단된다고 하는 것은 옳지 않다.

이런 견해는 옳지 않은데, 그것은 은혜의 하강이 그런 행위 때문에 온다고 가정하더라도, 왜 은혜가 경험의 결과를 주는 행위를 두려워하는지에 대한 질문에는 대답하지 못하기 때문이다. 나아가 만약 은혜의 문제가 <불순의 성숙의 이론>에 의지하여 만족할 만큼 풀리더라도, 다음은 <불순의 성숙>의 성격뿐만 아니라 <불순의 성숙>의 원인의 문제가 답해져야 한다.

✍ 케타팔라에 따르면, **샥티**는 <억누르고 막는> 본성이라 불순(**말라**)을 잡고 있고, <불순이 완전히 성숙하게 되면> 그 **샥티**는 비활성이 되고, 지식과 행위의 올바른 현현이 일어나, 이것이 구도자에게 은혜의 하강으로 끝난다는 것이다.

    <불순의 성숙의 이론>은 저 기독교의 "**죄**(불순)**가 더한**(많은) **곳에 은혜가 더욱 넘쳤나니**"라는 바울의 말을 떠올리게 한다. …… <분명히 나쁜 놈>인데 용서를 해준다? <율법과 은혜>, <정의와 은혜>, <진리와 은혜>의 문제는 <좌뇌와 우뇌>의 문제다. 보통, 좌뇌의 기능이 다한 곳에 우뇌가…… ⧗

이 질문으로 <집착을 버렸기에>, <마음에 어떤 종교적 장점이 있기에>, <분별의 올바른 능력>, <선(善)을 따름>, <성자들과의 연대>, <신에 대한 경배가 있었기에> 같은 생각 가능한 모든 원인들은 부인된다. 그래서 이원론자들로 일어난 이 논쟁은 앞뒤가 안 맞는 것으로 거부된다.

절대 자유인 주의 이 비이원(불이) 체계를 따라, 우리는 주는 <놀이의 방식>으로, 그 본성을 가리고 <묶인 존재의 형태(파슈)>를 취한다는 입장을 유지한다. 그러나 거기에는 시공간과 그 본성의 구별에 관한 모순이 없다.

유사하게, 주는 자신의 본성에 (자유로이 선택한) 제한을 제거하는 것으로, <제한된 아는 주체(아누)>라는 은혜의 수령자에게 즉시로 혹은 점차적으로 자신을 드러낸다.

✍ 이제 <은혜의 하강>의 본질에 관한 설명이다. 현현의 과정에서 주(主)는 칸추카, 탓트와, 말라를 통해 그 자신을 감추는(티로바와) 것으로 제한된 존재를 창조한다. (마치 자유로운 배우가 한 배역을 연기하듯이……) 그리고 그는 그 제한된 존재에게 샥티 파타를 수여함으로써 자신을 드러낸다.

<(본성을) 어둡게 하고 감추는 것(은폐)>과 <밝게 하고 드러내는 것(계시)>의 전(全) 과정은 오로지 주(主)의 절대 자유(스와탄트리야)이다! (이쯤에서 "절대 자유"라는 말의 의미를 곰곰이 새겨보라!)

자티티는 <지체 없이>의 의미로, 즉 아누파야에 직접적으로 의지하고, 크라메나는 <점진적인 과정으로>의 의미로, 즉 입문, 의식(儀式)의 수행 등의 방법과 관련된다. ⌛

주는 본질에서 **절대 자유**여서, <**샥티의 하강**>을 일으키는 것은 바로 **그**(곧 **나** 자신)이다. 그러므로 <**은혜의 하강**>은 아무것에도 의지하지 않고(**니르-아펙샤**), 바로 나 자신의 본성을 실현하는 것으로 (**깨달아 "아는"** 것으로) 그 열매를 맺는다.

그러나 향유(享有)하려는 이들에게 은혜의 하강은 그 행위에 의존한다(**카르마-아펙샤**). 다른 권위적인 향유를 바라는 이들에게는 은혜가, 오로지 **주**의 뜻 (**의지**)으로, **루드라, 비슈누, 브라흐마** 등을 통해서 내린다. 이들은 모두 **마야**의 영역에 매달린 권위들이다. 이런 은혜는 <**만트라** 영혼(주체, **프라마타**)의 상태> 등을 얻는데, <**마야와 푸루샤**>, <**푸루샤와 칼라**>, <**푸루샤와 프라크리티**>, <**푸루샤와 붓디**> 사이를 분별하는 능력을 일으킨다. 그래서 그들이 <낮은 **탓트와**에 속하는 그런 결과>를 즐기는 것을 막는다.

향유와 해방을 바라는 이에게는, 은혜의 하강은 향유로 올 때는 의식(儀式)에 의존하고, 해방으로 올 때는 어떤 것에도 의존하지 않는다. 그러므로 그것은 의존적이기도 하고 또 그렇지 않기도 하다 (**사-아펙샤-니르-아펙샤**).

그러므로 <은혜의 하강이 왜 특정한 사람에게만 일어나는가?>라는 질문은 적절하지 않다. 이것은 간단한데, 한 영혼의 형태로 나타나는 그 누구라도 주 자신 외에 아무것도 아니기 때문이다. 그러므로 정확하게 말해서, <그에 대해 이런 질문을 올리는 그대>가 바로 <은혜 때문에, 그에게서 분리된(?) 그 한 영혼>이 아닌가?

✎ 이제 아비나바굽타는 <그런 생각>에 최후의 일격을 가한다. <반론의 의문으로 지금 곤혹스러워하는 자>, 바로 그대가 곧 그(神)가 아닌가? ⧖

은혜의 하강은 아홉 종류다. <강한 것>, <보통의 것>, <느린 것>과 다시 그것의 세 가지 변형으로 <지극히 강한 것>, <보통 강한 것>, <약하게 강한 것> 등이다.

① <지극히 강한 은혜의 하강>이 일어나면 즉시 몸이 죽고, <파라메슈와라의 상태>가 된다.

② <보통 강한 은혜의 하강>으로, 그 수령자는 자신을 실재의 본성으로 강하게 확신하여 경전이나 스승에게 어떤 도움도 요구하지 않는다. 그에게는 직관적인 지식이 자동적으로 열려, 외적인 형태의 정화 의식(儀式)이 없이도 그는 다른 이에게 향유와 해방을 주는 자가 된다. 이런 은혜를 받은 사람은

<프라티바(직관, 통찰) 유형의 스승>이라고 부른다. 이런 사람은 이 **사회적인 관습의 준수가 요구되지 않는다.**

<프라티바 유형>에서도 비교하여 더 구분할 수 있다. 이것은 **주**의 의지의 다양한 본성 때문이다. 본성에 의해 직관적이 되었더라도, 경전을 의지할 수도 있는데, 이것은 진리의 확인을 위해서일 때뿐이다. 그래서 <프라티바 유형에 속한 이>는 경전에 의지하지 않을 수도 있고, 경전의 지식에 해박할 수도 있다. 그러나 둘 다 **직관**(프라티바, **통찰**)이 **최고로 작동한다.**

<프라티바 유형의 스승>이 있는 곳에서는, 다른 유형의 스승들은 어떤 권위도 없다. 마치 이원론 체계(**샤이바 싯단타**)에서 해방을 얻은 **쉬바**들은, <시작이 없는 **쉬바**>의 현존에서는 창조, 파괴 등의 기능이 (그냥) 무능한 것과 같다.

✎ <초월의 **신**(神)만으로 자유를 얻은 이들>은 <**초월하고 내재**(內在)**하는 신**으로 자유를 얻은 이>, 곧 <그 자신이 **신**(神)인 이>에게는…… ⧗

③ <약하게 강한 은혜의 하강>에서는 바른 스승에게로 가려는 욕망은 생겨나지만, <그렇지 못한 스승>에 대한 기대는 사라진다. 그것이 곧 <무능한

스승에게서 바른 스승에게로 가는 은혜>이기 때문이다. **참 스승**은 경전에 담긴 진리 전체에 완전히 밝으며, 그는 **주 바이라바** 외에 아무것도 아니다.

요기조차도 수행으로 얻은 지식을 통해서만 다른 이들에게 해방을 주는 자다. 이와 관련해서, 그의 스승으로서의 권능은 **쉬바와의 동일성**에서 오며, 반면 그의 연민과 매력은 본질적인 것이 아니다. 그러나 무능한 스승도 **쉬바**와의 연합 외에는 모든 특질(매력 등)을 갖고 있을지도 모른다.

그래서 그런 스승에게로 가려는 사람은 지식이 특징인 입문을 해야 한다. 그것을 통해 그는 즉시 <살아 있는 동안의 해방(지반 묵티)>을 얻는다.

이 입문은 여러 가지 방식으로 일어난다. <단지 일별(一瞥, **아발로카나**)로>, <**실재**에 대한 몇 마디 말로>, <경전에 대한 설명으로>, <수련을 잘 관찰하는 것으로>, <봉헌(奉獻, 희생)으로>. 명상 등을 잘 수행한 사람은 생명 **에너지(프라나)**의 결합을 끊는 시각에 입문을 받는다. 그러나 이런 종류의 입문은 죽음의 시각에만 주어야 한다. 이 특별한 유형의 입문은 다음에 설명될 것이다.

그래서 <강한 **은혜의 하강**>은 세 가지다.

④ <강한 보통의 은혜의 하강>으로 입문을 받는

이는 **쉬바**와의 동일성에 대한 깊은 확신을 느끼지 못한다. 그러나 그 깨달음이 점차로 익음에 따라, 그는 몸을 버린 뒤 **쉬바**가 된다.

⑤ <보통인 보통의 은혜의 하강>에서는 **쉬바**성을 얻기를 열망하더라도 즐거움을 위한 욕망에 압도당한다. 그럼에도 불구하고, 이런 사람은 입문을 통해 그에게 주어지는 순수한 지식을 받는 자다. 그는 현재의 몸에서 **요가**의 수행을 통해 얻는 즐거움을 경험하고, 그의 몸을 벗어나는 시간에 **쉬바**가 된다.

⑥ <약한 보통의 은혜의 하강>에서는 지금 몸을 떨어뜨린 뒤 다른 몸에서 즐거움을 경험한 뒤에만 **쉬바**성을 얻는다.

그래서 <보통의 **은혜의 하강**> 또한 세 가지다.

즐거움을 향유하려는 열망이 지배적일 때, 그때 은혜의 성격을 <느리다>고 한다. 이런 은혜를 받은 사람은 **만트라**의 반복과 같은 **요가**의 방법을 통해 **주**와의 동일성을 얻는 것을 바라게 된다. **만트라**와 **요가**의 수행은 마지막이 해방으로 끝나고, 은혜의 성격에 확실한 것이기 때문이다.

<느린(약한) **은혜의 하강**>도 비교하여 구분하면 세 가지다. 이것들은 은혜의 하강에 중요한 원리다. **바이슈나바**와 또 다른 전통에서는, 은혜의 하강이 마치 왕의 은혜와 같아서 해방으로 끝나지 않는다.

그래서 이런 유형은 여기서는 논의되지 않는다.

샥티는 **쉬바**로부터 분리되어 있지 않다. 그래서 <느린 은혜의 하강>의 경우에는 좋은 것(**제슈타**)이 아닌, 부정적이고(**고라**) 무서운 것(**고라타리**)이다.

✍ **샥티**가 모든 곳에 현존하더라도 다른 효과와 또 다른 형태를 가진다. **제슈타 샥티**로서 그것은 사람을 궁극의 목표로 이끌지만, **고라**와 **고라타리 샥티**, 즉 부정적이고 무서운 것은 사람을 세속적 존재계로 이끈다. ⧗

이미 다양하다고 해도 <은혜의 하강>은 비교하여 나누면 더 분화된다. **바이슈나바**와 또 다른 전통에 속한 사람들은, 스승의 말을 따르는 동시에 다섯 흐름의 경전을 따르는데, 순차적으로 충분히 성숙하게 되어 <모든 것을 초월하는 지고의 경전, **주**에 의해 계시된 이 **트리카**>를 받아들일 최고의 힘을 얻게 된다. 어떤 이들은 (**트리카**를 받아들일 최고의 능력을) 어떤 단계를 뛰어넘어 얻으므로 그 구분은 무한하다. 또 어떤 이들은 (그 능력을) 어떤 순서도 없이(**아-크라마**) 즉시로 얻을지도 모른다.

낮은 계통에 속한 스승들은 <만달라를 보는 것>조차도 금하지만, **<높은 계통에 속한 스승>**은 낮은 교설을 "살아 있게" 만든다. 그는 이런 것을 할 수 있는데, 그의 완전함 때문에 모든 경전에 자격이 있기 때문이다. 이런 사람은 스승(**다이쉬카**)이고, <영적 안내자(**구루**)>이고, <규칙을 따르며 그것을 다른 이에게 가르치는 자(**아차리야**)>이고, <입문을 주는 자(**딕샤카**)>이고, <입 맞추는 자(**춤바카**)>다. 그 중에서도 가장 좋은 사람은 <지식이 완전한 이>인데, 그것 없이는 입문 등이 성공할 일은 불가능하기 때문이다.

  ✎ 춤바카(磁石)는 "**샥타 스파르샤**"로, **놀리는** <입 맞추는 자>로, **차크라바르티**는 <읽는 자>로 풀었다. 스승은 <어둠속을 헤매는 영혼의 고통을 **잘 읽고**, 다가와 **입을 맞추는** 유혹자>라고 하자.
  (후대 필사자의 잘못으로 볼 것이 아니다.) ⌛

  결과를 바라는 사람을 이끄는 **요기**는 그 목표로 이끌 방편(**우파야**)을 가르쳐서 즉각적 결과를 줄 수 있다. 만약 그가 배운 방편을 통해 지식에만 집중하여 남으면, 그때 그는 해방을 얻을지도 모른다. <완전한 지식을 가지려는 이>는 많은 스승에게로 가서, 더 우월한 지식을 위해 그들 가까이 남아야 한다. 그래서 "<지식이 완전한 스승>을 금(禁)하는 일"은 분명히 속죄할 필요가 있다.

이런 질문이 일어날 수 있다. "만약 (인간의 몸을 가진) 스승이 가르침을 잘 주지도 않고, 또 잘못된 가르침을 주는데도 그를 금하지 않아야 하는가?" 그것에 대해 우리의 대답은 "금하지 않아야 한다." 이다. 그런 스승은 완전한 지식을 얻었기 때문에 집착에서 자유롭다. 그래서 비밀을 드러내지 않는 것에 개인적인 이유는 전혀 없다. 스승의 침묵은 제자가 아직 준비가 덜 되었거나, 제자의 귀의하는 태도를 원하기 때문일지도 모른다. 제자는 스승을 섬기는 데 힘써야 하고, 그를 금지해서는 안 된다.

✍ 예수는 말한다. "누구든지 <사람의 아들>을 거스르는 사람은 용서를 받지만, **성령**을 거스르는 사람은 용서를 받지 못한다." **성령**이 <그런 스승 (사람)> 안에서 활동하고 있다. ⌛

그래서 <샥티의 하강>은 그 목적이 "은혜"이며, 진실로 독립적이고, 절대로 자유로운 것이다.
만약 <은혜의 하강>이 선악의 행위나 한정하는 인과(因果, 니야티)에 의존한다면, 그것은 **쥬(主)**의 <덮개를 덮는 일> 외에 아무것도 아닐 것이다.

"덮개를 덮는 일" 혹은 **티로바와**는 행위에 의존하고, 그것은 사람이 심한 불행과 혼란을 경험하게 만드는 상황을 만들 수 있다. 예를 들면 **빛**의 **절대 자유** 때문에, 완전히 깨달은 이도 정말로 바보처럼 행동할 수 있고, 자신의 어리석음을 질책한다. 유사하게 어리석은 사람도 예배에서 **만트라**를 사용하는 등으로 깨달은 이의 행동을 모방할 수 있고, 그때 깨달은 이의 그 행동을 비난한다. 그러나 멍청이가 행한 행위는 깨닫지 못한 이들에게 맞고, (몇 번은) 행하여졌겠지만 그 수가 줄어들고 마침내 끝난다. 깨달은 이의 행위가 금지된 행위로 비난을 받으면, 깨닫지 못한 이들은 그의 능력을 의심하게 되는데, 그것이 "덮개를 덮는 힘(**티로바와-샥티**)"이다. 이런 것이 깨달은 자를 미혹의 늪으로 가라앉히는 원인이다.

이런 덮개를 덮는 일은 <은혜가 내린 이>에게는 아무런 효과가 없다. 이 경우, 앞의 예처럼, 그것은 행위에 의존하지 않는다. 다음의 모든 경우에서는, **주**의 **의지**의 다양성 때문에, **티로바와**는 지속된다. <이 몸에서만 경험되는 괴로움에서>, 혹은 <어떤 스승, 신성, 희생의 불을 섬기는 일과 같은 관습에 따른 수행이 뒤따르는 입문에서>, <섬기는 일이나 비난에 나선 자들처럼, 그들과 더불어 단점을 발견하는 일에서>, <**쉬바**의 교설적 명령을 따르는 이들에서 - 그들은 나중에 그것을 금한다>.

티로바와로 영향을 입는 이런 경우에서, 사람은 은혜의 하강을 **주**의 의지의 놀라운 현현의 결과로 혼자 받아들일지도 모르고, 아니면 그의 스승이나 친지를 통해 사후(死後)에 은혜를 받을지도 모른다.

✍ 꿈쟁이(꿈꾸는 자) 요셉은 말한다. "당신들은 나를 해(害)하려 하였으나 **하나님은 그것을 선으로 바꾸사** 오늘과 같이 많은 백성의 생명을 구원하게 하시려 하셨나니……" <지금 우리가 당하는 일>이 좋은지 나쁜지 누가 알겠는가! ⌛

그러므로 인간은 자신의 **자아**에 밀착하여 연합된 **주**의 다섯 가지 기능의 분배자다. 그러므로 그는 **파라메슈와라** 외에 다른 어떤 것이 아니다. 자신을 **그**와 분리된 존재로 생각해서는 안 된다.

주는 <자유 의지>로
그 본성을 덮으며 또 드러내누나
자신을 완전히 감추기도
깨달은 자처럼 행동하기도
자신을 깨닫게 하기도 하니
<은혜의 하강>은 절대 자유로라

✍ 입문(入門)이라는 <다소 생소(生疏)한 주제>로
들어가기 전에……

인도(印度)의 부모들은 **전 재산을 털어 ─ 심지어
빚까지 지면서도 ─ 며칠씩이나 계속되는**, 나름의
화려한 (자녀의) **결혼식(結婚式)**을 올린다고 한다.
우리네 한국의 풍습(風習)이 아니어서 그런지……
좀 뭣한 구석이 있다.

그러나 **그 결혼식이**…… 만약 **나의 영혼이 하는**
<**신**(神)**과의 결혼식**>이면, 그러면 그 모든 풍습은
충분히 이해 가능할 수 있다.

샥티-파타 곧 <**성령 받음**>이란 "**은혜의 하강**"을
말한다. <**그**(쉬바, **은혜**, **하나님**)가 내려와서 나를
"**아는**" 일>이므로, 그것은 나의 <**영적**(靈的)**인 결혼**
(合一)>이라고 할 수 있다.
라즈니쉬는 그의 <그런 기쁨>이 두 주(週) 동안
계속되었다고 고백한다.

이제 우리가 다룰 입문예식은 그 결혼예식이다.
마치 저 인도의 결혼식과 같은…… ⌛

262

제 12 장
<입문의 시작> 세례(목욕)

✍ "예수께서 요단강에서 **세례(洗禮)를 받으시고** 곧 물에서 올라오실 새 **하늘이 열리고** 하나님의 **성령(聖靈)**이 비둘기 같이 자기 위에 임(臨)하심을 보시더니……"

그러나 필자의 경우 교회에서 세례를 받을 당시 중학교 3학년이었는데, 융의 고백처럼, "아무 일도 일어나지 않았다."(그리고 아마도…… 정직하다면, 대부분의 기독교도들도 그러했으리라.)

그래서 한때, 성경을 열심히 읽을 때, 늘 마음에 그려지던 장면이다.

세례(침례), 그 진정한 의미는 무엇인가? ⧖

앞서 입문 등의 의식(儀式)들을 논의해야 한다고 했다. 입문의 진정한 성격을 알아보기 위해, 그것에 앞서는 목욕(沐浴, 침례, **스나나**)을 다룬다.

목욕은 <정결하게 되는 것(정화)>을 말하고, 또 정결은 <**주(파라메슈와라**)의 순수한 정수(精髓)로의 흡수>로 이해되어야 한다. <불순(**말라**)의 제거>가 실제로 정화(淨化)다.

그리고 불순은 (실은) <내밀한 **본성**>과 동일한 것인데도, (우리는 마치 불순이) 그것과 관련 없는 어떤 특성과 관련되는 것으로 잘못 취급한다. 예를 들어 <내밀한 **본성**은, 우주뿐만 아니라 **참나** 안에 현존하고, 본질에서 자유롭고 지복하며, (모든 것은) 오직 **의식**뿐이라는 신념(개념)>이더라도, (일상에서 내가 기대하는) **의식**과는 다른 특성과 관련될 때는 그냥 부정된다. <이런 잘못된 태도(생각, 개념)>를 불순(不純, **말라**)이라고 하며, 그것은 <**바이라바**의 (불) 속으로 흡수(**사마베샤**)되는 것>으로 제거된다.

어떤 이는 이 흡수가 즉시 일어나지만 어떤 이는 어떤 수단(**우파야**)이 필요하다. 그 구분은 하나, 둘, 셋 등으로 다양할 수 있고, 전체로서 혹은 개별적으로 취할지도 모른다. 그리고 이 흡수는, 수행자 편에서 **실재**의 본성에 대한 강한 확신에 기초하여, 언제 어디서든 일어날 수 있다.

이 흡수는 여덟 가지다. **파라메슈와라**의 본성에 대한 창조적 명상(**바와나**)으로, **쉬바**의 여덟 가지 "몸"에 - ① **흙**, ② **물**, ③ **바람**, ④ **불**, ⑤ 에테르 (**아카샤**), ⑥ **달**, ⑦ **해**, ⑧ **자아** - 만트라를 배치하고, 또 <자신에게서 그것을 동일시하는 것으로> 수행자는 **파라메슈와라** 속으로 강하게 흡수된다.

몸 등으로 (자신을 **쉬바**와는) 다르다고 생각하는 제한된 영혼은, 이런 방식으로, **주** 안으로 흡수를 얻는다.

슈리마다난다 등의 경전들은 (위의 **쉬바**의 여덟 가지 몸은) ① 지지(支持), ② 양생(養生), ③ 고무(鼓舞), ④ 불순의 태움, ⑤ 편재(遍在), ⑥ 창조의 역량, ⑦ 유지의 역량, ⑧ 비이원성(단일성)이 그 주된 것이라고 한다. 통합하는 요소로서 **만트라**는 이 여덟 가지 형태를 떠맡는다.

그러나 **비라**는 다음의 특정한 성격을 떠맡는다. 즉 ① 전장(戰場)의 먼지, ② **비라**(영웅)의 강한 물, ③ 화장장(火葬場)의 대기, ④ 화장대(火葬臺)의 재, ⑤ 장지(葬地)의 공간, ⑥⑦ 앞의 둘과 관련한 **달**과 **해**, ⑧ 생각의 얼개로부터 자유로운 자.

✍ **비라**는 <감각에 대한 지배>와 <높은 수준의 영적인 발달>을 성취하려는 자다. ⌛

그러나 그런 강한 확신이 없는 이들은 <목욕>과 <깨끗한 옷을 입는 것>이 (어느 정도) 만족을 준다. 그래서 그런 것은 **파라메슈와라**를 얻는 수단으로 여겨진다.

✍ 수도복(修道服), 승복(僧服), <성직자의 옷>은 결국 <이런 의미>의 것(일 뿐)이다. ⌛

목욕에는 <외적인 목욕>과 <내적인 목욕>의 두 유형이 있다. **<외적인 목욕>**은 만트라와 동일성을 얻는 것인데, 이것이 얻어질 때, 수행자는 **쉬바** 속으로 용해된다. 그러나 그것의 특별한 형태는 **비라**가 사용한 그릇의 기쁜 물질(포도주)을 바라보는 것이다. 그것을 **쉬바**의 본성으로 만들면서, 수행자는 바로 그 그릇에서 **만트라**의 **주**를 경배해야 한다. 그다음 몸과 **프라나** 둘 안에 있는 <신성의 바퀴>를 바로 그 물질로 경배해야 한다. 이것이 주된 목욕으로 알려진 것이다.

<내적인 목욕>은 <신성의 바퀴>와 동일시되려는 목적으로, **흙** 등의 요소의 본성에 집중하는 것으로 수행된다.

✍ <외적인 목욕>의 순서는 다음과 같다고 한다.

수행자는 스승이 준 **만트라**에 집중하며 소(牛)들 때문에 일어난 **먼지(흙)** 속으로 세 걸음 걸어간다. 이것은 **<파르티바** 목욕(세례)>이다.

수행자는 다섯 얼굴을 가진 <**쉬바의 만트라**>를 읊조리면서 - ① **이샤나**는 머리, ② **탓푸루샤**는 입, ③ **아고라**는 가슴, ④ **바마데바**는 은밀한 곳(성기), ⑤ **사됴자타**는 온몸 - 머리에서부터 발끝까지 온몸을 정화한다. 그 **만트라**를 반복하며 **물**로 들어간다. 이것은 <물로 하는 목욕>이다.

위의 **냐사**를 표로 요약하면 다음과 같다. **파라트리쉬카**에서 다루었다.

	앙가(지체)	탓트와	쉬바 얼굴	샥티
1	무르다(머리)	아카샤	이샤나	칫
2	박트라(입)	바유	탓푸루샤	아난다
3	흐리다야(가슴)	아그니	아고라	잇차
4	구햐(음부)	잘라	바마데바	갸나
5	사르방가(온몸)	프리트비	사됴자타	크리야

수행자는 희생의 **불**로부터 재를 취하여, **만트라** "**팟(phat)**"을 읊조리며 그것으로 머리, 입, 가슴, 성기와 온몸에 재를 한 움큼씩 뿌려 불순을 태워야 한다. 이것은 <재로 하는 목욕>이다.

수행자는 스승이 준 **만트라**를 기억하며 <상쾌한 대기(**바람**)> 속에서 앞뒤로 움직여야 한다. 이것은 <공기로 하는 목욕>이다.

수행자는 **만트라**를 새기며 허공(**아카샤**)에 집중하여 남아야 한다. 이것은 <허공의 목욕>이다.

달과 **해**의 빛 속에 자신을 잠그고 자신을 **쉬바**와 동일시하는 자는 모든 불순이 청결케 된다. 이런 목욕은 **소마**와 **아르카**라고 한다.

마지막 유형은 <**참나**(**아트마**) 안의 목욕>이다.

탄트라 알로카에서 아비나바굽타는 다음과 같이
말한다.

"바로 그 자아(**참나**)가 지고의 **주**(主) 자신이다.
그것은 영적인 서적(경전)의 엄격한 훈련으로부터
자유롭고, 그 넓이와 깊이에서 거대한 호수와 같다.
우주는 그 안에 용해되어야 한다.
    그것으로 수행자는 순수하게 되고, 다른 사람을
위한 정화의 원인이 된다." ⧗

<주의 본성(本性) 속에 잠기는 것>이 세례라
이것이 올바르게 행해질 때
오직 그때 외적인 침례는 참 침례가 되느니
<외적인 목욕(세례)>은 이런 의미에서만
진정한 목욕(스나나)이라고 할 수 있으리

제 13 장
경배의 장소와
<규율(規律) 입문>

목욕한 후 마음이 기쁜 이들은 <경배의 장소>로 나아간다. 그곳은 가슴이 만족으로 가득 차게 되고, **파라메슈와라(주)** 속으로의 흡수가 쉽다. 이런 것이 **성소(聖所)**의 특징이지, 다른 것이 아니다.

해방과 자유는 단지 <명상의 대상과의 동일시의 상태>가 그 원인으로, 그것은 다시 말해 <영적으로, 정신적으로 안정된 상태> 때문에 일어난다. **거룩한 곳**이란 이런 것이다.

✐ **탄트라 알로카** 15:80-115절에서는 <경배의 장소>에 대한 것을 다룬다. 거기서 **아비나바굽타**는 <사람의 가슴이 조용하고 평화롭고 정돈되었을 때 예배를 행하기가 적합하고, 그때만 경배의 장소로 나아가야 한다>고 강조한다.

"**예배**와 **만트라(기도)**로 온전함, 자유를 얻거나 **사마디**를 얻는 데 알맞은 곳은 <가슴이 아름다움과 평화로움으로 기우는 곳>이다."

돌과 즈음 이야기에서 <**"인간 내면(內面)"**이라는 공간>을 좀 더 깊이 다루려고 한다. ⚱

경전에서 가르치는 <**성소**(聖所, **피타**)>, 산꼭대기 등은 이런 곳을 말한다. 이런 곳에서는 **주** 속으로 흡수시키는 **신성의 힘**이 그곳에 거하는 사람들을 압도한다. "<**아리안인의 땅**>은 '거룩한 사람'에게 속하고, <더렵혀진 땅>은 야만인에 속한다."는 말이 있듯이, 산꼭대기 같은 곳(깊은 산중)은 고립(孤立) 되어 있어, 정신이 산만해지는 것이 없기 때문에 집중(集中)에 좋다.

✍ <**아리안**>은 곧 <거룩한>을 의미하고, 그들의 땅은 **히말라야** 산맥과 **빈댜찰** 산맥 사이라고 한다. 필자가 언급한 "인도(印度) 최북단, **히말라야**의 저 험한 산골짜기"같은 곳을 말한다. ⚱

그다음 사원(寺院)의 밖에서 수행자는 일반적인 방법으로, 처음에는 손가락에 그다음은 몸의 다른 부위에 여러 문자(음절, **만트라**)를 투사(投射)한다. 이것을 <음절 두기> 즉 "**냐사**"라고 하며, **말리니 만트라**인 "**나파 흐림**"과 **마트리카 만트라** "**악샤 흐림**"으로 한다. (**파라 트리쉬카**에서 다루었다.)
"**나파**"는 **말리니**의 <**나**(na)>에서 <**파**(pha)>까지 모든 문자가 포함된 것을 의미하고, 또 "**악샤**"는 **마트리카**의 <**아**(a)>에서 <**크샤**(kṣa)>까지의 모든 문자가 포함된 것을 뜻한다.

그런 **냐사**는 처음에는 <샥티를 나타내는 **만트라**(문자)>로 하고 다음은 <샥티만(**쉬바**)을 나타내는 **만트라**>로 한다.

냐사가 **목샤**(해방)를 얻기 위한 것이라면 발에서부터 머리의 순서로 하며, **보가**(향유)를 얻기 위한 것이면 그 역순으로 한다.

말리니(Mālini) 여신은 탁월하여, 모음(비자)과 자음(요니)의 혼합(混合, 混融) 때문에 모든 욕망을 충족시켜준다. 그 이름이 그 핵심을 말한다. 그녀는 **루드라**의 능력의 화환(花環)을 걸고 있어 꽃들이 열매를 맺게 "양육하고", 꿀벌의 붕붕거리는 소리로 단단한 윤회계의 얼음을 "용해하고", 그녀는 반모음 "리(ṛ)"와 "뤼(ḷ)"의 통용 때문에 "주고 **빼는**" 힘을 갖고, **온전**(穩全, 싯디)과 해방(목샤)을 준다.

✎ <**말리니**(Mālini)>의 <mal>은 <지지하다(양육하다)>라는 뜻이고, <mā>는 <아니오>로 <존재계의 부정(용해)>을 말하고, <alin>은 <벌>이라고 한다.

그녀는 지지(긍정)와 용해(부정)로 **온전**(穩全)을 "주고", 또 <리(ṛ)와 뤼(ḷ)의 통용 때문에> 마리니(Māṛini, 죽이는 자)는 속박을 "죽여(빼는)" **해방**을 준다. ⌛

그러므로 잘못된 과정과 종파에 따른 **만트라도** <말리니 냐사>의 힘으로 완전하게 된다. **가루다와 비슈누의 만트라도** <말리니 냐사>에 힘입어, 순수하게 되고 해방을 준다.

몸에 **냐사**를 한 뒤에, 의식을 위해 <희생의 그릇(**아르가파트라**)>에 **냐사**를 한다. - 이것은 이 전통에서 <동사(動詞)로 표현되는 행위와 문법의 격(格, **카라카**)으로 표현되는 여러 요소>와 <주(主)>와의 동일시를 목적으로, 한 예(例)로서 주어진 것이다.

✎ "**카라카**"는 파니니의 **아슈타댜이**에서 나오는데, <한 문장으로 표현된 행위에서 여러 요소와 또 참여자>를 나타낸다. 고전과 현대 언어에서 가장 근접한 것은 주격, 소유격, 목적격, 탈격(奪格) 등의 격(格)이다.

<**지고의 일원론**(파라마·아드바이타)>을 주장하는 **아비나바굽타**는 <의식(儀式)의 행위>로도 해명해야 한다. 그것은 문장으로 표현된 행위 안의 요소와 참여자로 구성된다. 그리고 그것은 우리에게 구별되어 인식되기 때문에 모순된 불이론(不二論)으로 보인다. 이것은 확실히 **샹카라차리야**와 또 다른 불이론 **베단타** 사상가들의 의견이다.

아비나바굽타는 <그런 이해>에 동의하지 않고, <행위, 구분, 변화 등 또한 의식 안에 포함된다>고 한다. 자세히 살피기 위해, 예(例)를 들자.

"나는 <경배의 장소>에서, 국자로 <희생의 그릇>에서 물을 떠 주 쉬바에게 바친다."

여기의 요소로는 <행동하는 주체(나)>, <행위의 대상(물)>, <행위의 도구(국자)>, <대상이 제거되는 지점(그릇)>, <행위의 장소>이다.

샹카라차리야에게 <지고의 실재>는 <일시적이고 대상적인 존재계의 그것>과 본질에서 똑같은 것일 수가 없다. 그에게 브라흐만은 <초월적이고, 불변이고, 부분적이 아닌 실재>이고, <모든 주체적이고 대상적인 현상들>은 실재적인 존재계를 전혀 갖지 못하는 겉모습일 뿐이다. 브라흐만은 속성도 없고, 불변으로서 행위에 종속될 수 없다.

<변화 가능성>은 대상적 존재계의 가장 중요한 특성이다. 그러므로 항상 변하는 경험적 존재계는 '이 모든 변화가 일어나는 기반'을 가져야 한다.

똑같은 것이 <의식(儀式)의 행위>에도 적용되어, 한 문장으로 표현된 행위에서 요소들과 참여자로 구성된다.

반면 **아비나바굽타**에게 있어서 <**지고의 실재**>는 프라카샤와 비마르샤로 구성되는데, 외형화의 과정 (현현)에서도 그 자신 안에 견고히 남고, **온전(穩全,** 푸르나타)의 지복을 "**즐기며(차맛카라)**", 또 핵심적 본성인 '**절대 자유(스와탄트리야)**'이기에 그 외적인 현현으로는 가려질 방법이 없다.

창조의 낮은 측면은 **지고의 의식(意識)**이 수축된 형태다. 그것은 **마야 샥티**의 활동을 통해, 제한된 형태를 떠맡고, 이원성이란 개념을 생겨나게 한다. 그래서 <**지고의 실재**>는 단일성인 만큼 다양성으로 구성되고, 이 다양성은 항상 그 **나-의식** 안에 유지 된다. 그러므로 그것으로부터 결코 분리될 수 없다.

그래서 <행위가 항상 묶여 있는> **샹카라**의 실재 와는 다르게, **아비나바굽타**는 <의식(儀式)의 행위> 같은 활동(活動)을 잠재적으로 <해방하는 것>으로 받아들인다.

탄트라 알로카 15:161-164에서 **아비나바굽타**는 <희생의 그릇>의 역할과 의미를 말한다.

"<희생의 그릇>에 있는 물로 접촉된 모든 것은 사실상 순수하게 된다. <**쉬바**의 태양 빛>에 접촉된 순수 외에 다른 어떤 순수가 있겠는가!

말리니비자야 탄트라의 <희생의 그릇>을 다루는 곳에서 **주**께서 말하듯, 어떤 것을 <그것으로 정화

되지 않은 것>으로 생각하지 않는 것이 필요하다. 모든 것은 그것으로 정화되고, 불순한 어떤 것도 순수하게 된다."

그러나 불순은 <마야에 거(居)하는, 제한된 아는 주체>에만 속한 것이고, 사물에서 핵심적 본성은 아니다.

"여기서 우리는 <묶인 영혼과 그들 체계의 조망에서> 불순을 말한다. 모든 사물의 핵심적 본성은, <전에 있었던 것>과 또 <있을 것으로 생각되는 것>에서 변하는 것이 없이, 사실 항상 똑같은 것으로 남는다." ⌛

각각의 요소(문법의 격)는 다음과 같은 방식으로 **주(主)와 동일시**된다. (**파라 트리쉬카** 207-208쪽과 236-238쪽의 <문법의 격> 설명 참조)

처격(處格)은 <그 장소의 정화를 통해 예배하는 자가 점유하는 자리>를 나타내고,

탈격(奪格, '…에서부터')과 또 조격(造格, 도구격, '로, 으로')은 <**냐사**를 통해 성화된 그릇과 물>을 나타내고,

주격(主格)은 <몸의 **냐사**를 통한 희생을 드리는 자>를 나타내고,

목적격(目的格)은 <정화를 통한 희생의 재료>를 나타낸다.

275

모든 문법의 격(格)은 "주(主) 안으로" 변형된다.

이 모든 행위가 보일 때, 이 통찰(洞察)로 지식 혹은 요가에 의지하는 것 없이, **사람은 <행위의 길>을 통해 주(主)와 연합하게 된다.**

✍ 의식(儀式)의 행위를 이루는 모든 요소들은, **냐사를 통해, <쉬바와의 동일성>을** 얻는다. 이것이 **냐사의 의미다.** ⏳

<희생의 그릇>에 **냐사를** 한 뒤, 꽃, 향 등으로 경배하고, 꽃 등에 <의식(儀式)의 정수>인 물을 (몇 방울) 뿌린다. 다음은 빛(오라)에, 땅에, 허공에다 다음 만트라로 수행(隨行) 신성들을 경배한다.

"나는 수행 신성들을 경배하노라."

(옴 바햐파리바라야 나마)

다음은 문(門)의 신성들을 경배한다.

"나는 문의 신성들을 경배하노라."

(옴 드바라 데바타차크라야 나마)

만약 성소의 외부가 충분히 비밀한 곳이 아니면, 성소 안으로 들어가 **만달라와** 제단(祭壇) 앞에서 수행 신성들과 문의 신성들을 경배하고 앞서 말한 **냐사를** 행한다. 이것은 성소 안에서 하는 것이지, 바깥이 아니다.

그다음 꽃들을 들고 "팟(phat)" 만트라를 세 번 읊조려 축복한 뒤, 그것들을 멀리 던진다(뿌린다). 그리고 모든 방해물이 제거된 것으로 여기며, 성소(寺院) 안 **만달라** 앞(혹은 제단)으로 가서 모든 곳(四方)이 <**주로부터 뿜어져 나오는 불꽃**>으로 타는 것을 본다(명상한다). <해방을 바라는 자>가 북쪽을 향하여 앉으면, 그의 속박은 **주 아고라**의 불꽃으로 즉시 타버릴 것이다.

✍ 만트라 **팟**(phat)은 무기(武器)로 나쁜 기운을 몰아내고, <**주로부터 뿜어져 나오는 불꽃**(빛)>은 곧 주의 **은혜**를 말하고, **주 아고라**는 남쪽을 관할하는 **쉬바**의 한 위격(位格)이다. ⧗

공간의 방향(方向, 딕)은 오직 **주의 절대 자유**로, <형태적 구조>의 현현을 통해 자신을 드러낸다.
"중심(마드야)"은 다른 모든 방향들의 근원으로, **의식** 곧 지성(知性, 인식)의 빛으로만 구성된다.
"위(天頂)"는 빛으로 전유(專有)된 지역이고,
"아래(下界)"는 그렇지 않은 지역이다.

"동(東)"은 빛을 향한 지역이고,
    [한자(漢字) "동(東)"은 <나무(木)에서 해(日)가 떠오르는 모습>이고, "主人"의 뜻도 있다.

<원(proto)-인도-유럽어> "*h₂ews-"의 뜻도
<새벽>과 <동(東, East)이라고 하며,
부활절의 "Easter"도 동(東)을 가리킨다.]
"서(西)"는 그것과는 다른 면을 향하고,
<서(西, Occidentalis, **해**가 죽는 곳)>로부터
다른 모든 방향이 일어난다.

"남(南)"은 빛이 최고점에 이르는 지역으로
<좋고, (알)맞고, 옳아서, 바른(오른)쪽>이라고
닥쉬나(南, right, 右)라고 하며,
"북(北)"은 그것(빛의 최고점)과 마주하는 곳으로
[그것에 얼굴을 마주(facing)하다 보니]
<깨달은 존재(the "en-light-en-ed")> 즉
<"빛에 들어가 빛이 되어버린 이">가 많다.
이것이 네 방향이다.

✎ 노후에 시골에 <좋은 집> 짓고 도(道) 닦으며
편안히 잘 살려면……
<배산(背山) 임수(臨水) 남향(南向) 접도(接道)>의
곳이 좋다고 한다.
뒤에 산이 있어 조용해야 마음이 편안하고
물이 가까이 있어야 "저문 강에 삽을 씻고"
남(南)을 마주해야 "깨달을 가능성이 많고"
길(道)을 접하고 있어야 "도 닦기"가 쉽다. ⌛

중심에 **주**가 존재한다. "위(天頂)"에 **이샤나**라는 그의 얼굴이, "아래(天底)"에 그의 하계의 얼굴이 있다. 동, 남, 서, 북은 그의 네 얼굴로 **탓푸루샤**, **아고라**, **사됴자타**, **바마데바**가 있다. 위 네 방향의 사이에, 네 개의 다른 방향이 위치한다. 그러므로 <형태적 구조>로 구성되는 여러 방향이 나타나는 것은 **의식**의 위대함이다. (이는 방향은 <공간에서 형상이 배열되는 방법>에 의존한다는 말이다.) 이런 이유로 방향은 별개 **탓트와**가 아니다. 마치 사람이 자신의 그림자를 잡으려 하면 그림자는 항상 앞에 있는 것 같이, **주는 항상**, 개아가 그 어디로 가든, **더 중심에 있다**. <중심 지역을 점유하고 있는 것이 모든 것을 주재(主宰)한다>고 한다. 방향의 구분이 **주(主)**로 말미암듯, 태양(**해**) 또한 그러하다. 많은 경전은 <태양은 **주**의 **인식의 힘**(갸나-샥티)>이라고 한다.

태양이 관련되는 한, 동(東)은 그것이 처음 떠오르는 곳이고, 이것은 모든 곳에서 유효하다. 공간의 다른 구분이 우리에게 달렸더라도, 동(東)쪽은 늘 <우리 앞에 있는 지역>이라는 것을 따른다. 그러니 방향은 <**주**, 태양, 우리 자신>이 곧 하나라는 생각에서 결정된다. 이는 나 **아비나바굽타**의 스승들의 <방향에 관한 지식>이다.

실상이 이러하여 수행자는 북(北)쪽을 마주하고 앉아, "나는 **몸**과 **마음**(미묘한 몸)이다."는 어디서 주워들은 그 생각(망상)을 불태워야 한다. (상상으로 **몸**과 **마음**을 불태워버려려라!) 몸이 아직 있더라도, 다른 사람의 몸처럼 여겨라. **참나** 즉 **의식**(意識)은 **몸**도 **마음**도 아니다.

몸을 불태워버린 뒤 <어떤 동요도 없는, 안정된 상태의 고요한 자신>을 보라. 그러나 **의식**(意識)**의 끊임없는 창조성 때문에**, 이 상태의 고요함을 깨는 첫 진동은 이른바 <"**이미지**(像, **무르티**)" 즉 사념(思念)이 떠오르는 것>이다.

✍ 상상으로 <우리 보통의 몸>을 불태우면 <어떤 잔물결도 없는 고요한 **공**(空)의 상태>가 일어나고, 곧 이어 <순수한 몸>의 새로운 창조가 "이미지"로 따른다. ⧖

그렇게 <(새로운, 순수한 몸의) 이미지(像) 위에> 앞서 말한 대로 경배해야 할 신성들을 안치(安置, 투사, **냐사**)한다. 수행자는 모든 **샥티**를 경배해야 한다. (그리고) 스승들은 사실, <**아홉 겹의 지복자**(至福者)> 등은 그 근본적인 기능에, 즉 <밑에 있는 실재>에 만족하고, 오직 **샥티**만 경배해야 한다고 말한다.

✍ 위 <아홉 겹의 지복자> 등은 <우리 몸의 아홉 구멍으로 대표되는 감각기관> 등으로 볼 수 있다.

하여튼 <샥티는 우리가 **신성(神性)으로 들어가는 문(門)**>임에는 틀림없다. ⧗

<깨어 있을 때> 등의 다섯 상태에 여섯 번째인 **아눗타라**의 <본성의 상태(스와바와 다샤)>를 넣어, <모든 것을 하나로 엮는 것>으로 여기며, **냐사**를 여섯 가지로 한다. 36 **탓트와**를 관할하는 신성은 **브라흐마, 비슈누, 루드라, 이슈와라, 사다-쉬바, 샥티(아나슈리타-쉬바)**로, 이 **냐사**로 현상계를 초월하는 <**주 바이라바의 완전성**>을 얻고 <바이라바의 상태>는 현현하게 된다. <바이라바와의 동일성의 상태>를 얻은 이에게 **냐사** 등은 의미가 없다.

이런 생각이 떠오른다. "<고요한 **쉬바**의 상태에 이른 자>에게 <**탓트와**의 창조의 순서>, **냐사** 등이 무슨 소용이 있는가?" 그러나 <어떤 동요도 없는 **바이라바의 고요한 몸**>이란 그렇게 광대하여, 그는 **자신 안에 다양한 창조와 용해가 끝없이** 현현하고 있는 최종점(最終點, 오메가 포인트)일 뿐이다.

✍ "<**궁극의 실재**>가 다양성으로 나타나지 않는다면, 그것은 최고의 힘이거나 **의식(意識)**이 아닌, 그냥 항아리와 같은 것일 뿐이다." ⧗

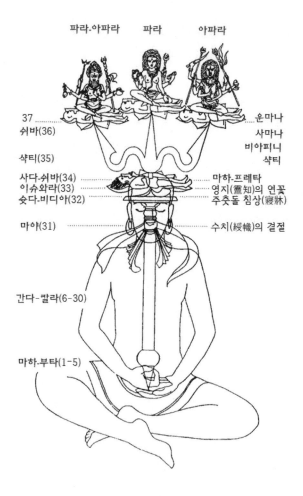

< "내면의 예배" 곧 신성 안치(安置, 냐사) >

파라-아파라   파라   아파라

37 ....
쉬바(36)

샥티(35)

사다-쉬바(34) ....
이슈와라(33)
숫다-비디아(32)

마야(31) ....

운마나
사마나
비아피니
샥티

마하-프레타
영지(靈知)의 연꽃
주춧돌 침상(寢牀)

수치(綏幟)의 결절

간다-칼라(6-30)

마하-부타(1-5)

※ 다음의 몇 쪽은 <이 그림의 설명>이고,
이 그림의 간략이 301쪽의 **만달라**이다.

둘의 상호 합일로 즉 <생명의 **숨(프라나)**>, <**몸**>, <지성(**붓디, 마음**)> 등이 **주** 속으로 변형된 것으로 명상하며, 꽃, 향, 헌주(獻酒) 등으로 외적으로 내적으로 경배해야 한다. 그다음 <**몸**>, <생명의 **숨**>, <지성(**마음**)>에 **슐라비자(삼지창)**의 **냐사**를 한다.

이것은 다음과 같다.

✍ 여기서 <**내면의 예배**>가 설명된다. 이 예배로 수행자는 <자신의 **몸, 마음, 허공, 프라나(숨)**>가 곧 <**쉬바**와 동일한 것(**쉬바**와의 동일성)>임을 확인한다. <**신성**과의 합일>을 말이다. ⧖

<**아다라 샥티(지탱하는 힘)**의 뿌리(**물라-아다라 차크라**)>에는 <**물라(뿌리, 기초) 만트라**의 **냐사**>를 하고,
<**칸다 만트라(**의 **냐사)**>는 (모든 것을 잡는 역량으로, 부풀어 오른) 구근(球根)에 하며, 그것은 단단함을 가지며, 완전히 순수하다.
<**단다(막대) 만트라(**의 **냐사)**>는 입천장까지로, 그것은 <**칼라**로 끝나는 모든 **탓트와**>를 포함한다.

그 위로 **마야**로 구성되는 <결절(매듭, **그란티**)의 **만트라(**의 **냐사)**>를 하고,

그 결절보다 높이 <순수한 지식(**슛다-비디아**)의 **만트라**>가 따른다. 그 넉 장의 연꽃잎은 침상(寢牀)으로, **마하-프레타**인 **사다-쉬바**가 거하는 곳이다. 그를 "**마하-프레타**(위대한 영혼)"라고 부르는 것은 ① <완전히 (**참나** 속에) 흡수되어 있고>, ② <그의 핵심으로 순수 **의식**만을 가지며>, ③ <그의 몸으로 가졌던 모든 대상적 현상들을 완전히 용해하고>, ④ <**나다**(소리)와 그 의미(意味)로 구성되기> 때문이다.

   ✍ 프레타(preta)는 <pra+ita>로, 동시에 <가는 것>, <아는 것>, <생각하는 것> 등을 뜻한다. ⧗

그의 배꼽에서 태어나 그의 머리의 세 구멍으로 방사되는 것은, **나단타** 너머로 **드와다샨타**까지의 <**샥티**>, <**비아피니**>, <**사마나**>의 **냐사**이다.

그것들 위에 (어떤 불순도 없는) <**운마나**>의 세 송이 연꽃이 있다.

수행자는 이런 것을 <모든 것에 편재(遍在)하고 관할하는 **주체**>의 **자리로 만들어**야 하며, 그래서 그것은 **자신의 기초가 된다**. 그다음 바라는 신성이 그곳에 거하는 것으로 여겨야 한다.

✍ 위 과정처럼 "만트라 냐사"는 특정 만트라를 입문자의 심신에 정신적으로 자리 잡게 하는 것을 말하고,

"만트라-데하"는 만트라 냐사를 하여 <만트라의 에너지(만트라-샥티)로 변화된, 성스러운 몸>을 말한다.

인도의 연금술(鍊金術)은 <라사-야나[영약(靈藥)의 길]>로, 그 영약은 "라사(맛, 정수, 精髓)"로 알려져 있다. "너희는 야훼의 선하심을 맛보아 알지어다."

그러므로 "상징(象徵)"을 아는 것은 <보다 넓고, 높고, 깊게 아는 데>는 중요하다! ⌛

<모든 존재의 바로 그 핵심인 그것>에 나의 존재 전체를 내놓는 것이 "예배(푸자)"이고,

<그것 속으로 흡수를 일으키는 것, 신(神)과의 동일성을 경험하는 것>이 "명상(댜나)"이며,

<소리(나다)의 형태로, 이 신성에 대한 끊임없는 생각의 메아리>가 "기도(만트라의 자파)"이고,

<엄청난 불이 깨어나 우주를 나와 동일한 것으로 보는, 이런 인식이 따르는 것>이 "봉헌(호마)"이다.

그 후, 모든 수행신(隨行神)이 불붙은 불꽃으로, 불덩이로부터 일어나는 것을 명상하고, 위의 방법으로 경배한다.

뿌리부터 <열둘의 끝>까지 삼지창을 명상하고
여신의 힘(차크라)의 꼭대기에 거(居)하여
시간의 모든 연속으로부터 자유롭게 된 자는
<의식의 하늘에서 움직이는 상태>를 얻나니

기초에서 <열둘의 끝>까지 막대처럼 지나며
하늘 즉 허공을 통한 이 의식(意識)의 움직임은
<허공 너머 허공>과의 동일시가 특징이라

이는 참으로 허공(하늘)이니
허공(하늘)을 통해 움직이고
허공(하늘) 속에 거하며
<허공(하늘)의 술>을 들이키기 때문이라

✍ 위 시경(詩經)에 언급된 세 가지 허공의 모습은
<입천장>, <두 눈썹 사이>, <브라흐마의 구멍>의
바퀴(차크라)에 해당한다. ⧗

☯

✍ 여기서 아비나바굽타가 "외적인 희생(의례)"
이라고 불렀던 것이 시작된다.

그리고 <**외적인 희생(의례)**>은 여러 입문(入門)의 설명으로 이어진다. 🞕

결론적으로, 완전한 목표의 실현은 <내적인 의례(**안타르-야가**)>로서만 온다. 그러나 이 **실재**에 진정으로 흡수된 이들도 모든 종류의 제한을 제거하기 위해 <외적인 의례>를 행해야 한다.

흡수를 얻지 못한 이들에게 <외적인 의례(**바히르-야가**)>는 반복적으로 실행되어, 마침내 흡수를 주는 것이기 때문에 중요하다. 그러나 <묶인 영혼(**파슈**)의 상태>를 제거하기 위해 <내적인 의례>를 행해야 한다. <외적인 의례>는 사실, 수행자의 영혼에 견고하지 않더라도, 그의 욕망의 강도 때문에, 그것은 순수한 상태를 줄 수 있다.

입문(入門)을 받으려면, 정화를 위해 한 장소를 선택한다. 그다음 **가네샤**("무리의 주")를 경배하고, **쿰바**(큰 항아리와 작은 항아리)를 경배하고, 제단을 경배하고, 그다음 불을 봉헌한다. <필수적인(**니탸**) 의식>과 <특별한(**나이밋티카**) 의식>에서는 제단의 경배 등과 불의 봉헌으로 충분하다.

정화는 ① 제자에게는 치아를 산(酸)으로 깨끗케 함과 같아서, 적합한 <순수함의 상태>를 떠맡도록 하고, ② 신성에게는 호의(好意)와 또 의식(儀式)이 임박한 것을 촉구하고, ③ 스승에게는 **신**의 본성을 떠맡도록 하고, ④ 다른 재료에게는 의식(儀式)의 보조요소가 될 수 있도록 하는 것으로 구성된다.

이 모두는 성소 안에 있으므로, 정화 즉 축성은 **주**의 **불**로 그것들을 "**살아나게**" 하는 것이다.

✍ 그(것)들은, 성소 전체에 편만(遍滿)한 **불**처럼, **주**와 동일한 것으로 명상해야 한다. ⌛

필요한 이 모든 재료를 경배의 장소에 준비하고, 스승은 **말리니**와 **마트리카** 여신의 **만트라**를 읊조리며, 성소 전체가 그 음소(音素)의 광채로 가득 찬 것을 명상한다. 그다음 신성에게 한 움큼의 꽃을 던진다. 그다음 <참깨>, <벼>, <찧은 쌀>, <볶은 쌀> 등을 "**팟**" **만트라**로 활성화하고 그것들을 불꽃으로 여기며 북동(北東)에서부터 순서대로 뿌린다. 이것이 성소를 준비하는 절차다.

그다음 <순수한 지식(슛다 비디아)>까지의 모든 **탓트와**의 자리를 마련한 뒤에, **가나파티(가네샤)**를 경배한다. 다음은 기쁨의 물질(포도주)로 가득한, 잘 장식된 항아리를 경배한다. 의식의 목적을 이루는 **만트라 그룹**을 그 위에 둔 뒤, 규범에 따라, 모든 것을 관할하는 것으로 <주된 **만트라**>를 공식화하여 그 항아리에 108번 반복한다.

✍ <주된 **만트라**>는 끊임없는 명상의 대상으로 스승이 제자에게 비밀리에 준 것으로, 많은 반복은 포도주 항아리를 정화하는 것이다. ⧖

두 번째 항아리(칼라샤)는 방해물을 없애기 위해 "**팟**" 만트라로 경배한다. 그다음, 무기(武器)를 든 팔방(八方, 네 면과 네 구석)의 수호신을 각각 경배한다. 그다음 스승은 앞서 입문한 제자에게 "**팟**" **만트라**로 충전된 작은 물 항아리를 건네고, 자신은 큰 항아리(쿰바)를 든다. 그리고 방해물을 없애기 위해서 성소의 모든 구석까지 물을 뿌리는 제자를 뒤따르면서, 다음 **만트라**를 암송한다.

"**오(보), 인드라여!**
 쉬바의 명령이니
 의식(儀式)이 끝날 때까지
 이곳에 훼방이 없도록
 그대는 깨어, 지킬지니라."

팔방(공간) 수호신들의 <3 음절의 이름>을 "이보시오(보)!"와 함께 한 번 부른다. 그래서 동쪽에서

빙 돌아서 북동쪽 구석에 항아리(쿰바)를 놓고, "팟" 만트라로 충전된 물 항아리(칼라샤)는 쿰바의 오른쪽에, 흩어진 곡물 위에 놓는다. 그다음 그 두 항아리를 경배한다. 이후 제단(스탄딜라)에서 **주**를 경배한다.

✍ **인드라**(3음절)는 동쪽을 관할하는 수호신이고, 서쪽과 북쪽을 관할하는 신은 3음절로 된 **바루나와 쿠베라**이다. 파라 트리쉬카의 <**열 방향에 차꼬를 채울** 때의 만트라> 참조. ⧖

그다음 **화덕**(아그니-쿤다)을 <**주**의 힘(능력)>으로 여기며 거기에 **불**을 붙이고, 그것을 <**가슴**에 있는 **의식**(意識)의 불>과 동일시(결합)한다. **주** <**쉬바**의 **불**>은 <(만트라의 영혼을 구성하는) 그 생각들>을 모조리 불태운다. 그것 안에 **냐사**와 경배를 한 후, 마지막으로, 그 만트라를 맑은 **버터**와 참깨로 만족시킨다.

참깨(틸라)와 버터(기) 등 물품의 정화는 <물그릇(아르가-파트라)>의 물을 뿌리는 것으로 충분하다.

✍ <물을 뿌리는 것> 즉 침수(浸水)와 침윤(浸潤) 역시 그것들을 정화하고 또 **주**와의 동일시(합일)를 나타낸다. ⧖

<큰 국자(스룩)>와 <작은 국자(스루바)>의 정화도 실은 **주**의 비이원성의 일별이다. 그의 능력에 따라 봉헌한 뒤, 두 국자는 서로 마주하여 포개 놓는다. 위의 것은 **쉬바**, 아래의 것은 **샥티**를 나타낸다.

스승은 두 발을 평행하게 똑바로 서서, 보름달의 **쉬바**가 **드와다샨타**의 허공으로 떠오르고, 거기에서 **암브로시아**가 흘러내리는 것을 명상한다. "**바우샷**"으로 끝나는 **만트라**를 암송하면서, 맑은 **버터**가 다 없어질 때까지 그렇게 한다.

이 마지막 봉헌은 <만트라의 바퀴> 전체를 만족시키는 것으로, <완전한 봉헌(푸르나-후티)>이라고 한다.

그다음 물을 뿌려 정화한 **차루**(버터와 우유 등을 넣어 끓인 죽)를 가져와 일부분을 제단, 큰 항아리, 작은 항아리, 불 속에 봉헌하고, 일부분은 제자에게 주기 위해 남겨둔다.

다음은 <치아 막대기(치솔)>의 봉헌으로, 제자가 던져 **아그니**, **야마**, **니르리티**가 관할하는 남동쪽, 남쪽, 남서쪽과 혹은 바로 뒤로 떨어지면 그것은 불길한 것으로, 그런 경우 "**팟**" **만트라**를 암송하며 불 속에 던진다.

✐ <치아 막대기(**단타 카슈타**)>는 나무로 만든 막대기로, 요즘도 인도에서는 이것으로 이(치아)를 닦는 이(사람)도 있다고 한다. ⌛

그다음 스승은 제자가 받을 **만트라**의 경험을 볼 수 있도록 눈을 가려 주고 (제단의) **만달라** 앞으로 가게 한다. 그는 무릎을 꿇고 두 손에 꽃을 쥐고 던진 후, 곧 눈가리개를 풀고 앞의 **만트라**를 직접 본다. 제자는 **샥티**의 하강으로 그의 감각에 주어진 은혜로, **만트라**가 현존하는 것과 또 나타나는 것을 직접 보게 되고, 그것과 동일시된다.

<감각기관이 **샥티**의 은혜를 입은 사람들>에게는 <**만트라**의 현존>이 직접적인 인식의 대상이지만, <악마(마음을 괴롭히는 것)에 물든 자들>은 그것을 두렵게 본다.

그 후에 스승은 그의 오른손에서 "불타는(**해**의)" 신성들의 바퀴를 경배하고, 그 손을 제자의 머리, 가슴, 배꼽에 얹어 모든 불순의 속박을 "태운다." 그다음 왼손에서 "온유한(**달**의)" 신성들의 바퀴를 경배하고, (위와 똑같은 과정으로) 순수한 **탓트와**를 "북돋운다." 그때 제자는 엎드린다.

그다음 스승은 포도주, 고기(肉), 물 등의 공물을 성소 밖으로 던져, 영(靈, **부타**)들과 <모든 방향을 관할하는 신성들>을 경배한다. 그다음 물을 마셔 자신을 정화하고 **차루**(죽)를 (그 자신으로) 먹은 뒤 스승은 제자의 자아와(도 자신이) <완전한 **하나**된 상태>를 유지하면서, 잠에서도 깨어 있어야 한다.

아침에, 제자가 밤에 꾼 "불길한" 꿈을 말하면, 그때는 꿈 해석을 하지 말고 - 의심하고 두려워할 수 있으므로 - "**팟**" **만트라**로 제자가 편안하도록 한다.

그 후에 스승은 똑같은 방식으로 **주**를 경배하고, 제자의 생명 **에너지**의 통로를 통해 제자의 몸으로 들어가, 여섯 가지 중요한 지점 즉 <가슴>, <목>, <입천장>, <앞이마>, <정수리 작은 구멍(**브라흐마-란드라**)>, <열둘의 끝(**드와다샨타**)>에 닿는다. 여섯 <원인의 신성(힘)[**카라나**, 도구, 기관]>에 닿으면서, 그 관할하는 신성의 각각에 여덟 가지 정화 의식을 명상하고, 제자의 생명 **에너지**가 각 지점에서 잠시 쉬게 한 후, 이 과정을 반복해야 한다.

이런 식으로 48 가지 정화 의식을 행하였을 때, 그는 <루드라의 부분적인 본성>을 얻어 **사마인**이 된다.

✍ 여덟 가지 정화 의식과 <여섯 원인의 신성> 즉 <여섯 주체>가 있으므로, 그 수는 48이 된다.

참고로 <카시미르 쉐이비즘의 입문(入門)>에는
크게 네 종류가 있다. (스판다 카리카에서 언급한
것이다.)

1) **사마이카 딕샤** : 학생을 <전통에서 준수해야
   할 행동의 규율로> 입문시킨다.

2) **푸트라카 딕샤** : 학생을 <스승의 [사후(死後)]
   계승자로 선택하는 것으로> 입문시킨다.

3) **사다카 딕샤** : 학생을 <**요가**(수행)의 신비 속
   으로> 입문시킨다.

4) **아차리아 딕샤** : 학생이 (바로) <**구루**(스승)가
   되는 것으로> 입문한다. ⧗

스승은 꽃과 함께 경배의 대상인 **만트라**를 주고,
<지켜야 할 일반적인 규칙>을 일러준다. 그는 모든
방면에서 <영적인 안내자(스승)>, <경전>, <신성>에
헌신해야 하며, 이 셋을 거스르는 종파는 따르지
말아야 한다. 스승의 아들과 친지와 앞서 입문한
이들을 존경해야 한다. 그들은 스승과 영적인 유대
관계가 있다. 스승과 (단지) 혈연관계인 사람들은
그들의 내적인 장점(영성)과는 별개로 스승 때문에
존중해야 한다.

<아이를 낳지 못한 여자>를 멸시해서는 안 된다.
<신성의 이름>, <스승의 이름>과 <그의 **만트라**>는

의식을 행하는 동안 외에는 암송해서는 안 된다. 스승이 사용했던 침대 등을 사용해서는 안 되며, 세속적인 놀이는, 그것이 무엇이든, 스승 앞에서는 하지 말아야 한다. 다른 사람을 스승보다 더 존경하지 않아야 하며, 조상의 추도식(슈랏다)의 경우도 스승을 먼저 경배한다. <특별한 의례> 동안 **샤키니** 등의 말을 내서는 안 되며, 축제 기간에도 예배를 행해야 한다.

바이슈나바 등 진리의 낮은 견해를 가진 이들과 가까이해서는 안 되며, **트리카** 교설에 속한 이들을 이전 계급으로 경시해서는 안 된다. 스승의 가족이 집에 올 때면 능력에 따라 희생을 해야 한다.

바이슈나바 등 낮은 교설에 속한 이를, 한때는 스승으로 삼았더라도 피해야 하며, 그 경전을 더 나은 것으로 여겨서는 안 된다. **링가**(상징)를 숭배하는 이들의 행동을 모방해서는 안 되며, 자신의 역량에 따라 그들을 경배하고, 모든 의심을 금한다.

✍ **스왓찬다 탄트라**는 말한다.

"다양한 종파의 사람들이 행하는 다양한 행위를 모방하거나 경멸해서는 안 된다. 그것은, (은혜를 입은) 그 **사람에게는 <신성에 대한 진실한 헌신>을 나타내기 때문**이다." ⧗

<쿨라 차크라[희생의 원(圓)]>에 앉을 때는, 출생으로 오는 계급과 지위의 선입견을 버려야 하고, 성소를 몸보다 낮게 여겨서는 안 되며, <만트라의 정수>를 마음에 끊임없이 지켜야 한다.

✍ <만트라의 정수>는 <만트라를 "살아 있게" 하는 힘>, 즉 **참나**, **의식**을 말한다.

<일반적인 규칙(규율)>의 더 상세한 것은 **탄트라 알로카** 15:521-611을 보라. ⌛

제자는 이 모든 것을 듣고, 스승을 가까이 하여 그 앞에 엎드리고, 재정으로 또는 자신의 아내와 하인 등이 그를 보살핀다. 앞서 입문한 이들 뿐만 아니라 가난하거나 무력한 이들도 보살펴야 한다. 또 <무르티 차크라>도 경배한다.

이런 식으로 제자는 <만트라의 수행>, <매일의 의식(儀式)>, <경전을 듣고 공부하는 것>으로 (**궁극**으로 자신을 이끄는) <일반적인 규칙을 따르는 자(사마인)>가 된다.

<특별한 의례>는 스승의 지도를 따른다.

✍ <무르티 차크라>는 <쿨라 차크라>와 동의어로 제 20 장에서 다룬다. ⌛

다음이 <규율(規律) 입문(사마이카 딕샤)>에 관한 설명의 결론이다.

자신 안의 모든 길을 명상하고
자신을 <완전한 존재>로 깨닫고

은혜(恩惠)의 시각을 갖고
<열둘의 끝>까지 편재한 제자를 보면
그는 사마인이 되누나

✍ 사마이 즉 사마이(思磨爾), <**나** 자신을 깊이 생각하며 갈고 닦는 **너**>는 사실, **사마인** 즉 사마인(事摩人), <사물을 고르게 부드럽게 하는 이>다.

그것이 <규율 입문>의 의미다. ⌛

제 14 장
<후계(後繼) 입문>

<푸트라카(영적인 아들)의 입문>은 후계를 선택하는 것으로, 자세한 것은 **탄트라 알로카**를 참고할 것이며, 여기서는 줄여서 설명한다.

<사마인의 입문> 의식을 한 3일 후에, 스승은 <연꽃이 그려진 삼지창 **만달라**>에서 모든 신성을 위한 의식을 행한다. 거기 외부에서 신성들의 외부 가족(**파리바라**)과 문(門)의 신성 무리를 경배한다. 그다음 **만달라**의 동편에서, 북동쪽에서 시작하여 남동쪽까지 **가네샤**, 스승, <스승의 스승>, <위대한 대스승>, <과거의 완전한 스승들>, <**요기니** 무리>, <언설의 여신(**바기슈와리**)>, <들(공간)의 수호자>를 계보의 순서로 경배한다.
　적절한 인정(권위)을 받은 후, 삼지창의 뿌리에서 흰 연꽃까지 **냐사**를 하고, 거기에 여섯 길 전체를 두고 그것들을 경배한다.

　✍ **파리바라**(가족)는 <중요한 신을 중심으로, 한 종속된 신들의 무리(수행신)>를 말한다.

<문>은 이 의식이 수행되는 장소의 문을 말하며, <문 숭배>의 절차에 관한 더 자세한 것은 **탄트라 알로카** 15:184-190을 보라.

　　여기의 **요기니**는 제자가 깨달음을 성취하는 것을 돕는 신성력(神性力)의 의인화이다.

　　<적절한 인정을 받은 후>는, '어떤 징후 등'으로, 스승이 **주(主)**가 그에게 호의적이지 않다고 느끼면, 의식은 진행될 수 없다. ⧗

　　중앙 삼지창의 가운데 갈래에는 **바이라바**와 함께 **파라밧타리카(파라)** 여신이 있고, 왼쪽 갈래에서는 **아파라** 여신이, 오른쪽에서는 **파라-아파라** 여신이 **바이라바**와 함께 있다. 우측 삼지창의 가운데 갈래에는 **파라-아파라** 여신이, 좌측 삼지창의 가운데 갈래에는 **아파라** 여신이 차지하고, 다른 두 여신은 그에 맞춰 위치한다. 이런 식으로, 지고의 여신은 모든 것에 우세하여 모든 것은 그 우월성 때문에 만족을 얻는다.

　　그다음 중앙 삼지창의 가운데 갈래에서 신성의 무리 전체를, 그 무기와 함께 사방의 수호신까지를, 그들을 지고의 여신과 동일한 것으로 여기며 경배한다. <지고의 여신을 '모든 것을 관할하는 자'로, '(그녀의 경배로) 모든 것이 경배되었다'고 여기는 것>은 모든 것에 대한 그녀의 우월성 때문이다.

< 연꽃을 가진 삼지창(三枝槍) 만달라 >

※ 만달라는…… 입문과 수행에 필요하다. 그러나
파라 트리쉬카는 말한다.

<아는 자>는 만달라를 못 봤어도 온전을 즐기니
그 홀로 요기요, 참으로 입문(入門)한 것이라.

이후에 <큰 항아리>, <작은 항아리>, <만달라>, <불>, <자아>를, 이 다섯은 사실 하나인 것을 명상하며, 통합한다. (비이원성의) **주**의 정수를 머금은 꽃 등으로 하나씩 경배하여, 이 신성의 술로 화기(和氣)가 넘치고, 그들을 포함하여 모든 것이 **주**와 동일하게 된다. 더 이상 무슨 말이?

희생의 장소는 신주(神酒)와 제물로 가득 채운다. 재정(돈)은 정직한 것이어야 하고, 돈이 모자라면 **마하-만달라-야가**를 행해서는 안 된다.

그는 <살아 있는 동물>을 바쳐야 한다. 그러나 그 동물도 은혜의 대상이 되므로, 동정(同情)하거나 동물 희생을 요구하는 의례에 대해 괴로워해서는 안 된다.

✍ **탄트라 알로카** 16:28-72에서는 <동물 희생의 본질>을 상세하게 다룬다. 여러 경전을 인용하여, **<의식(儀式)의 희생(야가)> 외에는**, 돈벌이와 결혼, 놀이 같은 어떤 유형의 <동물 살생(殺生)>도 용납하지 않는다. 살생은 <세 가지 불순(**말라**)의 각각을 아직도 갖고 있는 동물>을 생명의 숨에서 분리하는 것이다. 그렇지만 <의식의 희생>은 살생이 아닌데, 그것은 의식의 과정에서 그 동물은 우선 세 가지 불순에서 분리되고, 그다음 몸으로부터 분리되기 때문이다. 그래서 **<의식의 희생>은 동물이 더 높은**

탓트와와 결합하는 입문의 형태이고, **신**을 달래는 목적이 있다. ⏳

　그다음, 맑은 **버터**와 혼합한 참깨를 드려 **주**를 달래고, 그 비계(장막, 腸膜, **바파**)를 봉헌할 동물을 **불** 앞에 데려온다. 이 <비계의 봉헌>으로 신성들의 바퀴 전체를 달랜다.

　주의 참여를 선언하면서, <우리 안에 여섯 길이 완전하게 갖추어져 있고, 우리가 **전체**(全體)로부터 분리되어 있지 않은 것>을 명상한다.

　이후 스승은 제자를 그의 앞으로 데려온다.

　✍ **불**은 곧 **주**와 동일한 것으로 명상해야 한다.
　<**주의 참여의 선언**>은 다음과 같다.
　"나는 스승이니, **주**께서 내게 복을 주셨노라.
　이제 **주의 은혜**를 이 제자에게도 내리소서!" ⏳

　이 입문에서, 제자가 부재한 경우와 죽은 경우가 있을 것인데, 첫 번째 경우에는 마치 제자가 앞에 있는 것처럼 여겨야 하며, 두 번째는 **쿠샤** 풀이나 소똥으로 만든 인형을 둔다. 물그릇의 물을 그에게 뿌리고 꽃 등으로 그를 경배하며 <여섯 길> 모두를 그의 몸에 두어야 한다. 그리고 그가 향유(享有)나 해방을 원하는지 살펴야 한다.

아직도 향유하려는 제자의 선한 행위는 정화되지 않아야 하지만, 해방만을 원하는 제자는 선과 악, 과거의 모든 행위가 정화되어야 한다.

<니르-비자 유형의 입문>에서는 일상적인 의무에 대한 속박도 정화되어야 한다. 이 입문은 죽어가는 이나 <정신 능력이 떨어진 이들>에게 주어진다.

이것은 **주**의 명령으로, 이들은 오로지 **스승, 신, 불**에 대한 헌신(獻身)으로 완전을 얻는다.

✐ <니르-비자 **유형의 입문**>은 입문 후 행동의 규칙을 따르는 것이 어려운 사람들에게 주어진다. 어린이, 둔한 사람, 노인, 여자, <부(富)에 집착한 사람>, 병자 등. 그들은 **스승, 신, 경전**에 헌신하기 때문에 자유를 얻는다.

반면에 <사-비자 **유형의 입문**>은 논리의 재능을 가진 자, 올가미와 어려움을 참을 수 있는 자에게 주어진다. 그러므로 입문 전 행동의 규칙을 따를 능력이 있다. ⧗

이런 의식(儀式)에서 그 결과는 제자의 <잠재적 성향(욕망, **바사나**)>에 달렸는데, **만트라**의 효과는 그 <잠재적 성향>에 비례하기 때문이다. 그러므로 제자의 잠재된 욕망을 잘 살핀 뒤에, 스승은 내적으로 주된 **만트라**를 인식하고, 비(非)-이원(二元)의 쉬바와의 동일성을 명상한다. 그렇게 하는 것으로, 제자의 몸에 거하는 모든 길을 정화한다.

이런 식으로 발가락에서 시작해 <열둘의 끝>까지 그의 몸과 **의식**(意識)은 스승의 몸과 **의식**과 하나가 된다. 그 상태는 <**지복**(至福)의 거대한 호수>로, **절대 자유**와 주권(主權)이 핵심이고, <**의지**, **지식**, **행위**의 세 가지 힘>으로 넘치고, 신성의 바퀴들의 **주**이며, <모든 길>이 충만하고, 거기는 모든 것이 순수 **의식**의 형태로 거한다. 제자는 이런 입문을 통해 **쉼**을 얻고, **주**와 하나가 된다.

이후에 제자가 즐기기를 원하면 스승은, 하나든 여럿이든, 원하는 **탓트와**와 결합시킨다(**요자니카**). 스승은, 제자가 <평생 지켜야 할 행동의 규칙>에 성공하도록, **주 쉬바**로부터 <순수한 **탓트와**로 된 몸>이 제자에게 나타났다고 명상한다. 이런 입문은 <그러하여> 모든 속박을 풀어준다. 그다음 제자는 보답으로 그를 경배한다.

✍ 제자의 - "**우리**(수행자들)**의**" - <**향유하는 일**(보가)>, <즐기는 일>은 아주 **중요하다**. 아비나바굽타는 『**파라 트리쉬카**』의 해석에서 말한다.

"천칭(天秤) 저울에서 한쪽 접시의 무게를 미량만 줄여도 그 높이의 차이(差異)가 엄청나게 일어나는 것처럼, <공간, 시간의 지식>과 또 <조금 더 높고, 조금 더 높은 탓트와를 향유(享有)하는 일>에 관한 차이는 엄청나게 일어난다. <조금 더 높고, 조금 더 높이 오르는 그 경험>은 36 탓트와를 넘어서는 것조차도 가능하다." ⚱

그 후에는 제자와 관련한 <불의 의식>을 행한다. 슈리 파라-만트라를 읊조리며, "나는 (이) 아무개와 관련된 이런저런 탓트와를 정화하노라."고 하면서, 각 탓트와마다 세 가지 봉헌을 하고, 이 봉헌들은 "스바하"로 끝난다. 마지막은 만트라 "바우샷"으로 끝나는 완전한 봉헌을 한다. 이런 식으로, 쉬바까지 모든 탓트와를 정화하고, 그다음 <결합의 과정>을 따라 완전한 봉헌을 한다.

이후에 제자가 향유를 바라면, 바라는 것과 그를 연결하기 위해 <완전한 봉헌>을 해야 하고, 순수한 탓트와의 몸을 만들기 위해 다른 <완전한 봉헌>을 한다. 이것을 한 후, 제자는 스승을 경배해야 한다.

이것이 푸트라카 입문의 성격이다. 이 입문으로 현재를 제외하고 과거와 미래의 모든 행위가 정화된다.

✍ 이런 이들은 소위 **프라랍다 카르마** 즉 <열매
맺기 시작한 **카르마**>에는 닿지를 않아서, 불교의
보디삿트바처럼, 다른 영혼들을 해방시키기 위해
육체에 거할 수 있다고 한다. ⧗

자신의 존재가, 안팎으로
모든 길로 구성됨을 알고
모든 구분을 넘어
<마음(지성)>, <생명 에너지>, <몸>을
제자와 하나로 묶나니
이는 곧 <깨달은 이(스승)>라

제자가 자신의 참나(意識)와 하나 되어
엄청난 지복(至福)으로 가득 찰 때
묶였던 영혼은 주(主)의 본성 속에 드누나

☯

✍ 파라 트리쉬카의 <의례(儀禮) 부분>을 다루며
아비나바굽타는 탄트라의 의식(儀式, 의례, 예배)의
모든 것을 비이원적으로 보고, 또 **아그니-카랴(불
봉헌)** 같은 행위는 <영적인 경험의 단계>로 본다.

<외적인 예배>와 <그것의 비교적(秘敎的), 비의적(秘義的) 의미>를 설명하며, 후자를 인위적이 아닌, "진정한" 예배로 기술한다. 그리고 그것은 **참나**의 재인식으로 이끈다.

<**아비나바굽타**가 한 일>은, 산더슨이 말했듯이, <의식(儀式)을 형이상학으로 "번역"한 것>이다. 이 번역은 다시 **산스크리트** 문법과 어원학(語源學)을 채용한다. <외적인 예배>(의 행위)에서 <그것들의 내적인 의미>로의 이행("**의례의 내면화**"라고 한다.)에서 중요한 연결고리는 **파라 트리쉬카**에서 언급된 **파라-박티**이다. "**지극한 헌신**"과 "**귀의**(歸依)"는 비(非)이원적 의미에서 쉽게 이해될 수 있다. "그것은 (의례의) 모든 행위에서 **동일한 본성**을 재인식하는 수단이기 때문이다."

<**이런 변형적인 해석**>에서는, 의례는 재인식의 **열쇠가 된다!**

이 장광설(長廣舌)을 하는 것은, <필자를 포함한 이전의 주석들이나 해석이 표현하지 못한 것까지> **현명한 독자들**은 <**그런 변형적인 해석**>으로 **읽어야 한다**는 말이다. (그것을 성경은 "**읽는 자는 깨달을 진저!**"라고 했던가!)

또 그것이 <**탄트라의 정수**(精髓)>를 쓴 목적에도 (또 적어도 이 책의 독자에게는) 맞을 것이다! ⧗

<인도 여행>의 압권은 <영적인 여행>일 때이다. 아메리카 인디언의 한 추장은 "인디언(Indian)"을 <신(deo) 안에 있는(in) 사람(an)>으로 풀었다.

힌두교 사원에서는 **가르바 그리하** 즉 **<자궁의 집>**이 가장 내밀한 곳이다. 하나뿐인 작은 문(門)을 통과해야 하고, **동굴(구햐)**처럼 어두컴컴하다.

그리고 그곳의 **신성(神性)**에 참여하려는 **만트라** (반복 기도 소리)의 울림(메아리)은······

그것은 모든 인간이 태아 시절 온몸으로 들으며 느꼈던 저 <어머니의 **가슴** 박동의 울림>과도 같은 것······ 그것은 최고의 자장가였다. (필자는 마흔이 넘어서야 자장가의 의미를 알게 되었다.)

영화로도 만들어진 소설 **<인도로 가는 길>**에서도 **마라바르 동굴(가르바)**의 어두움과 메아리(내면의 소리)는 어떤 열기 속에서 **<신 안에 있는 사람>**이 탄생할 수 있는 <텅 빈 곳>인 것을 암시한다.

<어둡고, 혼자 있고, 혼란한 어떤 소리만 느낄 수 있는 곳>······ 그런 곳이 참 <A Passage to India> 즉 **<인도로 가는 길**(영성 통과 의례, **입문**)>이다.

제 15 장
<임종(臨終) 입문>

✍ 주위에서 가족이, 친구가 죽어간다……

이제 사랑하는 이가 떠나가는, 그 **죽음** 앞에서, 이 마음은 목석(木石)이 아닌 한, 가만히 있을 수가 없다. (아니, 가만히 있을 수밖에 없다!)

이 마음은 수많은 회한(悔恨)과 안타까움과 <우리 인간의 무력감(無力感)>에……

인간이 **"사망(死亡)이라는 그 권세(權勢)"** 앞에서 무엇을 하겠는가!

그 유명한 **티벳** <사자(死者)의 서(書)>…… ⧖

스승이, 스스로나 그의 친척을 통해, 막 죽어가는 사람에게 은총이 내렸음을 알게 되면, <즉시 상승 입문(**사댜-사뭇크라마 딕샤**)>을 준다. 스승은, 제자에게 여섯 가지 모든 길을 두고 그 각각을 하나씩 정화하고, <몸의 미세한 연결부의 중심(**마르마**, 즉 몸과 연결되어 있다는 느낌이 현재도 남아 있는 곳)>에 **"카알라-라트리**(시간의 밤) 여신"을 **냐사**로 둔다. 그다음 그녀로써 하나씩 미세한 지점(다양한 바퀴로 구성되는 생명의 지점)으로 된 모든 연결을

311

자르고, 제자의 의식(意識)을 **브라흐마-란드라**(브라흐마의 구멍, 틈)로 옮긴다. (이것은 **크슈리카**와 또다른 **만트라**를 사용하여 **냐사**로 행한다.)

✍ 입문을 받는 자는 **스승, 신성, 경전**에 대한 그의 헌신이 있다. 이 헌신은, 다른 말로 <**은혜의 내림**(**샥티 파타**)의 표지>이다. 그리고 **샥티 파타**는 입문을 주기에 적절한, 분명한 징조이다.

탄트라 알로카 19:4-6는 그 조건을 말한다.

그러나 <그의 불순(**말라**)이 성숙하지 못한 사람>에게나 <그의 **카르마**가 소진되지 않은 사람>에게는 입문을 주지 않도록 주의해야 한다. ⧗

그다음 앞서 말한 방법을 따라, 합일의 목적으로 마지막 봉헌을 하고, 개아가 몸을 떠난 뒤 그는 **주 쉬바**와 동일하게 된다.

그러나 즐기려고 하는 이를 위해서는, 두 번째 마지막 봉헌을 그가 즐기려는 곳과 관련하여 한다. 그 순간 - 자신의 몸을 떠나는 순간 - 그의 개아는 사라지고, 더 이상 지켜야 할 행동의 규칙은 없다.

이 입문은 앞서 말한 것 외에 다른 방식으로 할 수도 있다. <**브라흐마-비디아**(브라흐마의 지혜)>를 **제자의 귀에 말한다. 그것은**, 성격이 <자신을 알아

채는 것>으로, 아직 묶여 있지만 **깨어 있는 영혼의 의식**에서 <자신을 알아채는 일>을 일으킬 수 있다. 사마인 등도 그것을 낭송할 수 있다.

<정신 능력이 떨어진 이>에게 은혜가 내렸을 때, 스승은 그에게 <가시적 증거가 있는(**사프라탸야**) **니르-비자 유형의 입문**>을 주어야 하며, <쉬바의 손의 봉헌(**쉬바-하스타-다나**)>의 과정이 따른다.

✍ 탄트라 알로카 19:23-24, 31에는 <브라흐마-비디아 입문>의 성격과 또 스승의 자격을 말한다.

이 입문은, <몸을 떠나(게 하)는 것>을 제공하는 것으로, <프라나야마를 훈련하지 않은 자>는 그럴 자격이 없다. **사마인과 푸트라카**는 할 수 있다. 또 유명한 티벳 <사자(死者)의 서(書)>도 참고하라.

브라흐마-비디아는 **탓트와**의 정화 같은 결과를 자동적으로 일으킨다. 스승은 의식 행위, **만트라**의 힘을 의지하여 제자를 최고의 **탓트와**와 연결할 수 있다. 스승은 **요가**를 수행 않았더라도 의식 행위, **만트라**, 명상의 힘을 의지하여, <몸에서부터 즉시 떠나는 입문>을 시행할 위치에 있다.

사프라탸야는 <징조가 있는, 징후가 보이는>의 뜻으로, 예를 들어, 어떤 이의 죽은 몸이 **만트라**의 힘으로 생기가 돌고, 스스로를 들어 올리는 등이다.

⌛

스승의 오른손바닥에 화염이 거센 <**불**의 삼각형
(의 **만달라**)>이 있어서, 그것으로부터 <**리**(ṛ)> 음절
형태의 불꽃이 출현하고, (그 숯불에) 또 외부로는
<**야**(ya)> 음절의 **바람**이 불어온다고 명상한다.

✍ 문자(음소) <**리**(ṛ)>와 <**야**(ya)>는 각각 **불**의
씨앗과 **바유**(**바람**)의 씨앗이다. ⌛

거기에 씨앗을 던지고, <**리**> 음절과 일련의 "**팟**"
만트라로 씨앗의 싹트는 능력을 불태운다. 그다음
그 손을 제자의 머리에 둔다. 그래서 (그 씨앗과 또
제자) 둘 다의 씨앗은 <이런 유형의 입문(**니르-비자
딕샤**)>으로 씨앗이 없게 된다.

이는 씨앗의 잠재적인 능력을 불태울 수 있고,
부동의 대상도 입문할 수 있게 한다.

✍ 이것은 어리석은 이에게 희망을 주는 유형의
입문이다.

탄트라 알로카 20:2-7는 말한다.

"스승은, 적절한 **만트라**를 암송할 목적으로, 그의
오른손에 <**불**의 삼각형>을 명상한다. 완전히 불타
오르고, **불**의 음소(音素)로 빛나고, **바람**의 바퀴로
흔들리는. 그리고 거기에 어떤 씨앗을 두고 그것이
손안에서와 가슴 안에서 불타는 것을 명상한다.

이런 식으로 씨앗은, **불**의 음소 **<리>**로 생동감이 있게 된 '**팟**' **만트라** 무리의 열(熱)에 의해 발생의 특질을 잃고, 이제 발아는 불가능하게 된다. 동시에 **만트라**, 명상, 의식(儀式)의 힘에 기초한 이 똑같은 과정으로, 세 가지 **말라**(**아나바, 마이야, 카르마**) 또한 더 이상 생산을 할 위치가 아니라는 의미에서 '불탄다.'

이 입문은 씨앗을 불태우는 것이 목적인데, **샴부 나타**가 자비로 나에게 일러준 것이다. 스승은 또한 씨앗을 **쉬바**에게 결합할 수도 있다. 사실, **입문은 굉장한 것이어서 무기력한 생명에 해방을 주기도 한다.**"⌛

그다음 스승은 제자가 **<바람**(**바유**, 대기, 大氣)의 세계에 있고, 그것에 의해 운반될 수 있고, 무게가 가벼워진 것>으로 명상한다.

그때, 제자를 "저울"에서 측정하면 더 가벼워진 것으로 보인다. (**톨라-딕샤**라고 한다.)

✎ 이 특별한 유형의 입문은, 제자의 몸무게를 감소하는데, **아비나바굽타**는 **<쉼**의 다섯 단계>와 연결한다. 즉 제 5 장에 기술된 **아난다, 우드바와, 캄파, 니드라, 구르니다. 탄트라 알로카** 20:14-15 에서, 그는 명확히 한다.

"도약(우드바와)은 '육체적인 영향을 가리는(벗어나는)' 것에 의한, 경감(輕減) 때문이다. 몸은 본질적으로 **흙**의 요소로 구성되어 있다. 스승이 <가벼움의 **만트라**>로 - 그것은 다음에 설명할 것인데 - 제자가 대기 속으로 오르는 것을 명상할 때, 그는 **흙의**(세속적, earthly) 특질을 잃는다." ⏳

만트라로 미묘한 연결을 끊고
몸의 가벼움이 나타나고
씨앗의 싹트는 힘이 사라지면
주(主)는 그런 길을 통해
그렇게 이끄시나니

✍ 우리가 꿈과 상상을 지배할 수 있으면 모든 것을 지배할 수 있다. 왜냐하면 꿈과 상상(환상)이 이 세상의 자료(資料)이기 때문이다. 그때 우리는 자신에게 어떤 출생을, 어떤 삶을 줄 수도 있다.

우리에게 죽음은 <꿈과 상상의 세계로 들어가는 것>이다. 잘 관찰하면, 죽어가고 있는 사람에게는 **꿈**과 (소위) 이 **현실** 사이의 구별이 사라지고 있는 것을 볼 수 있다. ⏳

제 16 장
<부재(不在) 입문>

✍ "만약 <죽은 사람들>이 살아나지 않는다면, <죽은 사람을 위해 세례를 받는 사람들>은 무엇을 하려고 그런 일을 합니까?

만약 <죽은 사람>이 정말로 살아나지 않는다면, 무엇 때문에 그들은 죽은 사람들을 위하여 세례를 받습니까?"(고린도전서 15:29)

교회 다닐 때, 궁금했던 것 중 하나다.

기독교들은 죽은 뒤 그들의 영혼(靈魂)이 천국에 간다고 한다. 그러나 기독교도든 아니든 모든 사람들은 스올(무덤)에서 부활 즉 윤회전생(輪廻轉生)을 기다릴지도 모른다. 바울이 <화려하고 부(富)했던 도시> 고린도에 보낸 편지의 저 <죽은 사람을 위한 세례>는 연옥(煉獄) 즉 <또 다른 인생 훈련("再修, 三修, 四修……")을 위한 것이 아닐까 한다.

불교는 천도재(薦度齋)로 사십구재(칠칠재) 등을 행하고 있고, 기독교에는 칠칠절(오순절)에 부활의 예수가 승천(천도)했다는 <어떤 암시>가 있다.

<죽음 이후의 나의 영혼>이라……

"죽음"이 무엇이겠는가?

<여러 가지 죽음의 설명>이 있겠지만, 여기서는 우리의 <생물학적인 죽음>만 이야기하자.

우리가 보통 말하는 죽음이 <(지금껏) "나"라고 생각해온 이 무엇(몸 혹은 마음 등)>에게 일어나면, 그 뒤에 도대체 무슨 일이 일어날 것인가……

<생물학적인 죽음>이 어떤 것인지를 더 알려면, 『우리는 어떻게 죽는가?』(셔윈 B. 누랜드)를 추천한다.

경전의 설명(용어) 등에도 불구하고……

필자는, 우리들 대부분의 **죽음은 <꿈과 상상의 세계로 들어가는 것>, <무의식의 세계로 들어가는 것>**이라고 말한다.

<무의식의 세계>가 곧 <꿈과 환상의 세계>이기도 하다. 그리고 거기에서 우리는 (완전히) <무의식적이다! 의식적이지 않다!>

이 장(章)은 그 환상(상상)의 세계를 다루고 있다. 그러니 평소 <꿈의 세계>를 인정하고 <꿈 공부>를 하신 분들은 어쩌면 쉬울지도 모른다.

꿈에서는 내가 죽기도 하고 살아나기도 하니까 말이다.

그러나 아침에 잠에서 깨어 밤에 잠들 때까지의, 소위 이 <의식의 세계>가 전부인 사람에게는……

이런 장의 말은 아마도 첩첩산중(疊疊山中)이요, 오리(五里), 아니 천만리무중(千萬里霧中)이리라. ⧖

이 장은 <부재(不在)한 이의 입문>을 기술한다. <죽은 이>와 <아직 살아 있지만 부재한 이>를 위한 것이다. 만약 어떤 이가 <스승에게 봉사하고 (입문 전에) 죽었거나>, <살해되었거나>, <추방당했거나>, <흑마술 등으로 살해되었거나>, <사고로 인해 그가 죽음의 시간에 입문할 의도가 있다면>, 또 <스승이 다른 이를 통해 **은혜**가 내린 것을 알았을 경우>는 입문을 시켜야 한다. 이것은 **주**의 명령이다.

✍ 앞서 보았듯이 <입문을 받을 수 있는 자격>은 <**스승, 신성, 경전에 대한 그의 헌신(獻身)**>이다. **이 헌신은 샥티 파타의 명백한 징후로** 인식된다. 그러나 사망한 자나 부재한 자의 경우에는 그것을 명백히 아는 것이 어렵다.

스승이 어떤 식으로든 알게 되면 입문을 주는데, 그것은 <스승이 어떤 알 수 없는 이유로, 사망한

자나 부재한 자에게 갖는 강한 느낌>일 수도 있고, 또 <입문을 요구하는 가족의 의외의 고집>일 수도 있다. ⏳

<죽은 사람을 위한 입문>에서는 정화 등은 필요 없다. 그러나 ① <의식(儀式)에서의 세밀한 행위>, ② <꽃 등의 가장 좋은 재료>, ③ <피타 등의 예배 장소>, ④ <삼지창 등의 **만달라**>, ⑤ <명상(예배)의 대상의 이상적인 모습>, ⑥ <명상 속 **요기**에게서 빛나는 **만트라**>, ⑦ <오로지 헌신과 올바른 지식을 통해 **사마베샤**의 경험을 가진 **요기**>……

그런 수단은 하나하나가 입문을 위해 (죽은 자를) 의식의 장소로 데려오는 데 우수한 것이라고 한다. **주**께서 말씀하신 것은 또 좋은 것이라고…… 무슨 말을 더 하겠는가?

주를 경배한 뒤에, 스승은 <**쿠샤** 풀 등으로 만든 사람의 형상>을 두고, 자신의 스승으로부터 받은 가르침을 따라 그것을 명상해야 한다.

그것은 다음과 같다.

"**물라다라**로부터 힘이 그 축(단다, **수슘나**)에서, <길처럼>, 모든 곳으로 퍼지고 갈라져 무한한 통로 (**나디**)로 올라 콧구멍에 이르러 흩어진다. 그러나 **스승**은 편재(遍在)하는 능력을 갖고, <**연기**(煙氣)

가득하고, 촘촘한 불꽃의 **그물**>로 길 전체를 덮어, <원하는 영혼>을 끌어당긴다. 이것이 곧 '**마하-잘라 프라요가**' 즉 <**거대한 그물** 투척술>이다.

이 방법으로 원하는 것에 (**그물**을) 덮으면, (잡힌 것은) 처음은 우리와 만나게 되고, 곧 우리를 의지하게 된다. 우리는 원하는 것을 거기서 잡아낸다. 이것을 <죽은 영혼을 구조하고 이끄는 **그물**>이라고 하는데, 나는 스승 **샴부나타**로부터 배웠다."

✍ 여기서 **연기(煙氣)**는 <우주 전체에 침투하는 감각(불꽃)의 능력>을 암시한다.

탄트라 알로카 21:25-45에는 이것을 **마하-잘라 프라요가**로 소개하고 있다. 그러나 이것은 구두의 가르침이기 때문에 우리에겐 신비(神祕)로 남는다. 이것은 어떤 이유로 살아 있는 동안 입문을 받지 못한 <떠난 영혼>을 구하는 것이다. 스승은 그물 속으로 그를 이끌고 <**쿠샤** 풀로 만든 형상>에 복귀시킨다. 그것은 그의 몸으로, 그다음 입문을 통해 자유를 준다.

카시미르 쉐이비즘(트리카)에서 "**스승**"이란 곧 <편재(遍在)하는 이>, <경계(境界) 없는 이>를 가리킨다. 그것은 곧 무한자(無限者, **신성**)를 말한다.

"그런 **스승**"이 던지는 그 <**거대한 그물**>은 곧 <무한(無限)이라는 그물>이다.

무한자가 <**무한의 그물**>을 던지면 유한한 것들은 당연히 **그 그물**에 잡힐 수밖에 더 있겠는가!

성경 다니엘서는 <그 무한자의 권능(權能)>을 저 느부갓네살을 통해 <극적으로> 선언한다!

"나 느부갓네살이 **하늘**을 우러러……
　<지극히 높으신 이(**궁극의 실재**)>에게 감사하며
　<영생하시는 이>를 찬양하고 경배하였나니
　그 권세(權勢, **권능과 세력**)는……
　<**땅**의 모든 사람들을 없는 것 같이 여기시며>
　<자기 뜻(**절대 자유**)>대로 행하시나니" ⧖

그러면 외부(일상)에서는 왜 그런 일이 일어나지 않는가? <끌어오는 수행>이 없어서인가? 아니다. **사람이 애증(愛憎)에 매여 있을 때, 그는 <신성의 자유와 전능(全能)>에 참여할 수 없(기 때문이)다.** (그는 신성 속으로의 흡수를 잃고, <제한된 힘>에 조건화되어 남아 있다.) 그러므로 수행이 불가피할 것이다.

<그런 **자유와 전능**>은 우리가 **주**의 본성 속으로 흡수될 때만 있고, **주의 은혜로** 주어지는 것이다.

322

주는 활동의 기저(基底)로서 스승의 몸을 의지하는 데, "은혜를 줄 자에게 은혜를 주고", 그 은혜는 <상상할 수 없는 영광의 능력>을 가진다.

그래서 그물을 던짐으로 끌려진 영혼은 <쿠샤 풀 혹은 **자티**(육두구, 肉荳蔻) 열매로 만들어진 형상> 속으로 들어간다. 그것은 마음과 생명 에너지 등의 부재로 움직이지 않지만, <깊은 명상>으로 정말로 움직인다. <그런 형상>에 여러 정화 의식을 행하여, <물을 뿌리는 것>부터 완전한 봉헌으로 <쉬바와의 결합>으로 끝난다. 그 <완전한 봉헌>으로, <쿠샤 풀 등으로 만들어진 형상>은 <**지고의 불**(즉 **쉬바**, **의식**, 意識)> 속으로 용해되어야 한다.

그렇게 (**그물**로) 이끌려서 그 영혼이 지옥, <사자(死者)의 세계>, <축생(畜生)의 세계>에 있었더라도 이 완전한 봉헌으로 자유를 얻는다. 혹 환생(還生, 부활)하여 인간의 몸으로 있다면, 그는 그 순간에 <지식, **요가**, 입문, 분별>을 얻는다. 이것이 <죽은 사람을 구원하는 과정>이다.

다음은 <은혜의 내림이 있을 때, 살아 있었지만 부재한 이>를 위한 방법이다. 이때는 <쿠샤 풀로 만든 형상으로 이끄는 일>은 하지 않고, <명상을 통한 그의 모습>으로 정화를 한다.

입문은 향유(보가)도 해방(목샤)도 줄 수 있는데,
그의 과거의 행위의 습성(習性, 習氣)이 강할 수도
있어, 그것을 뿌리 뽑는 것은 불가능하기 때문이다.

<높은 교설을 따라 행한 정화>가 더 효과적이며,
<낮은 교설의 정화>는 더 많은 정화가 필요하다.

<부재(不在) 입문>으로도 지식은 현현한다.

<스승>의 놀라움이여!
주(主) 안의 끊임없는 흡수로
자유를 나누는 자가 되누나
<부재한 이>도 <있는 이>로
입문을 하게 되도다

✍ 비갸나 바이라바, 쉬바 수트라, 프라탸비갸
흐리다얌, 스판다 카리카, 파라 트리쉬카와 이 책
탄트라 사라가 - 앞으로 나올 경전을 포함하여 -
피를 토하며 말하(려)는 것은……

밤에 꿈 꿀 때, "내가 꿈꾸고 있다"는 것을 **아는**
그 무엇,

잠을 잘 때, "내가 잠자고 있다"는 것은 **느끼는**
그 무엇 – 잠은 <나의 몸>에만 일어난 것이고
<나>에게는 전혀 아닌 것을 (잠자는 동안) **생생히**
느끼는 그 무엇,

내가 죽을 때, <나의 몸>이 이제 죽어가는 것을
지켜보고 있는 그 무엇,

그 죽음과 환상 너머로 가는 **그 무엇**,

이 우주는 단지 "내 안에서 일어나고 쓰러지고
있다"고 **느끼는 그 무엇**,

의식과 무의식도, 삶과 죽음도 단지 "내 안에서
일어나는 일"이라고 **느끼는 그 무엇**……

그리고……

이렇게 필자에게서는 <속에서 일어나는 무언가를
마음으로 말하게 하고, 그것을 문자화하게 하는>
그 어떤 것,

독자(읽는 자)에게서는 <속에서 이런 말과 단어를
읽으며 종합하고, 번뜩이면서 무언가를 "**알아채고,**
느끼게 하는"> **그 어떤 것**…… ⌛

영화 <제7의 봉인>에서 <**죽음**>은 기사(騎士)와의 **체스**에서 이긴 후 이렇게 말한다.

[중요한 것으로 생각하여 영어와 병기(倂記)하고, 이런 경우는 직역(?)으로 읽을 것을 권한다.]

"When next we meet, **the hour will strike** for you and your friends.

다음에 우리가 만날 때는, 그때가 너와 네 동료들의 마지막일 것이다."

[즉, <(그) **시간**>이 너와 네 친구들을 **칠(죽일) 것이다.**]

그다음 기사가 마지막으로 <죽음>에게 묻는다.

"And you will reveal your secrets?
  그때는 당신의 비밀을 드러내겠소?"
"I have no secrets!
  나는 비밀이 없다!"
"So you know nothing?
  그러니까 아무것도 알지 못한다고?"
"**I am unknowing**
  나는 미지(未知)다!"

한두 마디 하자면,

스왓찬다 탄트라는 거듭 말한다. (스판다 카리카에서 다루었다.)

"혹 암브로시아 즉 불사약(不死藥)을 얻었더라도 **<시간(時間)에 의해 일어나는 죽음>을 결코 이길 수 없다.**"
"그러나 **<지고의 탓트와에 굳게 선 자>는 <모든 형태의 시간>에 괴롭힘을 당하지 않는다.**"

그리고 **<죽음>**, **<명상>**, **<사랑>**, **<신(神)>** 등은 동의어다. <그런 상태>에서 내게는 <아는 대상>이 부재하기 때문에 <아는 일(지식, 인식)> 또한 없다. 단지 <아는 자>만 있다.
그러니 영어 "I am unknowing."이란 말을 보통 우리가 말하는 "나는 아무것도 모른다."로 읽으면, 당황스럽고 참 난감한 상황이 된다. 죽음은 <아주 무식한 놈(?)>인 것 같다. 혹 **"나는 미지(未知)의 것이다!"**, **"나는 (대상으로는) 알 수 없는 것이다."** 라고 번역하면 <그런 오해>에서 벗어날까?
하여튼 말(언어)이란 <어떤 수준>에서는 도무지 명확하지 않고, 그 <막강했던 힘>이 사라질 때가 있다.

영화 <제7의 봉인(封印)>은 <거울 속에서>에서
어떤 식으로든 좀 더 다룬다.

참고로 잉마르 베리만 감독의 <제7의 봉인>은
1957년 2월 16일 개봉되었다고 굳이 밝히고 있다.
영화는 사도 요한(혹은 학파)을 상징하는 독수리가
하늘에 떠 있는 광경을 보여준 후 요한계시록의 이
문장으로 시작한다.

일곱째 인(印)을 떼실 때에
하늘이 반시(半時) 동안쯤 고요하더니
When he had opened **the seventh seal,**
there was silence in heaven about the space
of half an hour.

일곱 나팔 가진 일곱 천사가
나팔 불기를 예비하더라
the 7 angels which had the 7 trumpets
prepared themselves to sound.

그리고 영화의 끝에서 <기사의 아내>는 일행이
모인 가운데 이런 문장을 읽는다.
(그러나 <기사의 아내>와 <젊은 처녀>는 죽음의
춤을 추지 않은 것으로 드러난다.)

첫째 천사가 나팔을 부니 ……
둘째 천사가 나팔을 부니 ……
셋째 천사가 나팔을 부니
<횃불 같이 타는 큰 별>이 하늘에서 떨어져 강들의
삼분의 일과 여러 물샘에 떨어지니 이 별의 이름은
"쑥(Worm-wood, 압생트)"이라

그리고 **죽음**이 이들을 찾아온다. 그리고 영화는
그렇게 끝나버리는 것 같다. (<생명나무>가 아닌,
<벌레나무>인 **웜우드**에 대해서는 <신참 악마>라며
소와 참나 이야기에서 약간 다루었다.)

그러나 영화의 마지막 대사와 또 **요한계시록**은
<다른 끝(?)>을 우리에게 일러준다.

하나님이 친(親)히 저희와 함께 계셔서
모든 눈물을 그 눈에서 씻기시매
다시 사망(死亡, 죽음)이 없으리니
<**처음 것들**>이 다 지나갔기 때문이라

God himself shall be with them,
God shall wipe away all tears from their eyes
and **there shall be no more death**,
for <the former things> are passed away.

약간의 복습과 첨언(添言).

몇 번을 말했듯이 "**하나님이 친히 저희와 함께 계셔서**"는 신의 초월성이 아닌 내재성을 말한다. 다른 말로, 사실은 <**우리가 곧 신(神)이다!**>라는 말이다.

다만 <**처음 것들**>에 해당하는 것**이 우리의 눈을 덮고 있기 때문**이다. 그것들은 카시미르 쉐이비즘에서는 아주 잘 정리되어 있다. 즉

마야가 ① <칼라(부분)>, ② <비디아(지식)>, ③ <라가(집착)>, ④ <카알라(시간)>, 또 ⑤ <니야티(운명)>의 다섯 가지로써 <**신성(神性)을 덮고 있기 때문에**> 우리가 그것을 볼 수 없는 것이다.

일찍이 <**사랑의 예언자**> 호세아는 말했다.

내가 저희를 음부의 권세에서 속량하며
사망에서 구속하리니
사망(死亡)아 네 재앙이 어디 있느냐
음부(陰府)야 네 멸망이 어디 있느냐

세월이 흘러 먼 훗날
<**눈에서 비늘 같은 것**>이 벗어졌던
사도 바울은 이렇게 고백한다.

사망아 너의 이기는 것이 어디 있느냐
사망아 너의 쏘는 것이 어디 있느냐
O death, where is thy sting?
O grave, where is thy victory?

사망의 쏘는 것은 **죄(罪)**요
죄의 권능은 **율법(律法)**이라
The sting of death is sin,
and the strength of sin is the law.

우리가 "**죽음**"을 <무서운 것>으로, <모든 것의 끝>인 것으로 여기는 것은 "**죄(罪)**" 때문이라는 것이다. 성경에서 **죄**(sin)는 하마르티아 즉 <(우리의 지성이 과녁을) 빗나간 것>을 말한다. <우리가 **정확하게, 바르게 알지 못하기 때문**>이라는 것이다.

또 <우리가 정확하게, 바르게 알지 못하는 것>은 "**율법(律法)**" 즉 <**종교(철학)와 교육**> 때문이라는 것이다.

사도 바울은 <죽음과 부활>의 의미를 **고린도전서** 15장에서 잘 파악하고 있고,

그리고 <**(율)법**이냐? **사랑(은혜)**이냐?>는 유명한 **로마서**의 주제다.

소설과 영화 또 무엇보다도 **뮤지컬**로 유명한 <레미제라블>은 이 **로마서** 주제의 해설이다.

(**뮤지컬**은 10주년, 25주년 기념공연실황 DVD가 있으니, 꼭 보기 바란다.)

제 17 장
링가의 교화(敎化)

✍ **링가**는 표지(標識) 혹은 상징을 말한다. 여기서는 <과거의, 낮은 영적 수준의 표지>를 마음에서 제거하고 교화하는 입문을 다룬다.

인간은 자신이 지금까지 믿고 따른 종교나 신념 등을 잘 버릴 수가 없다. 그것은 우리의 **"마음"**이 <조건화의 산물>, <(그렇게) 길들여진 것>, <습관의 덩어리>이기 때문이다. 우리의 **"마음"**은 <지금까지 **내가 아는 이 모든 것이 최고의 진리라고, 신**(神)**을 가장 잘 아는 상태**>라고 여기고 있다.

그러나 어떤 이에게는 **그런 내 생각이 "깨지는"** 순간이 온다. 그렇게 여기던 **<나의 세계>가 허물어지는** 어떤 운명의 순간이 올지도 모른다. 그것은 순전히 <하늘의 뜻>이다. 익히 아는 대로, 그것을 **"은혜"** 즉 **"샥티-파타"**라고 한다.

앞에서 우리는 어떤 사람은 어떤 **탓트와**(원리)에 묶여 있는 것을 살폈다. 어떤 **탓트와**(요소)에 묶여 있다는 것은, 그가 입문한 종파와 그 사상(교리)에 의존하는 것을 말한다.

카시미르 쉐이비즘(트리카)에 의하면, 다른 종파(와 사상)의 입문으로는 <쉬바 즉 **의식**(意識)과의 동일성("**차이탄얌 아트마!**" "**나는 의식이다!**")>을 성취하지 못한다. 그러므로 다른 열등한 종파에서 입문한 자는 이전에 자신을 묶었던 **탓트와**(원리)를 떠나 다시 입문해야 한다.

기독교 안에서도 <영적인 단계>는 분명히 있고, 또 불교 안에서도 <여러 수준>이 있을 것이다.

<낮은 교설(수준)을 넘어서는 과정>은 단계적으로 서서히 성취된다. 즉

① **은혜의 하강**, ② 불순의 제거, ③ 바른 스승을 찾으려는 갈망, ④ 입문, ⑤ 지식, ⑥ 피해야 하는 것의 금지, ⑦ 받아들여야 하는 것으로의 용해, ⑧ 즐길 수 있는 것의 포기, ⑨ **아나바 말라**로 생겨난 제한의 제거. (**탄트라 알로카** 22장을 보라.) ⏳

다음은 <**바이슈나바** 등과 (印度의) 남쪽 교설에 속한 이들>, <다른 단계의 종교적 교리를 따랐던 이들>, <최고의 교설에 있지만 그렇지 못한 스승을 따랐던 이들> 등이 **주**의 <**은혜**의 내림>으로 입문을 받을 상황이 되었을 때, 이들을 위한 입문의 과정이다.

그런 사람은 입문 전날 금식해야 하며, 다음날 일반적 의례로 **주**를 경배한 후, 그를 <**주**의 현존> 속으로 데려오고 그의 지난 행동을 언급해야 한다. 그다음 스승으로부터 **만트라**를 받고, 이전에 다른 곳에서 받은 **만트라**(맹세)는 물속으로 던진다.

그다음 목욕을 하고, 그릇의 물로 뿌리고, 거룩한 음식과 치아 막대기(치솔)로 정화하고, 눈을 가리고 의식의 장소로 들어간다. 그리고 일반적 **만트라**로 **주**를 경배한다.

✎ 탄트라 알로카 22:20에서는 <일반적 **만트라**> 일곱을 말한다.

① 프라나바(만트라 옴), ② 마트리카, ③ 마야, ④ 뵤마비압티, ⑤ 샷악샤라, ⑥ 바후루파, ⑦ 눈(네트라) 만트라

22:15-17에는 스승이 <쉐이비즘(샤이바)으로의 입문>을 따로 말한다.

"이 사람은 한때 다른 수행법을 따랐으나 이제 **당신**의 강복(降福)으로 **영감**을 받았도다.

하여 **당신**의 **은혜**(샥티 파타) 베푸노니 다른 교설이 묶었던 것들,

그의 의심이 되지 못하며
오히려 속죄를 도울 것이라

빨리 <당신과의 동일성>을 얻고
온전(穩全)과 자유(自由)에 이르기를!"⧖

그는 <일반적 만트라>를 하면서 <쉬바 속으로
변형된 불 속>에서 <그의 브라타>, (이전의) 맹세
(준수)를 정화한다.
스승은 그의 이름을 이 만트라 사이에 부르며,
"스바하" 만트라로 끝나는 이 봉헌을 백 번 한다.

"아무개,
나는 그의 죄업을 정화하노라."

다음은 "바우샷" 만트라와 더불어 마지막 봉헌을
한다.
이후에 <브라타의 주(브라테슈와라)>를 떠올려
주고, 맑은 버터(기름)를 불 속에 바치며 말한다.

"브라테슈와라여,
쉬바의 명령이니
그에게 장애를 일으키지 말라!"

이렇게 기도를 하며, 브라테슈와라(서원의 주)를 달래고 그 불을 떠난다. 이는 링가의 교화(敎化)에 관한 것이다.

그다음 다른 정화 의례는 전처럼 행해야 한다. 이제 그 제자는 입문(딕샤)을 받을 준비가 되었다.

사람이 낮은 단계에 있을 때라도
주(主)의 힘에 강하게 접촉되면
<참 스승>에게로 이르게 되나니
<거짓된 스승>을 잘 따랐으면
정화(淨化) 뒤에 입문해야 하리라

✍ 위의 <거짓된 스승>에는 무엇보다도 <우리가 지금까지 말(언어)을 통해 들었거나 쌓아온 교리적 지식>, <"교육"으로 생겨난 이성적(理性的) 판단>, <예수나 붓다 등 다른 이의 경험들을 내 경험으로 생각하는 어리석음>, <몸과 이름을 "나"라고 가르치는 무지(無知)> 등등의 스승이 있을 것이다.

괴테는 그것을 『파우스트』에서 한마디로 이렇게 외친다.

"거짓된 <형상>과 <말>이여!"

그리고 <**참 스승**>이란 직관, 통찰, 지혜, 느낌, 감성(感性), 아니마(아니무스) 등등을 통해 <**거짓된 것들을** 빛으로 이끄는>, <**거짓된** 모든 **것**들의 **참된 의미**(意味)를 가르치는> 스승, 즉 수많은 <선지식(善知識, 칼야미트라)들>과 또 "**성령**(聖靈)"과 그 <**거룩한 영**(靈)**을 받은 이들**>을 말할 것이다.

"<**모든 것**>은 **의식**(意識)**일 뿐이다!**"고 외치는 바수반두(世親, 天親)는 "그 <**모든 것**>"을 잘 요약하고 있다.

불교의 유식론(唯識論) 등에 대해서는 <**이슈와라-프라탸비갸**>에서 좀 더 자세히 다룬다. ⧗

①	<**거짓된 것**> (아누, 마야)	변계소집성(偏計所執性) **파리칼피타-스와바와**
②	<**상대적인 것**> (샥티, 에너지)	의타기성(依他起性) **파라탄트라-스와바와**
③	<**궁극적인 것**> (쉬바, 의식)	원성실성(圓成實性) **파리니슈판나-스와바와**

제 18 장
<기름 부음(아비쉐카)>

✍ 기독교(基督敎)의 "기독"이란 말은 <그리스도(그리스어)>의 – 히브리어로는 <메시야> – 한자 표기이고, <**기름 부음을 받은 자**>를 가리킨다.

기름 부음은 <**성령 받음**> 즉 **신의 내재**(內在)를 말한다. **기름**은 성령의 강력한 상징 중 하나다.

성경에 나오는 성령의 상징으로는 **물**, **불**, **바람**, **기름**, **비둘기**······

기름이 어떤 것인가?

먼저 **기름**은 **물**(액체)의 일종으로, 견고한 것이 아니라 유동성(流動性)이 있다. 그러나 점성(粘性)도 있어 "**물**에 **기름** 돌듯이" **물**에 용해되지 않는다.

또 "**불**에 **기름** 붓듯이"라는 말도 있듯이, **불**과의 친화력 즉 가연성(可燃性)이 있다. 그래서 **불**(기체) 힘으로 움직이는 자동차에서 **기름**은 연료(燃料)로 쓰인다. 그리고 **돌기름**(石油)은 가끔 세계 경제를 요동치게 만들어 우리를 어렵게 한다.

그리고 삐걱거리는 기계에 **기름**을 치면 그것은 곧 부드럽게 움직인다. 우리 몸의 수많은 관절에도 윤활유는 분비되며, 남녀가 "사랑의 떡방아를 찧을 때면" 거기서는 **물기름**(愛液)도 솟아난다.

기름은 식용(食用)으로도 있다. 고소한 **참기름**뿐 아니라 **들기름**, 올리브유(油)……

기름은 <우리 몸(고체)>에도 있으며, 또 **있어야 한다!** 지방(脂肪), 유지(油脂), 비계 등으로 말이다. 잘 아는 대로 **그것은 <에너지 원(源)>이다!** 우리는 지방(fat)이 많은 이를 "fatty(뚱보)"라며 낮추는데, 저 **모파상**은 그 <비곗덩어리>를 통해……

오랜 옛날부터 **기름**이 가진 <청정(淸淨) 작용>은 그 신비로운 효과로 인해서 - **아유르 베다**의 오일 마사지 등을 보라. - **성별**(聖別)을 상징하는 <**기름 부음**(도유, 塗油, anointment)>으로 발전했다.

"아는 자" 즉 <영적인 지식이 확실한 사람>에게 한다는 <**기름 부음**>은 현대의 언어로 말하자면, 저 "(영적인) 노블레스 오블리주(Noblesse Oblige)"가 아닐지…… ⧖

<"지식(앎, 경험)"이 있는 사람> 즉 <[참 자신, 곧 **신(神)**을] **"아는 자"**>는 <사다카(수행)의 과정을 따르고, 영적인 안내자가 되기 위해> **"기름 부음"** 즉 도유(塗油)를 받아야 한다.

이는 <지식을 가진 자(**아는 자**)>만이, 다른 모든 성품을 갖추지 못했더라도, **사다카**(보임, 保任)의 과정을 따르고, 다른 이에게 **은혜**를 베풀 수 있는 권위(權威)가 있기 때문이다.

지식이 완전하지 않는 스승이 입문을 주는 것을 꺼려해도 그것은 죄를 짓는 것이 아니다. 그러나 <지식을 가진 자>는, 그것이 그의 의무(義務)이기 때문에, 죄를 짓는 일이다. 그는 <비디아의 주의 상태를 베푸는 자>, <아는 자를 알게 하는 자>이기 때문이다. 그러므로 그런 상태인 그가 입문을 주는 것을 하지 않는다면, 그것은 그의 죄(罪, 허물)이다.

✍ **탄트라 알로카** 23:3-4는 스승은 그 힘을 <잘 수행된 지식(경험)을 갖고 있다고 여기는 제자>에게 전해야 한다고 말한다.

"<이 지식(**나-의식의 경험**)을 가지지 못한 자>는 스승이 아니다. 아무리 그가 기름 부음을 받고, 또 **사마인** 등의 단계를 통과했더라도."

<**기름 부음**>은 곧 서임식(敍任式)일 것이고, 또 그에게 주어진 <**십자가의 짐**>일 것이다.

그리고 <새로운 스승을 선택하는 유일한 기준>은
지식(知識)이다. - <자기 자신을 정말로 아는 자>,
<자신을 의식(意識, 아는 무엇)으로 아는("경험한")
자>를 말한다.

아비나바굽타는 23:16-17에서 이렇게 말한다.

"<새로운 스승을 만드는 스승>은 <완전한 지식,
확실한 체험의 사람>을 선택해야 한다. 출생지나
가계(家系), 행위, 몸 등 다른 어떤 것도 고려하지
말고." ⧗

만트라와 신성의 동일성의 성취를 위한 목적으로
기름 부음을 받은 후, 새로운 스승은 6개월 동안
<만트라의 암송>, <불 속의 봉헌>, <특별한 예배의
집행>을 통해 매일 규칙적인 의식(儀式)을 행해야
한다. 그때부터 바라던 신성과 하나가 되어 다른
이들에게 입문 등을 주는 권리와 권위를 가진다.
그러나 그럴만한 가치가 없는 사람을 입문시켜서는
안 되고, 그럴만한 가치가 있는 사람을 피해서도
안 된다.

입문한 사람이더라도 지식을 줄 때는, 그를 시험
해야 하며, 그가 <앵무새 같은 지식>인 것을 알면,
그를 안중에 두지 말아야 한다.

이 기름 부음에서 예배는 그의 재정 능력을 따라
행한다.

✍ 탄트라 알로카 23:31-32는 <새로운 스승>의 보임(保任)(?) 기간의 일을 기술한다.

"<새로운 스승>은, 기름 부음을 받은 후, 6개월 동안 경전에 확립된 **만트라** 전체를 명상하고 암송해야 한다. 그래서 그는 그것들과 하나가 된다.

그 **만트라**들과 동일성을 얻고, <**만트라의 근원**(만트라-비랴)>을 체험하면서, 그는 마침내 속박을 끊게 된다."

또 **아비나바굽타**는 <입문을 받으려는 사람>이 **브라만, 크샤트리야, 바이샤, 수드라**, 여자, 그리고 다른 어떤 그 무엇이더라도 - 불교도(佛敎徒), 기독교도, 도교, 무교(巫敎), 무교(無敎) 등등 - 스승은 그런 것은 묻지 않고 입문시켜야 한다고 말한다.

그러나 지식을 줄 때 이런 것은 고려해야 한다. 스승은 - 그는 <지식의 기초>다! - <일곱 기간>을 세워야 한다. (**탄트라 알로카** 23:20-23을 보라.)

① 입문
② 설명
③ **측은지심**(惻隱之心, 慈悲心)
④ 우정
⑤ 경전의 명상
⑥ **쉬바**와의 합일
⑦ 음식 나누기 등. ⏳

<아는 자를 아는 일로 자신을 아는 이>는
그 지식을 다른 이들에게 전할 수 있어
사다카(수행자, "修道")의 과정을 따르고
<영적인 안내자(스승)>가 되기 위해
<기름 부음>을 받아야 하느니

✎ "그리스도", "메시야"는 <그런 것>이다.

우리가 흔히 (잘못) 이해하듯이 구원자(救援者)나 구세주(救世主) - <세상을 구원하는 자> - 등을 말하는 것이 아니다.

[<(구세주, 구원자 등의) 그런 말>은 필자에게는 <우상 숭배자들(종교 사업가들)의 (정치적) 구호>로 들린다.]

예수 혹은 <예수의 영>이 <나의 영적인 안내자(스승)>가 아닌 사람들에게는 예수는 그리스도가 아니다!

잘 살피면, 기독교 역사에서는 <예수 그리스도>만이 아닌, <바울 그리스도>, <플라톤 그리스도>, <성모(聖母) 그리스도> 등도 볼 수 있다. <제사장, 선지자 그리스도들>은 물론이고. ⌛

제 19 장
<사후(死後) 입문>

✍ 몇 가지 삽화(插畫)……

(1)

필자의 아버지의 장례를 마친 뒤, <삼우(三虞)날 아침>이었다. 아버지 집에 가족들이 모여 있을 때, **갑자기 "전기(電氣)"가 나갔다.** 옆집도 괜찮았고, 누전, 과부하 등의 가능성은 거의 없었다. 부친의 집만 그랬던 것이다. 필자가 스위치를 올려 **전기**는 다시 들어왔지만, 필자는 그 일을 잊을 수 없다.

(**전기**를 **프라나**로 읽는다면……)

(2)

융은 자서전에서 이런 경험을 전한다.

"어느 날 나는 한밤중에 깨어, 전날 장례를 치른 한 친구의 급작스런 죽음을 생각하고 있었다. 그의 죽음이 내 마음을 사로잡고 있었던 것이다.

문득 나는 <그가 방안에 있는 것 같은 느낌>이 들었다. 마치 침대 옆에 서서 나에게 함께 가기를 바라는 것 같았다. 어떤 모습을 본 것 같지는 않고,

단지 내 마음속의 상(像, 이미지)이라는 느낌이어서 나는 이것이 환상(幻像)이라고 스스로에게 말했다. 그러나 나는 곧 스스로 반문(反問)해야 했다.

'이것이 환상이라는 것을 증명할 수 있는가?'

만약 이것이 환상이 아니라면, 그러니까 친구가 정말로 거기에 있는데도 내가 이것을 환상이라고 여긴다면, 그것은 염치없는 짓이 아니겠는가?

그러나 나는 그가 실제 현상으로서 정말 내 앞에 서 있다는 증거는 가질 수 없었다.

그때 나는 스스로에게 말했다.

'증거가 있든 없든 상관없다! 그를 환상이라고 말하는 대신에, 그를 (나와) 똑같은 권리와 현상으로 받아들이고, 시험으로라도 그를 최소한 현실이라고 인정해보자.'

내가 그런 생각을 한 순간, 그는 문 쪽으로 가서 내게 따라오도록 눈짓을 보냈다. 나더러 그와 함께 가자는 것이었다. 그것은 예상하지 못한 일이었다! 그래서 나의 논란은 한 번 더 반복되었다. 그리고 나는 (환상 속에서) 그를 따랐다.

그는 나를 정원을 지나 길거리로, 그리고 그의 집으로 데려갔다. 그는 서재로 가 발판 위에 올라서더니, 빨간색 표지로 된 다섯 권의 책 가운데 두 번째를 가리켰다. 그것은 책장의 위에서 두 번째 칸에 있었다. 그리고 환상은 끝났다.

실제로 나는 그 친구의 서재도 모르고, 또 어떤 책을 가지고 있는지도 몰랐다. (환상에서도) 나는 그가 가리킨 책의 제목을 볼 수 없었는데, 그 책은 책장의 위에서 두 번째 칸에 있었기 때문이다.

너무도 이상한 체험이어서, 나는 다음날 친구의 부인에게 가서 친구의 서재에서 무엇을 좀 찾아볼 수 있는지를 물었다. 그리고 정말로 그 환상에서 본 책장 밑에는 발판이 있었고, 멀리서도 빨간색 표지로 된 다섯 권의 책이 보였다.

나는 그 책의 제목을 보려고 발판에 올라갔다. 에밀 졸라의 소설이었는데, 두 번째 책의 제목은 <사자(死者)의 유산>이었다. 그 내용은 별로 흥미가 없었지만, 그 제목은 <나의 체험>과 아주 관련이 있는 것이었다."

(3)

(필자의) 아버지는 돌아가시기 얼마 전, (나에게) 하나님을 보았노라고 말했다. 그(하나님)는 (아마도 연꽃자세로) 앉아 있었는데, 그의 앞에는 우체통이 있고, <수많은 편지('기도'를 의미한다고 했다)>가 그 우체통으로 날아드는 것을 보았다는 것이었다.

나는 조심스럽게 혹 그(하나님)가 아버지일지도 모른다고 말했다. 그가 지금 아버지 당신을 꿈꾸고 있을지도 모른다고 말이다.

(필자의) 아버지는 평생을 기도하는 분이었다.

(4)
융은 자서전에서 이런 고백도 함께 한다.

"**자기**(自己, Selbst)와 자아(自我, Ich)의 관계에 대한 것으로는, 전에 꿈을 꾼 것이 있다.

나는 여행 중이었는데, 어떤 작은 거리의 언덕진 곳을 지나고 있었다. 햇빛이 비치고 주위로 넓은 시야가 펼쳐졌고, 나는 길가의 어느 작은 교회당에 이르렀다. 문이 반쯤 열려 있어, 나는 안으로 들어 갔다. 놀랍게도 제단 위에는 성모상도 십자가상도 없었고, 다만 화려하게 꽃들이 장식되어 있었다.
그런데 문득 나는 제단 앞의 바닥 위에, 한 **요가** 수행자가 나를 향해 연꽃자세로 앉아 깊은 명상에 잠겨 있는 것을 보았다. 조금 더 가까이 가서 살펴 보니, 그는 <내 얼굴>을 하고 있었다.

나는 큰 충격을 받고 잠을 깨었고, 이런 생각을 했다. '아, 그래, <나>를 명상하고 있는 것이 <그> 였구나.' 그가 어떤 꿈을 꾸고 있는 것이다. 그것이 나다. 만약 **그가 명상에서 깬다면**, 나는 이미 있을 수 없으리라는 것을 나는 **알 수 있었다**.

이 꿈은 1944년 내가 앓고 난 후에 꾸었다.

이 꿈은 다음과 같은 비유(譬喩)일지도 모른다. 나의 **자기**(自己, Selbst)는 마치 **요가** 수행자처럼 깊은 명상에 잠겨 있다. 그리고 이 <나의 세속적인 형상>을 꿈꾸고 있다고. 아니면 이렇게 말할 수도 있다. **<그>는 삼차원의 존재가 되기 위해 <인간의 모습>을 띤다.** 마치 바다 속에 들어가기 위해서는 잠수복을 입어야 하는 것처럼, **자기**(自己)**는 종교적 자세로서 <그곳의 실존>을 포기한다.**

<작은 교회당>이 암시하듯이, 세속적인 모습으로 <그것>은 삼차원의 세계를 경험할 수 있을 것이고, <보다 큰 **의식성**(意識性)**으로써**> **자기**(自己)를 좀 더 실현할 수 있게 될 것이다.

요가의 모습은 어떤 면에서는 나의 무의식적인, 출생 전의 **전일성**(全一性)을 묘사할지도 모른다.

무의식의 **전일성**…… 그것은 <총체적인 실현>, 인간의 경우 <전적인 **의식화**(意識化)>를 지향한다. **의식화**는 넓은 의미에서 '문화(文化)'이고, 따라서 **<자기**(自己) **인식>은 이 과정의 정수이며 핵심이다.**

동양 특히 인도는 <**자기**(自己)>에 **신성**(神性)의 의미를 부여하고 있으며, 또 **고대 기독교의 관점을 따르면 <자기**(自己) **인식>이 곧 <신**(神)**>을 인식하는 길>이다."

도대체 <죽음>이 무엇이겠는가?

성경은 말한다.
"사람이 깬 후에는 그 꿈을 무시(無視)함 같이
    주(主)께서 깨신 후에는 그들의 형상(形像)을
멸시(蔑視)하시리이다."

그러니 **나의 <사후(死後)>와 <사전(死前)>이라는
것은 어떤 상태를 말하는가?** ⧗

<낮은 수준의 교설을 따른 이들>은, 그가 비록
스승이었더라도, <마지막 정화 의례> 혹은 <마지막
성례(聖禮, **안탸삼스카라 딕샤**)>라고 하는 입문을
받아야 한다. 그들에게 <**은혜**의 내림>이 있었다면
<죽은 자를 되찾는 과정>을 따라 행해야 한다.
    이것은 <높은 수준의 교설을 따랐던 이들>에게도
똑같이 적용되나, 바른 길에서 벗어나 속죄의 어떤
의식(儀式)도 하지 않은 경우에는 안 된다. 이것은
위대한 **주**의 명령이다.

✍ **아비나바굽타**는 말한다.
"이런 입문은 <미묘한 몸(**푸랴슈타카**, '**마음**')의
정화>에 영향을 준다. 만약 **푸랴슈타카**가 존재하지
않는다면, 그때는 천국과 지옥도 없다." ⧗

<죽은 자를 되찾는 과정>은 시체(屍體) 위에서 행하며, <그것을 불태우는 것>으로 마지막 봉헌을 한다.

스승은 <죽은 자(死者)>를 위해, <무지(無知)한 자>의 믿음을 위해 <그의 행위, 지식, **요가**(수행)의 능력을 따라> 마지막 의식을 치른다.

망자(亡者)의 몸에, 발에서부터 머리까지 **냐사**를 하고, 그물을 던져 몸을 떠난 영혼을 잡고, 그것을 꿰뚫고 그것을 흔들어, 가슴, 목, 이마까지 <생명의 **에너지**(生氣)>를 보내 그것을 생기 있게 한다. 그런 식으로 시체는 유지된다.

그다음 <**주**와 하나 되는 의식>을 하는데, 마지막 봉헌으로 그 몸을 불태운다.

✍ 시체는 <**쿠샤** 풀로 만든 인형>으로 대신할 수 있으며, <그물을 던지는 법>은 제 16 장에서 다루었다. 여기서 스승이 행하는 과정은 무지한 자의 확신을 위한 것이지, 해방을 얻는 데 도움이 되는 것은 아니다. (**탄트라 알로카** 24:15-16) ⧗

이 일 뒤, <사후(死後) 입문(**슈랏다-딕샤**)>이라고 부르는 입문을 <죽은 자의 마지막 의식으로 정화된 이들>에게, 또 <그런 식으로 정화되지 못한 이들>에게도 행한다. 그들을 위해서 이 마지막 의식을 사흘째 혹은 나흘째 날, 매월 혹은 매년 행한다.

<불 속의 봉헌>으로 끝나는 의식에서, 봉헌하는 음식을 한 손에 들고, 그의 힘을 <즐기려는 대상에 나타나는 **주**의 넘치는 **에너지**>로 여긴다. - **주**는 제한된 자아에 거하는 힘(**에너지**, **샥티**)을 떠맡고, 그녀(**샥티**)를 그 자신과 동일성으로 본다. - 그렇게 명상하면서, 주관자는 음식을 위대한 **주**, <즐길 수 있는 대상의 지고한 주체>에게 바친다.

✎ **탄트라 알로카** 25장에서는 **싯다-요게슈와리마타 탄트라**에 의거하여 <사후(死後) 입문(슈랏다-딕샤)>이 논의된다.

이 의식은 죽은 뒤 사흘째[삼우제(?), 부활일(?)], 나흘째와 열흘째 날에 행하고, 첫해는 매월 행하며, 그 뒤는 매년 한 번씩 행한다.

탄트라 알로카는 25:4-6에서 말한다.

"스승은 무엇보다 봉헌을 손에 들고, 이 봉헌에 <양생하는 도구적 모습으로 음식의 본질인 **샥티**>가 거하는 것을 명상한 뒤에, 그것이 이 의식이 행해지는 죽은 이에게 침투되는 것으로 여겨야 한다.

그다음 스승은 <이 죽은 제자가 향유할 수 있는 형태로 묶은 부분>을 <그와 동일성으로 향유할 수 있는 주체>에게 봉헌한다. 이런 식으로 그 제자는 **쉬바**가 된다." ⏳

<망자를 위한 마지막 의식(불 속의 봉헌)>, <죽은 자를 되찾는 과정>, <사후 입문(슈랏다 딕샤)>의 방법으로, 향유(享有)를 바라는 자들과 관련해 그 목표를 성취할 수 있다면, 그것은 <나무가 클수록 그 열매는 더 풍성하다는 말처럼> 스승이 그들을 위해 의식을 행할 가치가 있다.

　　그러므로 스승은 **주**와의 동일시를 더 쉽게 하여 해방을 바라는 이들에게 행해야 한다. 이것은 다른 일상의 수행처럼 일생을 통해 날마다 행한다.

　　그러나 **<실재(實在)를 아는 자>**는 <망자를 위한 마지막 의식>이나 <사후(死後) 입문(**슈랏다 딕샤**)> 등 어떤 것도 필요하지 않다. 그런 사람**의 죽음은** 그 제자들을 위한 **<축제(祝祭)의 날>이다. 그것은 의식을 비우고 의식을 고양(高揚)시킨다.** 그 계보의 구성원들은 사실, <**하나의 의식(意識)**>이다. 그것은 <만족의 날>일 뿐만 아니라 <지식을 얻고, 영적인 계보를 발견하는 날>이다.

　　슈랏다 등의 의식의 모든 곳에서, **무르티-야가**가 가장 중요하다. 이것은 **슈리 싯다마타**라고 부르는 교설에서도 나타난다. 그것의 과정은 **나이밋티카** 부분에서 설명할 것이다.

쉬바는 곧 은혜(恩惠)라
자유로이 은혜를 베푸니
주(主)가 되도다
무엇이 놀랄 일이겠는가!

그의 의지(意志)로
방편이 많음을 아는 자는
홀로, 의심이 없고, 현명하며
가장 제한되어도 있도다

   ✍ 마지막 구절인 "가장 제한되어도 있도다"는
도덕경의 "화기광(和其光) 동기진(同其塵)"을 생각
나게 하는 시경(詩經)이다.

  "그 빛과 어우러지니
   티끌과 하나 되도다" ⧗

제 20 장
입 문 뒤 할 일

이제 <입문 뒤 할 일(셰샤-바르타나)>이다.

꾸준한 정화를 위해 <지식에 합당한 이들>에게 주어지는 그 입문은 또한 <지식에 합당하지 않은 이들>에게도 주어진다. 그들에게는 해방의 성취를 주려는 것이다. 이 입문은 **사비자** 유형으로, 스승은 그들에게 삶의 남은 기간 동안 따라야 할 의무를 가르쳐야 한다.

✍ **탄트라 알로카**(제26장)에서 **아비나바굽타**는 모든 유형의 입문은 그 목표로 <정화>, <즐기는 것(향유)>, <해방>, <향유와 해방 모두>를 가진다고 한다.

자야라타는 그 목표로 <향유를 갖는 입문>은 (욕망하던 향유의) 열매를 먼저 주는 것 없이, 직접 해방을 주는 것이 아님을 명확히 한다. 반면 <영적 아들의 입문> 같은 것은 우선적인 열매의 필요성이 없기 때문에, 정확하게 해방을 준다.

이런 입문은 **사비자** 혹은 **니르비자** 유형일 수 있다. 그리고 **사비자** 유형의 입문을 받은 사람만이 삶의 남은 기간 동안 어떤 규칙들을 따를 수 있다. 반면 이런 규칙을 따르는 것이 불가능한 사람들은 **니르비자** 유형의 입문을 받는데, <입문 후 규칙의 속박을 정화할 수 있는> **만트라**를 포함한다. ⌛

입문자의 여생의 의무는 세 가지다. ① <필수적 준수(**니탸**)>, ② <임시적인 준수(**나이밋티카**)>, ③ <특별한 욕망으로 행하는 것들(**카먀**)>. 마지막 것은 수행자가 영적 수행(**사다나**)으로 하는 것으로, 여기서는 다루지 않는다.

니탸는 <영구적으로 하는 것>이고, **나이밋티카**는 니탸에 보조적인 것으로 <특정 시간(**산댜**)에 기도하는 것>, <축제일(**파르바디남**)>, <쿠샤 풀을 봉헌하는 날(**파비트라캄**)> 등이다. 어떤 이들은 이것이 정확한 날짜와 시간에 지켜지므로 **니탸**로 여기기도 한다.

그러나 스승을 따르는 이들과 관련한 "임시적인 준수(**나이밋티카**)"가 있다. 예를 들어, <스승이나 그 권속의 방문>, <생일 등 축일(**탓.파르바디남**)>, <지식을 받은 날> 등. 이것도 어떤 이들의 견해다.

<매일 특정 시간(**산댜**)의 기도>, <영적인 스승의 경배>, <중요한 축제의 특별 예배>, <**파비트라카**의 경배>는 **니탸**의 성격이다.

<(제자가) 지식을 얻은 날>, <경전을 받은 날>, <그의 집에 스승과 그 권속이 방문한 날>, <스승의 생일과 정화와 세상을 떠난 날>, <공적인 축제일>, <경전을 배우는 날(시작, 중간, 완성)>, <신성을 본 날>, <싯다와 **요기니**가 결합한 날>, <꿈에 명령을 받은 날>, <규율(**사마야**)의 준수에서 해방된 날> 등은 특별한 것으로 **나이밋티카**의 성격이다.

그다음 입문한 제자에게 주된 **만트라**를 주어야 한다. **만트라**는 그것만의 잠재력을 갖고 있고, 본질에서 <**의식**의 계시>처럼 번쩍인다. 진실로 그것은 스승의 입으로 나타나는 것이지, 문자로가 아니다.

✎ **만트라**는 의식(儀式)의 과정에서 받아야 하며, 또 비밀로 지켜야 한다. 수행자는 <**만트라의 근원**(만트라-비랴)>과의 동일성을 얻어야 한다. 그것이 없으면 **만트라**는 효과가 없다. **만트라**는 <자신이 **만트라의 근원**과의 동일성을 얻은 스승>으로부터 직접 받아야 한다. 어떤 책(冊)으로부터가 아니다.

탄트라 알로카 26:20-24에서는 말한다.

"기본적 규칙은 다음과 같다. 즉 **만트라** 형태는, 특히나 우리 전통에서는, 제자에게 기록된 형태로 드러나지 않는다. 그것은 모든 것에 우월한 것이다.

만트라는 음소(音素)의 성격이고, 음소는 <반영적인 의식(意識)>의 성격이다. 그것은 <스승의 의식으로 부터 분리되지 않았을 때>만 제자에게 전달될 수 있다. 반면에 <문자화된(죽은) 만트라>는 그 근원 (잠재성)이 손상되어 비현실적이 되어, 믿을 수가 없다. 그것을 흐리게 하는 통상적인 의미 때문에, 그 자연스런 광채는 책으로부터 드러나지 않는다."

그러나 싯다-요게슈와리-마타에서는 책에서부터 만트라를 채용하는 데도 불구하고 그것의 근원과의 동일성을 얻는 사람은 바이라바에 의해 정화되고 자동적으로 입문된다고 한다. ⧗

그다음 제자는 <신과 동일시>되는 목적을 위해 - 그 만트라에 대한 감정이입(感情移入)을 위해 - 특정한 시간에 제단이나 링가에서 매일 수행(경배) 한다. 제단에서, 자신의 형상을 거울에 비친 것으로 명상하고, 자신의 참나가 거기에서 경배되는 신성 들의 주와 동일하게 되었다고 여긴다. 그는 그것을 신성 그 자신의 반영된 상으로 인식한다. 아름다운 꽃과 백단 반죽, 포도주를 봉헌하고, 물로 달래는 봉헌을 하고, 향을 피우고, 등불을 켜고, 여러 가지 선물을 하고, 노래로 찬양하고, 악기로 그것을 경배 한다. 신성과의 동일성을 얻도록 찬송한다.

<거울에서 자신의 얼굴을 "방해 없이" 바라보는 사람>은 곧 본성(本性)에 확실하게 된다. <지고의 만트라와의 동일성을 얻고(흡수를 얻고), 헌신으로 본성에서 묶인 존재의 더러움이 그친 사람>은 모든 속박이 용해되고, 그 가슴에 남은 것이 무엇이든 최고이고, 모든 것에 적당한 것이다. 이것이 우리 스승들의 견해다.

이 시점에서 아래 두 절(節)을 명상하며 **신성**을 경배한다.

불멸의 지고한 상(像)이여
모든 것의 근원인, 바로 그 빛 속에
피난처(避難處) 있으니
그것과 더불어, 그것을 통해
<아는 자>를 아누나

밤낮으로 내 몸의 이 성전(聖殿)에서
나의 신, 나의 여신을 경배하노니
<세속의 기초>를 씻어내는 놀라움으로
고유의 향기 내뿜는 영적인 꽃으로
암브로시아 가득한 이 가슴 항아리로

✍ <세속의 기초>는 뿌리 바퀴(물라다라 차크라, 회음부, 會陰部)로, 거기에서 힘이 오른다.

위는 직역(?)이고, 다음은 다듬은 것이다.

"오, 나의 피난처 되기를!
<절대의 실재(實在)>로부터 흘러
의식적인 빛으로 휘황찬란한
저 불멸(不滅)의 암브로시아!

그것을 통해 당신은 경배를 받나니
<신비의 영약(靈藥)을 아는 이들>이라

경이로운 <나-의식>의 그 맛 뿌린
<뿌리의 지지(쿤달리니)> 정화하고
생래(生來)의 향기를 내뿜는
내 영성의 꽃을 봉헌하는 것으로

나, 밤낮으로 예배하노니
이 아르카눔의 지복으로 넘쳐흐르는
내 가슴의 지성소(至聖所)에서
<여신(女神)과 결합한 신(神)>, 당신을"

아르카눔은 <결혼(結婚, 合一)의 불가해소성>을 말하고, <뱀과 얼나 이야기>에서 다루었다. ⌛

<제단(祭壇)의 경배>

그다음 **무드라**를 나타내 보이고, **만트라**(기도)를 반복하고, 신성에 모든 것을 봉헌한다. **의식**(意識)으로 회귀(回歸)되었다고 생각하며 떠올린 신성을 놓는다.

봉헌된 주요 음식은 혼자 먹거나 물속에 던져야 한다. 경전을 아는 이들에 따르면, 실제로 물에서 태어난 생물은 <봉헌 음식>으로 이미 입문했다고 한다. 반대로 <봉헌 음식>을 만약 쥐, 고양이, 개가 먹었다면, 그것을 바친 자는 의심의 먹잇감이 되어, 그를 지옥으로 이끌 것이다.

지식을 아는 자는, 세상에 은혜를 주고자 한다면 그런 행위를 금해야 하고, 그렇게 하지 않으려면 혼자서 살아야 한다. 이것이 제단의 경배이다.

✍ <무드라>는 같은 계열에 속하는 여러 제자들 사이에서 손가락 등의 특정한 움직임을 통해 <어떤 원리나 생각을 가리키는 몸짓>이다. 그것은 예배에 포함되며 침묵의 성격이다.

또 여기서 **제단**(祭壇, 스탄딜라)은 여성의 성기를 의미하기도 한다. ⌛

<링가의 경배>

링가는 거룩한 **만트라**의 적용과 함께 설치해서는 안 된다. 특히 <현현(**뱍타**)의 **링가**>에서는 그렇다. "초대(招待, **아바하나**)와 해체(解體, **비사르자나**)의 순서를 따라" <(헌신의) 상징으로 확립된 **링가**>를 경배해야 한다. 이것이 모든 예배의 기초이기 때문이다.

그러므로 <스승의 몸>, <자신의 몸>, <**샥티**의 몸>, <거룩한 **만트라**가 존재하는 문서>, <영웅이 사용한 그릇(**비라-파트라**)>, 묵주(黙珠), 무기(**프라하라나**), <나르마다 강에서 수집한 것(**바나-링가**)>, <진주로 만든 **링가**>, <금으로 만든 것>, <꽃으로 만든 것>, <백단 반죽 같은 재료로 만든 것>, 혹은 <거울 **링가**> 등을 경배한다.

만트라로 얻는 열매는 <(**쉬바** 경배의) 기초라고 여겨지는 대상>에 달렸다. 그러므로 앞의 배열에서 앞의 것이 뒤의 것보다 더 중요하다. **만트라**는 그 기초의 질에 달렸기 때문에, <(**쉬바** 경배의) 모든 대상>은 각각의 위치에서 중요성을 갖는다. 이것이 우리 스승들의 견해다.

이런 모든 경배의 수단에서 **최고의 정화(淨化)는** <'자신'과 '지고의 주'와의 동일성>의 느낌이다. (꼭 필요한 동일시(同一視)이다! 영성에서는.)

✍ 링가는 <표시>, <징표>라는 뜻이다. 여기서는 <남근상(男根像)>과 <쉬바>를 가리키며, <창조의 잠재력>을 나타낸다.

『뱀과 얼나 이야기』의 <차리야-크라마와 크라마 무드라>를 다룬 부분에서 <낮은 링가>, <중간적 링가>…… <내적인 링가>도 참조하라.

<미현현(아뱍타)의 링가>는 자연에서 "저절로" 만들어진 것이다. 모든 형태의 미현현의 링가에서, <사람의 손으로 만든 것이 아닌 것>이 가장 우수한 것으로, 이런 것이 의식(儀式)에 추천된다. 그러나 <현현(뱍타)의 링가>도 의식에서 사용될 수 있다.

탄트라 알로카는 말한다. "스승은, 만약 원하면, <사진이나 책에 있는 상(像)이나 그림>과 <장인과 입문한 예술가가 조각한, 나무, 금으로 된> 현현의 링가를 설치할 수 있다."(27:19-20)

링가는 "작은 돌, 보석, 진주, 꽃, 천, 향기로운 물질 등 여러 가지 재료로 만들 수 있다. 예술가가 만든 돌 링가와 금속으로 만든 것은, 금으로 만든 것을 제외하고는 피해야 한다."(27:12-13)

링가의 크기, 모양 등은 중요하지 않다. 왜냐하면 "바라는 열매를 주는 링가는 사실 단지 <그 고귀한 잠재력으로 활기찬 만트라>에 의해 조명된 것"이기 때문이다.(27:14) ⌛

<축제일을 위한 과정(파르바디남)>

축제일은 ① <일반적인 것>, ② <일반적인 것 중 일반적인 것>, ③ <일반적인 것 중 특별한 것>, ④ <특별한 것 중 일반적인 것>, ⑤ <특별한 것>, ⑥ <특별한 것 중 특별한 것>의 여섯 가지가 있다.

이런 <축제(**파르바**)의 날>은 그날에 어떤 과정(**비디**)이 **채워진 것(완성)**을 축하하기 때문이다.

매월 초하루와 초닷새는 <일반적인 것>이다.

<두 주간(fortnight, 단위)>의 넷째, 여덟째, 아홉째, 열넷째, 열다섯째는 <일반적인 것 중 일반적인 것>이다.

다음 날들은 음력(陰曆)에서 별과 행성의 특별한 별자리와 관련되기 때문에 - 나중에 다룰 것이다. - <일반적인 것 중 특별한 것>이다.

✍ 이제 <임시적인 준수(**나이밋티카**)>를 다룬다. **아비나바굽타**는 "**파르바**(축제)"라는 말을 두 가지 어근에서 찾는다. 첫 번째는 "Pr(채우다)"로 접미사 "van"과 결합되고, 두 번째는 "parv(채우다)"이다. 축제일의 축하는 **파르바디남**이라고 하는데, 그날에 의식(意識)이 **채워진 것(만족)**을 얻기 때문이다. ⌛

다음은 <특별한 축제(만족)의 날>이다.

① **마르가-쉬르샤** 달 어두운 아흐렛날 밤 앞부분

② **파우샤** 달 어두운 아흐렛날 자정

③ **마가** 달 밝은 열 닷샛날 자정

④ **팔구나** 달 밝은 열 이튿날 정오

⑤ **차이트라** 달 밝은 열 사흘날

⑥ **바이샤카** 달 어두운 여드렛날

⑦ **제슈타** 달 어두운 아흐렛날

⑧ **아샤다** 달 초하룻날

⑨ **슈라와나** 달 어두운 열 하룻날 앞부분

⑩ **바드라파다** 달 밝은 엿샛날 정오

⑪ **아슈비나** 달 밝은 아흐렛날

⑫ **카르티카** 달 밝은 아흐렛날 밤 앞부분

✍ <**마르가-쉬르샤** 달>은 11-12월이고, <**파우샤 달**>은 12-1월, <**마가** 달>은 1-2월 등의 순서다.

<밝은>과 <어두운>은 <두 주간 단위(fortnight)>에서 <달이 밝아지는 두 주간>과 <달이 어두워지는 두 주간>을 말한다.

우리가 "날 좋은 주말" 등에 일자(日字, Date)를 잡아 **데이트**를 하듯이, 혹은 "간접조명과 배경음악 등 분위기 있는 곳에서" 청혼을 하듯이……

"달과 별빛"을 참조하던 그 옛날이나 "은은하고 분위기 있는 곳"을 찾는 요즘이나……⌛

365

치트라 별은 달과 관련되고, 마가 별은 목성과, 티샤 별은 달과, 푸르바팔구니 별은 수성과, 슈라와나 별은 수성과, 샤타비샤 별은 달과, 물라 별은 태양과, 로히니 별은 금성과, 비샤카 별은 목성과, 슈라와나 별은 달과 관련된다.

만약 마르가-쉬르샤 달부터 계산하면 아슈비나를 제외하고 열하나가 되고, 그때 파르바는 <특별한 것 중 특별한 것>이다.

만약 어떤 축제일에 특별한 경우가 일어난다면, 그때 그것을 아누-파르바라고 한다.

별과 행성들의 결합이 일어나는 시각에 행하는 야가의 경우에 정확한 시간은 중요하지 않다. 티티 자체가 길상(吉祥)을 주는 것이기 때문이다.

축제일 동안에는 무엇보다 가장 중요한 의식의 하나인 아누-야가를 행할 적절한 시간을 찾는 것이 중요하다. 무르티-야가와 차크라-야가는 그 동의어 이다.

🖎 싯다-요게슈와리-마타에 따르면 차크라-야가(바퀴의 희생)가 곧 무르티-야가라고 한다. 탄트라알로카는 다섯 유형을 말한다.

"<차크라-야가(거룩한 몸의 희생)>는 다섯 가지가 있다. ① 단독(케발라), ② 결합(야말라), ③ 혼합

(미슈라), ④ **차크라**의 결합(차크라-육타), ⑤ 영웅들의 혼합(비라-삼카라).

단독은 스승 혼자 참여하는 것이고, 혼합은 제자들도 참여하는 것이고, 결합은 참여한 여인이 아내인가, **두티**인가에 따라 다시 두 종류다. <**차크라**의 결합>은 '바퀴(소용돌이)'와 결합된 희생이기 때문으로, 그것은 **샥티**와의 합일 때문에 원하는 모든 결과를 준다. 그리고 모든 사람이 참여하는 것이 <영웅들의 혼합>이다."(28:78-82) ⚱

차크라-야가에서는 <스승>, <그의 영적 계보의 가족들>, <**실재**(實在)를 아는 자>와 그리고 참석한 여자들 즉 처녀와 **두티**, <열정적인 여자>, <**실재**를 아는 여자>를 우선적으로 경배한다. 개인으로 혹은 집단으로 경배한다.

스승은 중앙에 자리를 잡고, 그를 둘러 원이나 줄을 지어, **비라**와 **샥티**의 순서를 따라, 제자까지 자리를 잡는다. 그다음 백단향 반죽, 향, 꽃 등으로 개인적으로 경배한다.

그다음 <(희생의) 그릇>을 **사다-쉬바**로, 그것을 가득 채우는 것은 <**샥티**의 **암브로시아**(포도주)>로 명상한다. <그것을 즐기는 **샥티**(여자)>는, 그 입장에서, **쉬바**와의 동일성에서 명상하고 경배되어야 한다. 이 음료로 <신성의 바퀴> 전체를 만족시키고 달랜 후에, 그 바퀴를 <대상(**나라**)과 도구(**샥티**)와 지고한 주체(**쉬바**)로 구성된> 삼위의 연합으로 명상하며, (방해물인) "무지(無知)의 덮개(**아바라나**)"를 제거하기 위해 외적으로 또 내적으로 만족시키고 달래는 의식을 행한다.

✍ 여기의 **사다-쉬바**는 제한된 형태로서, **쉬바**와 같다. 실재의 낮은 수준에서 "서로 **쉬바**와 **샥티**로 여긴다."라는 말처럼 "남성(?)"을 가리킨다. ⌛

향유(享有)와 해방(解放) 둘 다를 얻기 위해서는 이 의식을 행하는 것이 필수적이다. 그다음 경배는 제자로부터 스승까지 역순(逆順)으로 한다. 그래서 <완전하게 순환하는 움직임>은 **차크라**에 자양분을 공급하고 고양(高揚)시킨다.

우주(전체)를 나타내는 그릇은 지지(支持) 위에 놓고, 그다음 <신성의 바퀴>를 만족시키고 달래며, <사랑 받는 자>는 자신을 만족하고 달래야 한다.

그릇이 없을 경우, 손으로 "길상(吉祥, **바드라**)" 혹은 "조가비" 모양을 만든다. 길상은 오른 손으로 그릇처럼 만들고, 조가비는 오른손을 왼손에 겹쳐 꽉 조여 만든다. 이것을 **벨리타-슉티**라고 부른다.

몇 방울의 술로 **베탈라**와 **구햐카**는 기쁘게 되고, 그 흘러내림으로 **바이라바**는 즐거워진다.

✎ 스승에서 제자로의 움직임은 창조의 과정을, 역순의 움직임은 용해의 과정을 상징한다.

베탈라와 **구햐카**는 <사악하고, 숨어 있는 정령들>을 말하는 것 같다. ⧖

아무도 경배의 장소로 들어가서는 안 된다. 만약 누군가 실수로 들어가더라도, 의심해서는 안 된다. 그렇지 않으면 <**차크라-야가**(원형 의식)>를 두 번 행해야 한다.

<볶고, 자극 있는 음식>을 사람들에게 풍부하게 내놓는다. 문이 닫힌 곳에서, 모든 사람은 개인적 이름은 배제되고, "**신성**(데바타)"으로 호칭되고 또 연합되어야 한다. 이것이 **비라-삼카라-야가**이다.

마지막으로 구장나뭇잎, 옷 등의 공물로 달랜다. 이것이 <**무르티-야가**(형상의 예배)>로 가장 중요한 것이다.

만달라를 결코 본 적이 없는 사람도 축제의 날 동안 **무르티-야가**로, **산댜**와 다른 의례를 행하지 않고, 일 년 안에 **푸트라카** 입문의 결과를 얻는다.

이것은 노인, 세상의 즐거움에 기울어진 자, 여자들을 위한 과정이다. 스승은 이런 설명을 은혜의 하강이 일어났을 때만 한다.

<파비트라카 의식(儀式)>

✍ 교회 다닐 때, <무서웠던 말씀>······

"너희는 안식일(安息日)을 지킬지니

엿새 동안은 일할 것이나······

안식일에 일하는 자는······ **반드시 죽일지니라**"

그 안식일 준수는 곧 <주일(主日) 성수(聖守)!>가 되어, 필자에게 "다가왔다." 필자의 경우, <그 말의 진정한 의미>를 알게 된 것은 아마도 교회를 그만 두면서였을 것이다.

각설하고,

<성스러운 실(絲)의 봉헌(**파비트라카**)>은 <스승과 경전에 대한 책임을 게을리 했거나, 어떤 규칙을 지키지 못했거나, 축제일 등의 <임시적인 준수>나 <필수적인 준수(遵守)>를 성수(聖守)하지 못한 이를 위한 것이다. ⧗

파비트라카 의식은 **슈리-라트나말라, 트리쉬로 마타, 슈리-싯다마타** 등에 주어진 **주**의 명령이다.

슈리 탄트라 알로카도 말하듯이 "**파비트라카**가 없으면, 모든 것이 성과(成果) 없다."

370

아샤다 달의 밝은 <두 주간>부터 **쿨라-푸르니마** 즉 **마가** 달의 보름밤까지, 이 **파비트라카** 봉헌을 한다. 그것과 관련하여, **카르티카** 달의 어두운 <두 주간> 열닷새 날에, **쿨라-차크라**와 **니탸-차크라**를 행한다. 이것은 **니탸 탄트라**의 견해다.

바이라바-쿨라-우르미의 스승들은 **마가** 달 밝은 <두 주간>의 열닷새 날 밤에 행하라고 한다.

반면 **탄트라-사드바와**를 따르는 이들은 태양의 남진(南進) 운동의 마지막 열 닷샛날 즉 동지(冬至) 밤에 행하라고 한다.

그 기간에 재정 능력을 따라 **주**를 경배하고, 불 속으로의 봉헌을 하고, **파비트라카**를 행해야 한다.

파비트라카의 화환은 금, 진주, 비단, 무명, **쿠샤** 풀로 만들고, 서른여섯 **탓트와**를 나타내는 매듭을 포함한다. 어떤 것은 **파다**, **칼라**, **부와나**, **바르나**, **만트라**의 매듭을 포함해 무릎까지 닿도록 만들고, 어떤 것은 배꼽과 목까지 닿도록 하고, 다른 것은 머리에 얹는다.

그러므로 <길 전체>를 완성하기 위해 명상하는 동안 **신**과 스승에게는 네 가지 **파비트라카**를 봉헌한다. <다른 사람들(영적 계보의 구성원들)>에게는 하나씩만 준다.

✍ <길 전체>는 샷-아드와를 말한다. ⧖

	주체	대상
1) 파라(즉 아베다) 수준	바르나	칼라
2) 파라-아파라(베다-아베다) 수준	만트라	탓트와
3) 아파라(즉 베다) 수준	파다	부와나

파비트라카를 봉헌한 뒤에는, 큰 잔치를 가진다. 넉 달 안에 7일 혹은 3일 동안, 혹은 피(避)치 못할 일이 있으면 한 번 파비트라카를 한다. 부유하면 매달 하고, 그렇지 않으면 넉 달에 한 번이나, 혹은 일 년에 한 번 한다.

파비트라카를 할 수 없다면, 그는 속죄(贖罪)로 만트라를 반복해야 한다. 바른 지식을 받은 부유한 사람이 파비트라카를 삼가면 죄를 낳는다. 비록 잘 배웠더라도 탐욕으로 파비트라카를 금하면 지식의 총애를 잃는다. 이것이 파비트라카 의식이다.

"<바른 지식>을 얻은 후 주의 법을 어기면 속죄(贖罪)를 해야 한다."

<지식을 받은 날>과 <세속적인 축제일> 등에는 의식의 고조(高潮)가 있다. <신성의 바퀴>에 가까이 있는 이들은 특별히 그렇다. 그래서 그런 의식의 고조와 조화하여, 추가적인 아누-야가 등을 행한다.

\<경전 강의에 따른 절차>

\<(모든) 경전의 지식이 있어, 그 설명을 들으려고 모신 스승>을 경배해야 한다. 스승은 제자들과 또 다른 스승의 제자들에게도 그들의 성숙도에 따라 설명한다. 그리고 **낮은 교설에 속한 이들에게도 - 주**의 다양한 **의지**로 인해, 그들에게도 **샥티·파타의** 가능성을 보고 - **경전을 설명한다. 그러나 비밀의 미묘한 지점은 피해야 한다.**

✍ 탄트라 알로카는 \<경전을 설명할 수 있는 열 가지 유형의 스승>을 열거한다.

"이들 열 가지 유형의 스승 각각은 인간의 몸을 떠맡고, 특정한 정신적 기질을 갖고 있다. 그러나 그들이 지식과 행동을 통해서는 서로 다르더라도 모두 **쉬바**와 동일하다.

그들은 모두 경전, 예배, 입문 의식, 성적 결합, 고기, 술에 전념하고 있다. 또 고요하고, 화내고, 인내하는 등 정신적인 다른 기질을 가진 데 기인한 이차적인 구분도 있다."(28:391-393)

중국 불교 선종(禪宗) 5가(家)의 종조(宗祖)들과 그들의 성격(宗風)을 보라. ⌛

설명(설법)에서, 듣는 자가 스승보다 낮은 자리에 앉아 **자신의 언설, 마음, 사지를 제어하며**, 지식을 받아들이는 데 열심을 다 할 때, 그때 그 가르침은 성과가 있다.

먼저 바닥에 백단향을 발라 정사각형을 그리고, 그 위에 세 개의 연꽃을 그리되, 중간은 <언설의 여신(**바기슈**)>, 왼쪽은 **가나파티**(가네샤), 오른쪽은 **구루**를 경배한다. <기초 되는 연꽃>에서 (경전에서) 설명하는 그 주제를 관할하는 신성을 경배한다. 그 다음 물그릇으로 봉헌하면서 <성스러운 **만달라**>를 만족시켜야 한다.

이것을 한 후에, 스승은 <**수트라**(節), 문장, 문단 (文段)>을 포함하는 경전을 설명한다. 설명은 한결 같아서, 나중에 설명한 것이 먼저의 것과 모순이 없어야 한다. 우선 반대자의 견해를 내놓고, 본문의 제시에 논리적이고 적절하게 받아들여지는 <집중의 원리(**탄트라**)>와 <반복(**아브릿티**)>, <적용의 확장 (**프라상가**)>, <언설 형태(**사뭇차야**)>, <대안의 수용 (**비칼파**)>을 사용해야 한다.

우선 반대자의 견해를 적절히 나타내고, 그다음 그것을 논박하고, 지금 설명하는 의미를 확실하게 하여 목적에 이른다. 문단 전체를 설명해야 하지만, 더 이상은 하지 않는다.

✍ **미망사** 학파는 <본문의 의미>를 다섯 가지 절차를 거쳐 확정지었다.

1) 주장(설명)의 대상을 확정하고
2) 그것에 대한 의문을 토론하고
3) 반론 즉 <다른 주장>을 검토하고
4) 정설(定說) 즉 <최종 결론>을 내리고
5) 본문의 <다른 부분에 대한 관계>를 살핀다.

위의 **탄트라**와 **아브릿티**, **프라상가**, **사뭇차야**, **비칼파**는 **미망사**의 논법이다. ⧗

설명하는 동안, 각 주제의 끝에서, **신성**에 대한 경배는 설명이 끝날 때까지 계속해야 한다. 그다음 스승이 앉았던 자리를 경배하고, <철수의 의식>을 행하고, 향기 나는 재료를 지우고, 모든 것을 깊은 물속에 던진다.

이것이 <경전의 설명의 절차>이다.

☯

<인습(因襲)의 해방>

<지식(진리)에 우뚝 선 사람>은 속죄(贖罪) 같은 의식이 요구되지 않더라도, <의식(儀式)을 행하는 - 교회 출석, 주일 성수를 하는 - 것으로만 **목샤**를

얻는다고 믿는 사람들>에게는 지켜야 할 것을 일러 주어야 한다. <아직 **실재**의 지식에 이르지 못해, **목샤**와 **보가**를 의식으로 얻는다고 믿는 사람들>이 죄를 범하고 속죄를 않으면, 그들은 이것 때문에 백 년 동안 <시체를 먹는 자(**피샤차**)>가 된다. 그러므로 <속죄의 과정>을 설명해야 한다.

그와 관련하여, "**여자**를 죽인 것에 대한 속죄는 없다." 다른 형태의 죄는, 죄의 경중을 고려하여, **말리니** 여신을 십만 번이나 삼십만 번을 반복한다. 즉 이것을 죄책감이 없어질 때까지 반복한다.

마지막에는 특별한 예배를 하고, **차크라-야**가를 한다. **차크라-야**가는 마지막 의식으로 모든 곳에서 행한다.

✍ "**여자**를 죽인 것에 대한 속죄는 없다."

여자는 곧 그 자신의 힘이며 에너지다. 그러므로 그녀를 죽인 것은 어떤 식으로도 속죄할 수 없다.

그리고 **여자**를 <**여성**(女性), **여성상**(女性像)>으로 읽으면, 더 나아가 <**우뇌**(右腦)>로까지 읽으면,

"사람에 대한 모든 죄와 모독은 사하심을 얻되, <**성령**(聖靈)을 **모독하는 것**>은 사(赦)하심을 얻지 못하겠고"가 된다. ⧗

이것이 <**인습**(因襲)의 해방>의 절차다.

\<스승(구루)의 경배\>

모든 **푸자**(예배)가 끝나고 **차크라-야가**를 한 다음 날, **\<스승에 대한 경배\>**를 한다. 스승을 다른 의식에서는 부수적으로 경배했으나, 여기서는 예배의 주된 대상으로 경배한다. 스승에 대한 경배를 따로 하지 않는 사람들은 자신들의 힘을 저해하는 죄에 묶인다. 그러므로 \<스승의 경배\>는 예외 없이 해야 한다.

우선 **스와스티카**("卍") 만달라를 그리고 그 안에 \<금빛 자리\>를 마련하고, 그 안에서 \<모든 길\>을 명상하며 찬양한다. 스승이 그 위에 앉도록 하고, 그를 경배하며 음식과 재물을 봉헌한다. 제자들은 남은 음식을 여쭙고, 스승 앞에 엎드린 후 그것을 먹는다. 그다음 **차크라-푸자**를 행한다.

이것은 \<스승의 경배\>에 대한 절차다.

✍ 이 의식은 오로지 스승을 만족시키고 기쁘게 하는 데 바쳐진다.

스승(구루)은 보통 \<영적인 안내자\>를 가리키나, \<내면의 안내자\>인 **성령**(聖靈) 등을 말한다. ⧖

필수적 의례, 특별한 의례를 행하는 이
실재(實在)의 지식이 없더라도
요가에 의지하지 않더라도
어떤 불행도 보지 않고
의식(儀式) 수행만으로 해방을 얻나니

제 21 장
경전의 신뢰성

그래서 <필수적인 준수(니탸)>와 <특별한 준수(나이밋티카)>의 모든 의식(儀式)을 기술했다.

다음은 이 <경전의 신뢰성(아가마-프라만야)>을 다룬다.

✍ 여기서는 (아비나바굽타의) 아가마 혹은 샤스트라 즉 경전(經典)에 대한 - 성격, 의미와 목표에 대한 - 이해의 요약을 보여준다. 그것은 간략하고 비평적이어서 탄트라 알로카, 이슈와라-프라탸비갸-비마르쉬니와 또 이슈와라-프라탸비갸-비브리티-비마르쉬니의 해당 장에 대한 예비지식이 없이는 이해하기가 쉽지 않다. ⌛

이 우주(존재계)는 <(되비추어) 알아채는 일(비마르샤)>이 특징인 의식(意識)으로 구성되어 있고, 이 알아채는 일은 <거칠고 미묘한 언설(생각, 소리)> 속에 잘 확립되어 있다. 샤스트라, 즉 경전은 <이 우주에 존재하는 모든 실체와, 그 다양한 행위와 결과의 관계>를 나타낸다. 그래서 경전의 말뭉치 전체는 **주**의 본성과 다르지 않다.

✍ 이 우주 전체는 곧 **의식**의 표현이다. 그것은
프라카샤와 **비마르샤**로 구성된다. 또 **비마르샤**는
집합적이고 특별한 면에서 **프라카샤**의 지식이다.
좁은 의미에서, 이 **비마르샤**는 언어이다. 그것은
여러 **아가마**의 형태를 취한다. ⧗

실제로, 그것은 한 가지 결과를 주는 것이지만,
주의 <제한하는 힘(**니야티**)> 때문에, 사람들은 여러
가지 구분을 고집하고 있다. 어떤 이들은 <**마야**로
생겨난 이원성의 인식이 특징인> 베다(Veda)에 강
하게 기울어 있고, 또 어떤 이들은 <해방에 관한
잘못된 개념을 가진> **상키야**와 **바이슈나바** 교설에
집착하고 있다. 어떤 이들은 <초월적 성격의 **쉬바**
(**의식**)>인 **샤이바 싯단타** 등에, 어떤 이들은 <내재
하는 **쉬바**>인 **마탕가 아가마** 등에 집착하고 있다.
그러나 어떤 이는, **희귀(稀貴)한 중에 희귀**한데,
<**트리카** 교설(**카시미르 쉐이비즘**)>을 깊이 붙잡고
있다. 그것은 **주**의 본성을 <**알아채는**(성찰적) **의식**
(**비마르샤**)>이 특징으로, 모든 제한에서 자유롭고,
최고의 핵심은 **절대 자유**와 **지복**이고, 순수한 **의식**
으로 구성된다.
어떤 이는 낮은 교설을 차츰(하나씩) 금(禁)하는

것으로, 어떤 이는 중간 과정들을 훌쩍 뛰어 넘어 <단 하나의 **아가마**를 따르는 것>으로, 그 목표를 성취한다.

✍ **탄트라 알로카의 <마지막 석 장>**에서, **아비나바굽타**는 **샤스트라** 혹은 **아가마**의 성격에 대해 길게 논의한다. 35장의 제목이 "모든 **샤스트라**의 만남"이다. 거기서 그는 <힌두>와 <비(非)-힌두>의 모든 경전을 아우르는 식견(識見)을 우리에게 선물한다. 그는 그 모두를 권위(權威)가 있고, <지식을 얻는 유효한 수단(프라마나)>으로 본다. 그리고 그 등급에 따르면 **트리카** 경전이 정점(頂點)이다. ⧗

모든 **아가마**(경전, 전통)는 - 그것이 이원적 교설이더라도 - 한 **주**의 창조물로서, 권위 있는 것으로 여겨진다. 그 타당성(妥當性)에 따라, 진리와 모순되지 않은 조화가 일어나면, 사람은 어떤 행위로 기울어지고, 그렇지 않다고 생각하면 기울어지지 않는다. 그러니 그것들은 유사하다. 주제의 차이를 가진 상호 반대라는 것은 어떤 근거(根據)도 없다. **<브라만을 죽이는 일>과 <그것을 금지하는 일>은 <영혼의 순수성>과 <영혼의 탁월성> 사이의 차이와 같다. <삼스카라가 부재한 곳(마음, 사람)>에서는 어떤 행위의 암호(암시)를 따르는 것이 어렵다!**

✐ **아비나바굽타**가 여기에서 언급하는 두 가지 **베다**(Veda)의 가르침은 "사람은 **브라(흐)만**(사제)을 죽이면 안 된다."와 또 "**브라(흐)만**은 **브라(흐)만**을 죽인다."이다. 그리고 **브라(흐)만**의 어근 <brh>는 <엄청나게 자라다, 성장하게 하다>의 뜻이 있으니, 일반적(윤리적, 상황적)인 뜻과 아울러…… ⏳

그러므로 논쟁은, 마치 <**아슈라마**의 차이>처럼, 둘 모두에 똑같다. **어떤 행위의 우수성은**, 마치 저 **베다**의 **우파니샤드** 부분처럼, **결과의 우수성으로 결정된다.**

✐ <**아슈라마**의 차이>는 <삶(인생)의 4단계>로, 학습기, 활동기, 은둔기, 유행기로 나누어지며, 일단 '추구 대상'과 '수준'이 엄청나게 다르다.
[**아슈라마**는 <노후 대책>이 - <먹고 사는 것>만, 사료(飼料) 걱정만이 아니라 - 큰 화두인 우리 세대에게 주는 인도(印度)-발(發) 복음이다!]

아비나바굽타에게는 오직 하나의 **아가마**만 있다. 그것에서 다른 모든 것이 나온다. 모든 **샤스트라**를 수용하는 일은 그것들의 차이의 조화를 요구한다. 그는 그것들 모든 것이 그 <약속된 결과>를 준다고 지적한다.

상키야는 자신을 따르는 이에게 <푸루샤와 **프라크리티** 사이를 분별하는 지식>을 주고, 불교(佛敎, **붓디즘**)는 그 따르는 이에게 "**붓디**(지성) **탓트와**"를 주지만, **트리카**는 <자격이 있는 이(**아디카리**)>에게 완벽하고 완전한 해방을 준다. **아디카리**는 <주어진 **아가마**에 강한 확신을 가진 이>를 말한다.

여기서 다른 질문이 떠오른다.

'만약 모든 **아가마**가 하나이고 똑같은 근원에서 나온다면, <**링가**의 교화>와 같은 개종(改宗) 의식이 왜 필요한가?'

탄트라 알로카(35:28-29)는 말한다.

"**베다**(Veda)에서도 최상급의 상태를 얻기 위해서 특별한 정화 의식을 한다. 똑같은 것을 우리 전통에서도 말할 수 있는데, <**링가**의 교화> 등이다. 즉 낮은 **아쉬라마**에서는 <더 높은 **아슈라마**에 속하는 것>을 즐길 수 없고, **판차라트라** 등을 따르는 이는 **쉬바**와의 동일성을 얻을 수 없다."

["노년이 되니 가진 것이라곤 시간 밖에 없다."는 말을 자주 듣는다. <노년의 의미>를 생각하며, <더 높은 **아슈라마**에 속하는 것>을 즐길 때다.] ⧗

만약 모든 **샤스트라**(경전)가 다른 저자들에 의해 만들어졌다고 받아들인다면, 우리는 심지어 모든 **샤스트라**가 <전지(全知)한 저자들>에 의해 만들어졌다고 생각할지도 모른다. 전지하지 못한 존재는 모든 경전의 저자일 수가 없는데, 각 경전은 다른 것을 말하고 있기 때문이다. 또 **아가마**의 영원성이 가정된다면, 그때는 <직관적 확실성>을 받아들여야 한다. <(직접적인) 지각>과 **안바야-비아티레카**, 즉 <긍정-부정의 추론(推論)> 등도 사실은 이 <직관적 확실성(전통, "**프라싯디**")>에 기초를 두고 있다.

"나는 <진정한(진짜) 은(銀)>을 본다."라는 개념은 다른 누군가의 지식에 의존한 것으로, 이 경우에는 <금속 장인(匠人)의 지식>에 따른 것이다.

✍ 우리가 세상을 살아가면서, 나 자신이 <어떤 것은 믿고 따르며, 또 어떤 것은 믿지 않고 따르지 않은지>를 관찰해 보면……

대략 다음의 네 가지가, <올바른 **지식**(프라마)을 얻는 방법(프라마나)>이라고 생각한다. **프라탸비갸 흐리다얌**의 **냐야** 부분에서 다루었다.

① **지각**(知覺, perception)
② **추론**(推論, inference)
③ **비교**(比較, comparison)
④ **증언**(證言, testimony)

그러나 아비나바굽타는 탄트라 알로카(35:1-2)에서 프라싯디 즉 "**전통(傳統)**"을 **<전지한, 아는 주체 안에 필수적으로 있고 또 모든 인간 활동의 기초인 지식의 유형>**이라고 정의하며, 우리가 바른 지식을 얻는 방법(프라마나)의 기초라고 한다. ⌛

그러므로 **전통(傳統, 프라싯디)**이 곧 **아가마**이다. 어떤 것(전통)은 지각 가능한 결과를 주는데, 예를 들어, "배가 고프면, 먹는다."로, 전통은 확실성의 한 형태이다. 어린아이에게는 인과(因果)의 논리적 연결과 또 그것의 부정이 아닌, 단지 **프라싯디**로 강요되기 때문에, 그 나이에는 논리 등은 소용이 없다. 원인과 결과의 논리적 연결과 그것의 부정에 대한 추론은, **프라싯디**를 의존하면서, 어떤 행위에 필요한 것이다.

어떤 것(전통)은 <죽음 후의 해방>, <프라크리티 속으로 용해>, <영혼의 해방>과 같은 보이지 않는 결과를 준다. 다른 **프라싯디**는 **쉬바**와의 유사성을 주는 반면, 다른 것은 **쉬바**와의 하나됨으로 끝난다. 눈에 보이고 보이지 않는 결과는 다시 다양하다.

그러므로 다양한 **전통(프라싯디)**들이 가득한 이 세상에서, 미래에 어떤 상태에 있을지를 생각하여, 사람은 그런 종류의 **프라싯디**를 선택하고 그것을 바람직한(혹은 바람직하지 않은) 것으로 받아들여야 한다. <이런 이유>로, <(사람이 태어날 때는) 텅 빈 채로 태어난다>는 것은 공허한 논증일 뿐이다!

그런 **프라싯디** 중에 하나를 유효한 것으로 취해, 그 **아가마**의 타당성을 받아들여야 한다. 그러므로 **사람은 <우수한 결과를 주는 아가마>를 의지해야 한다!**

✍ "인간(人間)" 즉 <**사람(들) 가운데**> 태어나는 우리는 어떤 식으로든 어떤 "전통(傳統)"에 - 다른 말로, <어떤 문화(文化)>, <어떤 사고(思考) 환경>, <어떤 (언어를 사용하는) 관계, 틀(사회)> 등에 놓일 수밖에 없다.

그리고 어린아이들은 <그런 것>을 "본능적으로, 무의식적으로" 받아들이고 또 적응(適應)한다. 그런 것이 우리 인간의 상황이다.

<문화와 언어>, 즉 <전통과 사고(생각)>에 대한 더 깊은 것은 『**문화(文化) 간(間) 의사소통과 언어**』(김은일 지음)를 참고하라.

저 **디그나가**(陳那)와 **다르마키르티**(法稱)로 대표되는 불교 논리학에서는 전통의 효용성을 인정하지 않고, 사람은 모든 것이 텅 빈 채로 태어난다고만 주장한다.

여기에서 **아비나바굽타**는 다르마키르티의 **프라마나-바룻티카**(양평석, 量評釋)의 구절을 자유롭게 인용하며 비판한 것이다.

예수는 누가복음서의 기자(記者. 기록자) 누가("빛나다")를 통해 말한다.

"**지혜**(智慧)는 자기의 모든 **자녀**(子女)로 인하여 옳다 함을 얻느니라."

우리 대부분은 <판단 능력>이 부족하다. <어느 것>이 좋은지 잘 모른다. 그러나 우리는 자신이 잘 안다고 생각한다. 굳이 저 **소크라테스**를 들먹이지 않더라도 <나 자신이 잘 모른다는 것을 아는 것>이 중요하다.

더구나 **<아는 자**(참나)**를 아는 일>**과 **<아는 자를 잘 알게 하는 경전>**이 어떤 것인지는……

우리는 <남의 말(눈)>을 의지한다. 많은 사람이 좋다고 하면 그저 추종하거나, 많은 사람이 좋다고 해야 믿고 따를 수 있다. 그러나 영성에서는 아주 위험한 짓이다.

영성은 굉장히 어려운 길이다. <좁은 문, 좁은 길>이라고 한다. **들어가는 사람이 많지 않을 뿐만 아니라, 들어가려고 해도 들어가지 못하는 사람이 많은** 그런 길이다. ⧗

더 많은 말이 필요한가?

오, 복을 받은 자여
"의식(意識)은 어떤 식으로 빛나든
<영적이고 정신적인 빛>으로
자신을 알아채고 있나니"
모든 것을 능가하는 이 경전을 피난처로 삼아라

사람이 강한 확실성이 있을 때
의심 없이 앞으로 나아가듯이
이 세상을 초월(超越)하는
<자신의 확실성>에 근거할 때
지고의 주(主)가 되리

제 22 장
쿨라-야가
혹은 <전체성의 예배>

이런 성격의 예배 전체는 <카울라 방편>에 따라 다룬다. 이것은 <적절한 확신을 얻어, **쿨라 야가**에 대한 타고난 욕구가 있는 이들>을 위한 것이다.

요가-삼차라는 이렇게 말한다.

"**지복**이 곧 최고의 **브라흐만**이며, 그것은 [입술 소리 <파 행 마지막 음절(마)>로 시작되는 말의] 세 가지 방식으로 **몸**에 거한다.

<(보통, 금지된) 세 가지 마카라를 빼앗긴 노예 같은 존재들>은 **지복**을 완전히 빼앗겼다.

<**지복**의 근원인 세 가지 마카라가 없이 희생을 행하는 자들> 또한 끔찍한 지옥으로 간다.

그러므로 사람은 처방된 절차를 따라야 한다."

쿨라 의식(儀式)은 다음의 여섯으로 행해진다.

① <외적인 것에서>, ② <**샥티**에서>, ③ <자신의 몸에서>, ④ <둘의 결합(**야말라**)에서>, ⑤ <미묘한 호흡(프라나)에서>, ⑥ <**마음(의식)**에서>.

나중의 것이 앞의 것들보다 더 우수하고, 앞의
것의 완성은 자신의 기호(嗜好)에 기초하고 있다.
향유(享有)하려는 자는 두 번째, 네 번째, 다섯 번
째를 해야 하고, 여섯 번째는 해방(解放)을 바라는
자에게는 중요하다. 그러나 이런 이도 특별한 기간
동안 가능한 한, 두 번째부터 행해야 한다. 이런 식
으로 교훈(계율)이 충족되기 때문이다.

☯

(1) <외적인 예배(경배)>의 절차

✍ <외적인 예배>와 <샥티와 자신의 몸에서의
절차> 부분은 **파라 트리쉬카** 27 - 30절의 해석을
참조하며 읽어라. 그 경문을 먼저 싣는다. ⧗

<머리> <입> <가슴> <은밀한 부위> 그리고
<몸 전체>에 냐사를 하고
27 만트라와 함께 머리타래를 묶은 뒤

"Sauḥ"로 열 방향에 차꼬를 채운다.
그러나 우선, 모든 방해물을 없애기 위해
속으로 소리 내며 손뼉을 세 번 친다.

390

<외적인 의식>을 행하는 것으로는 제단(祭壇)이 있다. <비라의 그릇>이라는 포도주가 가득한 용기(容器), <붉은 천>, 앞에서 기술한 **쉬바 링가.**

이 의식에서는 목욕 등에 의존하지 않고 <완전한 지복의 상태에 쉬는 것>으로 순수함을 얻는다. 그 다음 <생명의 에너지>와 **의식**(意識)과 **몸**이 하나인 것을 명상하는 동안, 이 **의식**이 **지고의 주**와 동일하다는 것을 알아채는 것과 더불어, 그는 **만트라**를 27번 읊조려야 한다.

그다음 <**머리**> <**입**> <**가슴**> <**은밀한 부위**> 또 <**몸 전체**>에, 처음에는 자연적인 순서로, 다음은 역순으로 **냐사를** 한다. 이런 식으로 그의 **아파라, 파라-아파라, 파라** 형태에서 <위대한 **주**와의 동일성>은 성취된다.

마야, 푸루샤, 프라크리티, 구나, 붓디에서부터 **프리트비**(흙)까지 **탓트와** 수는 27이다. **칼라** 등은 그 안에 포함된다.

다섯 **브라흐마**(브라흐마, 비슈누, 루드라, 이슈와라, 사다-쉬바) 등은 27 측면을 가진다. 이것은 **라쿨레샤** 등이 말한 것이다.

지고의 주(파라메슈와라)는, 최고의 상태에서도, 다섯 **샥티**를 가지며, 이들 **샥티**는 각각 다섯 면을 가진다. 그래서 **주**의 **샥티**의 수는 25이다. 그리고

<이들 **샥티**가 서로 그렇게 분화되지 않아 개체적인 성격을 나타내지 않을 때>, 그때 그것을 하나라고 말하며, (그래서 **주**의 **샥티**는 26이다. 사실 그것은 본질에서 어떤 다양성도 갖지 않는다.) 그리고 또 <단일성(의 그런 면)>(을 다시 하나의 형태로 보아, 그 수는 27이다).

27 만트라와 함께 머리타래를 묶은 뒤

27의 편재성과 함께, 그녀를 <**의식**의 불꽃>으로 명상해야 한다. 그것은 지성과 생명 에너지를 나타내며, **만트라**를 한 번 읊조리는 동안 머리타래를 묶어야 한다. 그것은 **지고의 주**와 그렇게 꼭 묶여 있어서 외적인 어떤 것도 거기에 없는 것으로 생각해야 한다.

그다음, 그의 앞에 있는 <**야가**의 모든 수단>인 장소, 물건, 방향 등 모두를 자신의 정수(精髓)인 것으로 여겨야 한다. 그것들은 (**지고의 주**와 관련된) 그런 지성(**붓디**)이 압도적인 지식(이라는 도구 무리) 전체에 의해 퍼졌기 때문이다.

그다음, 봉헌을 위한 그릇은 <머리타래를 묶는, 편재하는 생각>으로 가득차야 하고, 또 경배되어야 한다. 제단(祭壇) 또한 네 번째 손가락을 엄지 끝에 닿게 하여 몇 방울의 물로 경배되어야 한다. 몸의 차크라에 위치한 **만트라**의 신성에 경배해야 하고, 그들에게 공물을 드려야 한다. 예배자는 이 의식을 생명의 **에너지** 안에서 행해야 한다.

"Sauḥ"로 열 방향에 차꼬를 채운다.

그다음, 제단에서 **파라**, **파라-아파라**, **아파라**를 나타내는 세 가지 **샥티**로 끝나는 삼지창의 자리를 그려야 한다.

흙에서 **마야**까지의 모든 **탓트와**는 <S> 음절에 포함되고, 또 <au> 음절은 세 가지 **샥티**의 자리로 여겨진다. <S> 음절과 <au> 음절 안에서 그것들이 경배되고, (그 너머로) <(회광반조의) 성찰적 의식 (**비마르샤-루파 샥티**)>이 경배되어야 한다. 그래서 "Sauḥ"를 읊조리며, <위치하는 장소(**아다라**, 지지하는 것)>와 <위치해야 하는 것(**아데야**, 지지되는 것)>에 **냐사**를 행하면서, 수행자는 이 우주가 **의식**(意識) 안에 있는 것으로 여겨야 한다. 이 우주는 **의식**으로 된 것 외에 아무것도 아니기 때문이다.

그는 **의식**(의 수단)으로 이 우주를 둘러싸고, 이 우주에 의해 **의식**이 일어나는데, 그것은 이 우주는 **의식**으로부터 일어나고 그 안에서 쉬기 때문이다. **의식**의 본성은 <서로 둘러싸는 일(삼푸티카라나, 성교, 性交)>로 성취된다. 그러므로 "모든 음절을

둘러싸는"이라고 기술되어 있다.

그때 **지고** 속으로 완전히 흡수되지 못하면, 백단 연고, 향, 포도주, 꽃 등을 바치고 - 이것들은 **참나** 속으로 들어가는 데 도움이 되는 것이다. - **참나** 안에 쉼을 얻으면, 만트라를 조용히 읊조리며, 모든 것을 물속으로 던진다.

이것은 <외적인 예배(경배)>의 절차다.

(2) - (3) 샥티와 자신의 몸에서의 절차

**머리타래를 묶는 횟수로 물을 바친 다음
<꽃>과 <다른 곳>에도 뿌려야 한다.
이 모든 것은 요기니와 비라의
성기(性器) 위에서 행한다.**

**<a>에서 <au>까지 점을 찍은 열넷 만트라와
꽃으로 <자리>를 만들고,
비라는 앉아서 스리슈티 비자를 경배한 뒤
똑같은 식으로 <다른 자리>를 만든다.**

쌍(雙)은 서로 상대방의 본성을 갖기를 열망한다. 샥티는 비라의 본성을 갖기를 좋아하고 또 비라는 샥티의 본성을 갖기를 좋아한다. 둘 다가 둘 다의 본성이기 때문에, 그것은 처음에는 빛나고, **쉬바와**

샥티 둘 다의 본성을 깨우는 데 필수적이고, 둘의 기능인 **스리슈티**(성교)에서 끝난다. **주**의 억누르는 힘으로, 우세한 본성이 둘 다에서 정상적으로 있다. 이것은 특정한 중추 즉 <은밀한 부분>을 말하며, **샥티**로 표기된다.

그다음 그것은 **쉬카-반다** 즉 <**머리타래를 묶는 것**>이라는 <편재(遍在)의 생각>으로 경배된다. **비-사르가 샥티**는 세 **샥티**로 끝나는 자리, 세 꼭짓점, 또 중심에서 잉태(conceive)된다. 이것은 <편재의 개념(concept)>에 대한 특별한 모습이다.

똑같은 절차가 자신의 몸의 특정한 곳에서, 바로 그 **차크라**에서 행해지고, 그다음 그것은 **브라흐마 란드라**와 다른 작은 중추에서 행한다.

(4) 둘의 결합(야말라)에 관한 절차

✍ 이 부분은 『**뱀과 얼나 이야기**』의 제 6 장을 참고하면서 읽기 바란다. 거기에는 **탄트라 알로카** 제 29 장의 발췌와 간단한 주석이 있다. 여기서는 <**탄트라의 사라**(精髓)답게> 괄호로 **산스크리트**어와 몇 마디 말을 넣어 문맥을 좀 더 밝히는 일 외에는 없다. **아비나바굽타**는 말한다.

"이 교의(教義)는 심원(深遠)한 비밀이기 때문에 나는 명확하게 기술하지 않는다." ⌛

< 1 >

샥티(여성, 두티)의 유일한 자격(資格)은 그녀가
<샥티의 소유자(남성 수행자)>를 동일시하는 능력
이다. 그러니 그녀를 선택하는 일은 미모나 나이,
계급(카스트) 등과는 관계가 없다.

< 2 >

샥티에는 <효과(결과, 카랴)>와 <원인(헤투)>,
<동시 출생(사홋타)>의 (영적인) 세 종류가 있고,
다시 <직, 간접적인 것>이 있다.

그런 정체성은 세속적이고 탈속적인 관련까지도
뛰어넘는 것이다. (그들은 서로를 쉬바와 샥티로
보아야 한다.)

< 3 >

<주된 차크라(가슴, 성기)>를 적절히 경배해야
하며, <이차적인 차크라(감각기관)>는 그 뒤에.

활기찬 열정은 꽃, 백단향(白檀香) 등의 외적인
것과 음식, 술 등의 내적인 것으로 일어난다.

< 4 >

이 열정(기쁨의 덩어리)은 수행자가 입맞춤 등을
상상할 때 자극을 받고, 이차적인 차크라는 주된
차크라로 융해된다.

< 5 >

이차적인 **차크라**는 그 각 영역을 즐기는 것으로 완전한 기쁨을 얻고, 그 결과로 자신들의 본성을 즐긴다.

그래서 <이차적인 **차크라**의 신성들>은 <**의식**의 주된 **차크라**>로 기울게 된다.

< 6 >

샥티와 <그 소유자>는 이차적인 **차크라**로부터 방사된 광선으로 가득 차 효능(效能, 열정)을 얻고 서로에게 열렬히 동조된다.

< 7 >

그들이 <(**지복**의) 최고의 영역>으로 들어갈 때, 거기에는 이 접촉으로 인한 **강렬한 떨림**(스판다)이 일어난다. 그때 이차적인 **차크라**조차도 동요된다. 그러면 그것들은 그것과 더 이상 구별되지 않기에 동일한 것으로 여겨야 한다.

< 8 >

그래서 상대적인 균형의 발달로, 이 **쌍**이 모든 구별을 잃을 때, 그것은 말로 표현하기 어려운데, 그때 그 **의식**(意識)은 <둘(샨타, 우디타)의 방출의 치밀한 단일성(삼갓타)>으로 알려져 있다.

< 9 >

아눗타라의 지속적인 거주처, <그 너머>는 둘 모두의 특징으로, 초월적이고 내재적이다. 그것은 <아주 높은, 모든 것을 포괄하는 **우주적인 지복**>이다.

이는 <고요나 항상 쉬는 것>도 아니고 <오르는 것>도 아닌, <쉬는 것과 오르는 행위의 근원>인 <**지고의 "쿨라(전체성)"**>라고 부른다.

< 10 >

참나의 제한되지 않은 본성을 얻고자 하는 이는 자신을 **의식**(意識)과 동일시해야 한다.

< 11 >

<동시적인 흡수(사마디, 삼갓타)>는 **참나(절대, 삼빗)**의 본성으로, 그것은 <쉬는 것(**고요**, 샨타, 쉬바)>과 <오르는 것(**출현**, 우디타, 샥티)> 둘 다인데, 둘이 둘 다의 특징을 갖고 있기 때문이다.

< 12 >

그리고 샥티만이 창조(創造)를 할 수 있다.

스승은 그녀(여성)에게 <비밀 교의(教義)["쿨라-아르타"]>를 전(傳)해야 한다. 그리고 그녀를 통해 남자들에게 전해진다.

< 13 >

(고요와 출현의) 이 이중의 방출 동안 <그것들에 선행하는, 방출(비사르가, **창조)의** 실재(**근원**)>를 굳게 파악하는 이들은 저 **경계 없는 영역(절대, 삼갓타)**>에 접근을 얻는다.

< 14 >

그것은 <(여성의) 주된 **입**>으로부터 <(수행자) 자신의 **입**>으로 가며, 그 역(逆) 또한 같다.

<**불멸**(不滅)과 **젊음을 주는 자**>, 그것을 "쿨라 (**전체성**) 즉 **지고**(至高, **천국**)"라고 한다.

< 15 >

그때 사람은 잔잔한 바다와 같은 진정된 상태에 접근을 얻는다.

수행자가 그 상태에서 확고하게 될 때, <(주된) 바퀴의 신성의 에너지의 전체 주인>은 동요 없이, 허공(虛空)에 뜬 채, <분화되지 않은 **지복**> 속에 고요히 있다.

< 16 >

자신의 맛으로 넘쳐흐르는 외부 것들의 수액을 즐기는 데 열심인 (그들 전체가), 이 만족 때문에 그런 평온한 상태를 얻어, 봉헌물로 **얼나** 속으로

쏟아 붓는다.

냄새, 소리, 맛, 모습, 촉감의 그들 각 대상의 이 봉헌물을 통해, 거기에는 **의식**을 넘쳐흐르게 하는 어떤 시냇물이 솟구친다. 그리고…… 즉시 <활기찬 열정> 즉 <이 풍요함에 기인하는 정력의 강렬한 동요>에 도달한다. 그리고 이미 말했듯이 <바퀴들의 **주**(主)> 또한 격렬하게 확장한다.

< 17 >

결과적으로 이 비사르가는 세 가지다. <출현>, <고요>, 그리고 <결합>. 그것이 "비-사르가"라면, 이것은 그것으로부터 다양한 창조가 흘러나오고 또 그것 속으로 그 창조가 되돌아가기 때문이다.

<소리의 진동>은 완전한 자아(**참나**)-자각인데, **세 흐름**(비사르가)의 **의식** 안에서 흡수되는 동안 <결합의 영역>에서 일어난다.

그런 것이 <만트라**의 근원**(만트라-비랴)>이다.

< 18 >

<(세 꽃잎의) **연꽃**(음문, 膣)>은 삼각형 중앙에 놓인 <항상 펼쳐진 원> 안에 숨어 있다.

이 연꽃(의 가운데)에, 그것으로부터 분리할 수 없는 줄기가 거하고, 강한 뿌리는 <열여섯 꽃잎의 연꽃>으로 장식되어 있다.

< 19 >

순(싹)은 (세 가지 조건 즉) <'중심에 똑바로 선 줄기'에 달린 두 연꽃의 연속적인 마찰 때문에>, <세 꽃잎 연꽃에서 난자와 정자의 결합 때문에>, <'**해**(지식)와 **달**(대상)의 빛나는 에너지 파동'이 **불** (주체) 안에서 하나 되는 마찰 때문에> 나온다.

그리고 이 싹은 창조 그 자체다.

< 20 >

<그 가슴에서 방출, 흡수의 과정을 내면화한 이>는 <달, 해, 불을 나타내는 삼갓타 무드라>를 의지하여 **네 번째** 상태(아나캬)를 빨리 얻는다.

< 21 - 22 >

만트라의 **힘**(만트라-비랴)은 <케차리 무드라로 들어가며, 둘이 포옹하며 기뻐하고, 웃으며 사랑의 **놀이**를 할 때>, 그들 안에서 번쩍거리는 **알아채는 일**로 이루어져 있다.

이 **알아채는 일**은 <소리의 여덟 단계>를 통해 나타난다. ① <현현되지 않는 소리(아뱍타)>, ② <(우디타에서의) 소리의 진동(드바니)>, ③ <윙윙 거리는 소리(라바)>, ④ <폭발하는 소리(스포타)>, ⑤ <중얼거리는 소리(슈루티)>, ⑥ <(샨타에서의 끊임없이 자신을 드러내는) 공명(소리, **나다**)>, ⑦

<공명의 끝(나단타)>, ⑧ <읊조리지 않은, 마찰로
나지 않은 소리(아나하타 나다)>이다.

마지막으로는 <만트라의 **근원**(만트라-비랴)>이
된다.

< 23 >

(이 여덟 **차크라**는) ① (들숨과 날숨의 드나드는)
앞뒤로의 움직임에서, ② (지성에 특유한) 확실성
에서, ③ 듣는 것과 ④ 보는 것에서, ⑤ 두 기관의
초기 접촉과 ⑥ 성적 결합에서, ⑦ 몸의 극단(상위
중추 혹은 **드와다샨타**)에서, ⑧ (이 모든 것으로
구성된) 결합(야말라)에서 (펼쳐진다).

< 24 - 25 >

가슴으로부터 일어나는 정의되지 않은 소리가
있는데, 그것은 (연인의) 흉부를 통해 움직이며,
목구멍에 도달하여 입술에서 끝난다.

<동요(動搖)가 가라앉는 것처럼 (쉬바와 샥티의)
두 바퀴의 중심에서 그것을 듣는 자>는 <**빛**으로
되고, **소리의 진동**과 **접촉**으로 된, 여덟 측면>을
부여받은 나다-바이라바이다. 즉 아르다-찬드라,
드바니, 나다, (죠티를 나타내는) 샥티가 만트라의
절대적인 편재(遍在)로 기술되었다.

< 26 >

<자신의 모든 행위에서 이 편재(遍在)에 주의를 기울이고, 항상 순수한 상태에 있는 자>는 <살아 있는 동안 해방된 자>이며, **<지고의 바이라바>**가 된다.

< 27 >

<공(空)한 것>과 <공하지 않은 것> 너머
불과 바람이 삼지창으로 용해되는 곳이여
액체 안에서 쉼을 얻는 액체 같이 녹으리니

< 28 - 29 >

어떤 의심도 어떤 의무도 생각지 말고
"나는 아니다."고 끊임없이 명상하라
내 몸 안의 신성들을 그리며
의식 덩어리에 기쁨과 걱정일랑 보내고
<귀, 눈, 입, 코 등의 바퀴에 거하는 신성들>을
확실히 인식(認識)하라

< 30 >

나의 몸을 저 나락(奈落)으로 던지고
손과 발짓 그만두고 움직일 수 없어도
이 <천상(天上)의 무드라>를 즐겨라

여기서 **야말라**라고 하는 의식의 기술이 끝난다.

(5) - (6) 프라나와 <마음(의식)>에서의 예배

그래서 그런 내재의 확장의 특징을 가진 <생명의 대기(**프라나**)> 안에서, **요기**는 그것을 **의식**(意識)과 관련해야 한다. 그다음 **삼빗**과 관련하여, **타르파나**, 음식과 백단 반죽, 향 등의 봉헌으로 한결같아야 한다. 이것이 <생명의 대기에서의 예배>이다.

<**삼빗** 형태의 의식(예배)>은 그 안에서 안정을 얻는 자와 관련하여 이미 논의되었다.

그것들 가운데 하나를 행(行)한 후, 만약 제자가 의심이 사라지게 되고 가슴의 순수를 얻으면, 그는 참깨나 맑은 **버터**를 불사르는 것 등이 없는 의례를 보이고, 앞서 말한 <**스며드는 확장**(비얍티)>을 유지하는 동안 <**일별에 의한 입문**>을 주어야 한다.

<부재에서 주어지는 입문>부터 <특별한 의식>의 끝까지, 위의 절차가 따라야 한다. 그러나 그들은 이것을 중요한 의식(儀式)으로 지켜야 한다.

쿨라 야가의 일곱 가지 형태는 영적인 스승의 몸에서 행해진다. 그러나 이것이 앞서 말한 의식을 따라 한번 행해질 때, 모든 것은 완전하게 된다.

✍ 우리는 이 우주와 끝임없는 **교감**(交感) 속에 있을 수 있다. 우리는 아침과 저녁, 산책을 하며 떠오르는 태양과 달과 별과 나무와 **교감** 속에 있을 수 있다. 우주 전체와 "**성행위**(性行爲)" 속에 있을 수 있다. 그리고 느낀다. "**내가 곧 우주다!**" ⌛

끝이 상서(祥瑞)롭기를!

노년이 **영성**(靈性)으로 풍성하기를!

나가며

모든 **탄트라**의 핵심(核心)과 정수(精髓)는 아마도 이 **탄트라 사라**일 것이다. **사라**라는 말이 곧 핵심, 정수, 요체(要諦)를 말한다. 인도 특히, **카시미르 쉐이비즘** 수준에서는 <책의 제목>이 곧 그 주제와 목표와 내용을 포함한다.

[이것은 **파라 트리쉬카**에서 **경전의 필수 요소**로 다루었고, **탄트라**라는 말의 진정한 의미는 **비갸나 바이라바**에서(부터) 다룬 것이다.]

한편 "사라"라는 말은 히브리 성경에서는 <여자 가장(家長), 공주> 즉 **어머니**를 뜻한다. 아브라함 ("족장, **아버지**")의 <**아내 겸 누이**> 말이다. 히브리 성경은 아브라함과 사라를 <히브리("**가로지르다**") 사람>의 **부모**(**한몸**)라는 것을 개명 등의 말장난을 하면서까지…… (**읽는 자는**……)

어쨌든 그 후 **유대교**(기독교)는 서양으로 건너가 <서양의 종교>가 되었고,

힌두교(불교)는 동양에 남아서 <동양의 종교>가 되었다.

(그리고 서양은 남성적이고 동양은 여성적이다. 서양은 <좌뇌적인 면>이 강하고 동양은 <우뇌적인 면>이 강하다. 또 서양은 명사(名詞)가 힘을 쓰는 곳이고, 동양은 동사(動詞)가 압도적인 곳이다.

그리고 <**우리가 늘 쓰는 말**>이 <우리의 생각>과 **우리를 장악하고 있다**……)

☯

젊은 시절, 자신의 **동족(同族)**을 무모(無謀)하게 사랑하려고 했던 **모세**는 광야(曠野)에서의 생활로 <뭔가를 알게(보게) 되었고>, 마침내 노예(동물)로 살던 그들을 **끄집어내어** 이제는 그 <**자유의 땅**>을 **눈**앞에 두고 있었다.

그러나 그는 그곳을 거저 "**눈**으로" 보기만 해야 했다. 원망(遠望)만 했다. <실제로 들어가는 일>은 <눈의 아들> **여호수아**의 몫이 된다.

("**모세**"는 <(물에서) 건져냄>, <끄집어냄>이란 뜻이고, 또 "**여호수아**"는 잘 아는 대로 "**예수**"라는 이름과 같고, "**눈**"은 <물고기(익투스)>라는 뜻이다.

"모세의 **눈**"과 "**눈**의 아들"의 **눈**과 **눈**……)

혹 <그때의 **모세**의 마음>이 <지금 필자의 이런 기분>이었을까?

그러나 모세는 "죽을 때 나이 120세나, '그 눈이 흐리지 아니하였고', 기력이 쇠하지 아니하였더라." 고 성경은 전한다.

만약 신성(神性)이 허여(許與)하는 저 에벤에셀 ("도움의 돌")이 여기까지만이 아니라면, 필자의 "눈으로" <탄트라의 빛>을 볼지 누가 알겠는가?

아마 <탄트라 알로카("탄트라의 빛")>를 보려면 판(版)을 새로 짜야할 것이다. 책의 판형뿐 아니라 그 빛을 직관(直觀)할 수 있는 <우리 마음의 어떤 판> 말이다. "빛은 실로 아름다운 것이라 눈으로 해를 보는 일은 즐거운 일이로다" 아비나바굽타는 <진보한 사람들>을 위한 그 책을 이렇게 말한다.

"그래서 논리와 전통(아가마)을 따르는 탄트라에 대한 진리(眞理)를 설명하는 이 대작을 지었노라. <그것에서 나오는 그 빛>의 인도(引導)로 사람들은 쉬이 '그 예배(禮拜)'에 참여할 수 있으리라."

이제 이 탄트라 사라에 <탄트라……>라는 시(詩) 한 수를 헌정하며 마무리를 한다.

(이 시는 이진흥님의 "시(詩)"라는 제목의 시를, 제목 <탄트라……>에 맞게, 고쳐 옮긴 것이다.)

탄트라……

내 정신의 벼랑 끝에 선
아름다운 여인
그녀는 <의문(疑問)투성이>

힘을 써 다가가면
저만큼 물러나고
포기하고 돌아서려면
그 매혹의 눈길 뜨겁고

하늘엔 별빛 가득한데
이 가슴 뛰게 하는
그대는 <영원의 답(答)>

탄트라 알로카의 정수(精髓)
탄트라 사라

초판 1쇄 발행 2022년 2월 22일

지은이 | 金恩在

펴낸이 | 이의성
펴낸곳 | 지혜의나무
등록번호 | 제1-2492호
주소 | 서울시 종로구 관훈동 198-16 남도빌딩 3층
전화 | (02)730-2211   팩스 | (02)730-2210

ISBN 979-11-85062-39-6   03150

① 가시를 빼기 위한 가시
『비갸나 바이라바』
  - 명상 방편의 총림(叢林) -

 "자신의 생명은 포기할 수 있지만,
  이 가르침을 포기해서는 안 된다!"
일컬어 <112 방편>이다.

② 수행경(修行經)
『쉬바 수트라』
  - 영성 수련의 섬광(閃光) -

 꿈에 <은혜의 주(主)>가
 "저 산, 큰 바위 아래에……"
그렇게 그는 이 경전을 얻었다.

③ 스판다와 재인식(再認識)의
『소와 참나 이야기』
  - 素所, 蘇消, 小笑 그리고 이 무엇 -

 "소"는 사람이
 <신성(神性)에 이르기 위해>
 가장 본받아야 할 선생(先生)이다.

4 아는 자를 아는 일
『프라탸비갸 흐리다얌』
 - 재인식(再認識)의 비의(秘義) -

"<거울 속의 도시>는
<거울>과 다르지 않다!"
<재인식(再認識)>이 무슨 뜻인가?

5 참 나를 느끼는
『스판다 카리카』
 - 신성의 창조적 박동, 스판다 -

<"움직임"이라는 그 모든 것>
샥티, 에너지, 힘, 기(氣), 영(靈),
그리고 스판다라는 이 무엇

6 삼위일체경(三位一體經)
『파라 트리쉬카』
 - 그 비밀의 아비나바굽타 해석 -

"<맛없는> 음식은 없다!" -
<말(언어)>이라는 것은 인간에게
도대체 그 어떤 의미인가?

⑦ 전체성(全體性)과 크라마의
　『뱀과 얼나 이야기』
　　- 蛇辭, 思師 그리고 쿤달리니 -

　"아, 내 몸의 이 뱀!"
　성(性) 즉 섹스(Sex)는 무엇이고,
　전체성(全體性)은 무엇인가?

⑧ 탄트라 알로카의 정수(精髓)
　『탄트라 사라』
　　- <트리카 영성 철학>의 요체(要諦) -

　<인간 영성의 모든 것> - 탄트라
　그는 어린 우리를 위해……
　"그러니 이를 읽어라!"

⑨ 아비나바 바라티의
　『숭고미의 미학(味學)』(예정)
　　- 그 <미적 경험>, 차맛카라! -

　우리는 <아름다운 것>에 끌린다.
　왜 그런가?
　美學을 넘어 味學으로

10 문학, 영화 그리고 꿈의
    『거울 속에서』(예정)
     - 그 현존의 순간들과 흔적들을 찾아 -

    오늘도 "거울 속에서" 기다린다.
    <거울 밖>을 내다본 이들의
    아름다운 이야기를!

11 <신(神)-인식(認識)>경(經)
    『이슈와라-프라탸비갸』(예정)
     - 내 안의 신성을 되찾는 빠른 길 -

    "내 영혼의 꿀벌은
     웃팔라(연꽃)의 향기를 찾아
     <절대(絕對)>의 만족을 얻노라!"

12 인간(우주)의 본질을 꿰뚫는
    『말리니-비자야 탄트라』(예정)
     - 그 이론(지식)과 실천(수행) -

    "인간의 본질을 모르면,
     진정한 해방은 없다!"
    트리카 경전의 에베레스트!

⑬ 한 돌이 들려주는
『돌과 즈슴 이야기』(예정)
  - 時間, 空間, 人間이라는 틈새 -

한 돌이 들려주는
돌과 여러 "틈새" 이야기에
시간 가는 줄 모른다!

⑭ 웃팔라데바의
『하나님 증명과 찬양』(예정)
 - 이슈와라싯디와 쉬바스토트라발리 -

"증명하라, 그러면 믿겠노라."
- 아, 이 <사악한 마음>……
"내 영혼이 주를 찬양하나이다!"